はじめて学ぶ西洋思想

思想家たちとの対話

村松茂美・小泉尚樹・長友敬一・嵯峨一郎 編
SHIGEMI MURAMATSU
NAOKI KOIZUMI
KEIICHI NAGATOMO
ICHIRO SAGA

ミネルヴァ書房

【本書の構成】

　本書は，古代から近世までの第Ⅰ部，近代の第Ⅱ部そして現代の第Ⅲ部から構成されている。また各章は，「生涯と思想」，「思想家との対話（原典紹介）」，「用語解説」，「より深く学ぶために」の4つの部分からなる。
　a．「生涯と思想」：時代背景との関連で各思想家の思想と生涯の概略を学ぶことができる。
　b．「思想家との対話（原典紹介）」：目次に列挙された「問い」（Q）が発せられ，その「問い」に答えるかたちで原典からの引用文（A）がつづく。引用文は，できるかぎり入手容易な既存の訳に依拠したが，訳語をあらためたものもある。理解を容易にするための解説文も付した。
　c．「用語解説」：必要に応じてキーワードの解説を付した。
　d．「より深く学ぶために」：初学者向けの比較的入手容易な基本的な文献を列挙した。

【本書の利用法】

　1．本書は，大学での哲学・倫理学・社会思想史・政治思想史の講義用テキストとして使用することを念頭においているが，それと同時に，一般の読者の知的なニーズにこたえることも期待している。各章の原典（翻訳）引用に付された「解説」と「用語解説」が，そのような読者の一助となるだろう。
　2．本書で登場する思想家は，国籍，その思想的傾向などいっさい問うことなく，ほぼ時代順に配列されている。読者は，次のように利用することができる。
　a．最初から頁を追って読みすすめる。
　b．国別に思想家たちの流れを追うかたちで読む。
　c．ある分野，たとえば倫理思想，あるいは政治思想に焦点をあてるかたちで読む。
　d．興味を引く目次の「問い」の答えをさがすかたちで読む。
　e．目次に列挙された「問い」のなかから類似したものをえらび，異なる思想家たちがあたえる回答を比較するかたちで読む。
　f．一通り読み終えた後に，目次の「問い」の答えを自ら考えることで，理解度をチェックする。

はじめに

　人間として「善く生きる」とは，どのように生きることだろうか。「善く生きる」ということは，お金があって経済的に豊かな生活をおくることを意味するのだろうか。現在の日本のデフレ不況下に生きるわれわれは，まずは安定した職と生活を必要不可欠なことと考えるだろう。たしかに，職を失い，毎日の食をもとめて明け暮れるようでは，「善く生きる」ということはむずかしい。昔から「貧すれば鈍す」という。「善く生きる」ために，安定した生活を保障する社会が必要であるとすれば，それはどのような社会なのであろうか。あるいはまた，それがどのような社会であれ，そういう社会が実現したとして，はたしてそれは「善く生きる」ために十分なものなのだろうか。生活の安定は，それだけでは，必ずしも「善い生活」を意味しないはずである。

　人間が「自由に生きる」ということは，どのように生きることだろうか。それは，「御意見無用」を旗印に傍若無人に生きることなのだろうか。あるいは「他人様（ひとさま）に迷惑をかけないように」と，ひたすら自分の世界に閉じこもり，そのかぎられた世界で「自由」を謳歌することなのであろうか。それとも……。

　このような問いは，真剣に生きようと思う人なら，いつか，どこかで，みずからに発した問いであるにちがいない。本書は読者とともにこのような問題を考えようとするところから生まれた。

　本書は，古代ギリシアのソクラテスから，現代のマッキンタイアまで，およそ50人の西洋思想家たちの作品から選ばれたアンソロジーである。登場する人物は，あるものは現実から距離をおいた学究であり，あるものは現実のなかに身を投じた実践家である。また，国籍も，あるものはイギリス人，あるものはドイツ人と，多様である。しかし，そこに共通するものは，先の「根本的な問題」を真摯な態度で探究した人々であり，広い意味での「思想家たち」であるという点である。

「最近の学生は古典を読まなくなった」といわれて久しい。しかし古典を読まなくなったのは学生だけではない。それは時代全体の風潮とさえいってよい。たしかに古典を読破するにはいくらかの「努力」が必要であろうし，古典にかわる「読みやすい書物」も多い。しかしより深刻なことは，知識あるいは学問があまりに実用主義的にとらえられ，「すぐに役立つ知識あるいは技術」が偏重されていることであろう。たしかに，職業人は，職業人として生きていくために，その職業で必要とされる「すぐに役立つ知識あるいは技術」を身につけなければならない。大学が専門的な職業人の養成を社会的責務のひとつとするかぎり，大学のカリキュラムがそのために編成されることには理由がないわけではない。しかし，職業上必要とされる知識と技術，それを「技術知」とよぶとすれば，その「技術知」は，それがただしく行使されるためには，人間として「善く生きる」ために必要な知識，そしてそれを「人間知」とよぶとすれば，その「人間知」を必要とするはずである。高度な「技術知」が大量破壊兵器の開発にむけられることもあるのだ。そしてそれは遠い昔の話でもなければ，他国の話でもない。「人間知」を欠落させた「技術知」の恐るべき行使をわれわれはこの平成の時代に，この日本で目撃しなかっただろうか。そもそも，古典とよばれるものの多くは，これらふたつの「知」の関係を問いつづけたのではなかったか。

　本書で登場する人物の多くは，過去の人物である。「進歩した現在」から見れば，「遅れた過去の人々」の話に耳を傾けることは，閑人のなぐさめに思われるかもしれない。たしかに，過去の思想は，それぞれの時代のコンテキスト（文脈）において，その意味が理解されるべきである。しかし，古典とよばれる作品とその思想は，時代と国をこえて，現在に生きるわれわれに，われわれのかかえる複雑な問題をシンプルなかたちで，しかしそれゆえに根本的なかたちでつきつけてくれる。そして本書で取り上げる現代の作品もやがて古典の地位をえるはずである。もとより本書は，古代から現代まであらゆる思想家を網羅してはいない。紙幅の関係で，取り上げることができなかった思想家は多い。また，本書は，おのおのの思想の全体像を提供することを目的としていない。本書をつうじて古典への関心をもち，みずから古典という知的世界へ旅だとう

はじめに

とする読者のために，ささやかなガイド役を演じることができたとしたら，われわれの目的は十分にはたされたのである。

　最後に，本書の刊行にあたって実に多くの方々のご尽力をいただいた。われわれ編者のわがままな注文をお聞きいただいた執筆者の皆さん，その執筆者の方々をご紹介いただいた諸先生方，そして編集という不慣れな作業に的確な助言を下さったミネルヴァ書房戸田隆之氏，記して感謝の意を表する次第である。

　2005年1月

編者一同

目次【問い一覧】

はじめに

I 近世以前

ソクラテス（Sokrates: BC. 470/469－399） 3
- 問い① 「正しい」の意味を本当に知っているの？
- 問い② 私たちはどう生きたらいいの？

プラトン（Platon: BC. 427－347） 6
- 問い① この世は物質だけでできているの？
- 問い② 世界って何？
- 問い③ 正義って何？

アリストテレス（Aristoteles: BC. 384－322） 13
- 問い① 「知っている」ってどういうことなの？
- 問い② 自然って何？
- 問い③ 徳はどうすれば身につくの？

キケロー（Marcus Tullius Cicero: BC. 106－43） 20
- 問い① 「自分さえよければいい」という考え方は間違っているの？
- 問い② 人の幸福とは心地よく生きることではないの？

アウグスティヌス（Aurelius Augustinus: 354－430） 27
- 問い① 確実な真理ってあるの？
- 問い② 神様の掟って何？

トマス・アクィナス（Thomas Aquinas: 1225ごろ－1274） 34
- 問い① 本当に神様っているの？
- 問い② 本当の幸福って何？

オッカム（William Ockham: 1285ごろ－1347/49） 41
- 問い① 「オッカムのカミソリ」って何？

マキャヴェッリ（Niccolò Machiavelli: 1469−1527） 44

- ●問い① 君主はどのようにふるまえばよいの？
- ●問い② 君主は残酷でなければならないの？
- ●問い③ 共和国はどのように統治したらよいの？

トマス・モア（Thomas More: 1477/78−1535） 51

- ●問い① 理想の世界はどこにあるの？
- ●問い② 理想と現実が異なるとき、どうすればいいの？

ルター（Martin Luther: 1483−1546） 54

- ●問い① 今の日本は自由だというけれど、とても不自由だと感じない？

カルヴァン（Jean Calvin: 1509−1564） 57

- ●問い① 道徳的な人は信用が置けるけど、自分が道徳を持つのは窮屈に感じてしまう。これって矛盾？

ベイコン（Francis Bacon: 1561−1626） 60

- ●問い① 知識や学問は実際の役に立つの？
- ●問い② 物事を正しく理解するにはどうすればいいの？
- ●問い③ 政治や権力に関わることは、そんなに大事なの？

II 近代

ホッブズ（Thomas Hobbes: 1588−1679） 69

- ●問い① 国家がないとどうなっちゃうの？
- ●問い② 人は生まれながらにどんな権利を持っているの？
- ●問い③ 国家って何なの？どうやって作られるの？

（コラム）ハリントン（James Harrington: 1611−1677） 76

デカルト（René Descartes: 1596−1650） 77

- ●問い① すべてを疑っても残る確実な真理ってあるの？
- ●問い② 人間を「機械」と見なしてもいいの？
- ●問い③ 真理って偶発的なものなの？

（コラム）パスカル（Blaise Pascal: 1623－1662）　　　　　　　　　　　　　84

スピノザ（Baruch de Spinoza: 1632－1677）　　　　　　　　　　　　　　85
　●問い①　それを欲しているのは本当にあなた自身なの？

ロック（John Locke: 1632－1704）　　　　　　　　　　　　　　　　　　88
　●問い①　政治権力って何のためにあるの？
　●問い②　知識を身につけるってどういうこと？

モンテスキュー（Charles Louis de Secondat Montesquieu: 1689－1755）　95
　●問い①　法はなぜ存在するの？
　●問い②　専制政治はどうしたら防げるの？

ヴォルテール（François Marie Arouet Voltaire: 1694－1778）　　　　　102
　●問い①　自由はなぜ守らなければならないの？

ヒューム（David Hume: 1711－1776）　　　　　　　　　　　　　　　　105
　●問い①　どのようにして社会の動きを知るの？
　●問い②　どのような心持ちでものを考えるの？
　●問い③　どのようにして正しい行為がなされるの？

ルソー（Jean Jacques Rousseau: 1712－1778）　　　　　　　　　　　　112
　●問い①　政治はどうして生まれるの？
　●問い②　戦争はなぜ批判されるの？

アダム・スミス（Adam Smith: 1723－1790）　　　　　　　　　　　　　119
　●問い①　人間って自分のことしか考えないものなの？
　●問い②　正義って何？
　●問い③　「金持ち」が注目され、「貧しい人」が無視されるのはどういうこと？

（コラム）マルサス（Thomas Robert Malthus: 1766－1834）　　　　　126

バーク（Edmund Burke: 1729－1797）　　　　　　　　　　　　　　　127
　●問い①　国会議員って地元の利害を代表するものなの？
　●問い②　先入見にとらわれてはいけないものなの？

目次【問い一覧】

カント（Immanuel Kant: 1724−1804） 　　　　　　　　　　　　　　　*130*

- ●問い① 経験的な認識は客観的でありうるの？
- ●問い② 自然は神の意図によって創造されたといえるの？
- ●問い③ 人類の未来に希望はもてるの？

ベンサム（Jeremy Bentham: 1748−1832） 　　　　　　　　　　　　　　*137*

- ●問い① 正しいことや間違ったことは、何を基準にして決められるの？
- ●問い② 世の中の幸せは、どのようにすれば大きくできるの？
- ●問い③ 幸せな世の中をつくるために、統治する人は何をすればいいの？

フィヒテ（Johann Gottlieb Fichte: 1762−1814） 　　　　　　　　　　*144*

- ●問い① 「私は私である」って自明のことなの？
- ●問い② 人は一人でも生きていけるの？

ヘーゲル（Georg Wilhelm Friedrich Hegel: 1770−1831） 　　　　　*147*

- ●問い① 「知とは何か」が、なぜ問題なの？
- ●問い② 哲学者は、何を知りたいの？
- ●問い③ 自由とは、現実的なの？

オウエン（Robert Owen: 1771−1858） 　　　　　　　　　　　　　　　*154*

- ●問い① 自分の性格には責任をもつべきなの？
- ●問い② 性格がゆがんでしまうのはなぜなの？
- ●問い③ 個人主義の考えっていけないの？

ミル（John Stuart Mill: 1806−1873） 　　　　　　　　　　　　　　　*157*

- ●問い① わたしたちにとって、本当に大切な幸せは何なの？
- ●問い② わたしたちの自由は、どこまで許されるものなの？
- ●問い③ 自然を壊してまでも、富や人口は、際限なく増えるべきなの？

ダーウィン（Charles Robert Darwin: 1809−1882） 　　　　　　　　*164*

- ●問い① 生物はどうやって進化したの？

キェルケゴール（Søren Aabye Kierkegaard: 1813−1855） 　　　　 *167*

- ●問い① 実存するってどのようなことなの？
- ●問い② 主体性が非真理であっても、真理は学ばれることができるの？

マルクス (Karl Heinrich Marx: 1818−1883) _170_
- ●問い① わたしたちの世の中を変える人たちは、一体誰なの？
- ●問い② 働く人たちが、何で冷遇されなければならないの？
- ●問い③ わたしたちの歴史は、どのようにして代わっていくの？

ニーチェ (Friedrich Wilhelm Nietzsche: 1844−1900) _177_
- ●問い① 神なんて存在するの？
- ●問い② 神のいない世界で生きる意味はあるの？

Ⅲ 現　代

フロイト (Sigmund Freud: 1856−1939) _187_
- ●問い① よく知っているはずの人の名前を度忘れしたりするのはどうして？
- ●問い② 夢って何か意味があるの？

ソシュール (Ferdinand de Soussure: 1857−1913) _190_
- ●問い① ものの名前はどうやってつけられたの？
- ●問い② 昔の言葉と今の言葉が違うのはなぜ？

フッサール (Edmund Husserl: 1859−1938) _193_
- ●問い① 私たちが見ているものって何なの？
- ●問い② 現象学的還元を行うと、何がどう変わるの？
- ●問い③ 判断停止を行っている私たちはどこにいるの？

ヴェーバー (Max Weber: 1864−1920) _200_
- ●問い① これから世界はどうなるの？
- ●問い② 人間らしく生きるってどんなこと？
- ●問い③ 勉強して何の意味があるの？

ラッセル (Bertrand Arthur William Russell: 1872−1970) _207_
- ●問い① 「或る人」って言葉は何を指しているの？
- ●問い② 「或る人」って言葉の何が問題なの？

目次【問い一覧】

ハイデガー（Martin Heidegger: 1889－1976） *210*
- ●問い① 「ある」なんていう言葉の意味がなぜ問題になるの？
- ●問い② 私たちが「いる（ある）」のと、ものが「ある」のとはどうちがうの？

ウィトゲンシュタイン（Ludwig Josef Johann Wittgenstein: 1889－1951） *217*
- ●問い① 何のために哲学を勉強するの？
- ●問い② 言葉の意味を考えるって、どういうこと？
- ●問い③ 問題を哲学的に考えるって、どういうこと？

（コラム）ベンヤミン（Walter Benjamin: 1892－1940） *224*

ハイエク（Friedrich August von Hayek: 1899－1992） *225*
- ●問い① 個人主義って何なの？
- ●問い② 真の個人主義になくてはならないものって何？
- ●問い③ 自由って何にも縛られないことなの？

サルトル（Jean-Paul Sartre: 1905－1980） *232*
- ●問い① 「どう生きたか」は「どう死んだか」によるの？

（コラム）ボーヴォワール（Simone de Beauvoir: 1908－1986） *235*

メルロ=ポンティ（Maurice Merleau-Ponty: 1908－1961） *236*
- ●問い① 人間の思想はどうやって時間を超えるの？
- ●問い② 「この赤さ」は他人に伝えようのない記号にすぎないの？

レヴィ=ストロース（Claude Lévi-Strauss: 1908－） *243*
- ●問い① 民族学って何を目指すものなの？
- ●問い② 構造主義の「構造」って何なの？

バーリン（Isaiah Berlin: 1909－1997） *246*
- ●問い① お仕着せであっても幸せだったらいいんじゃない？
- ●問い② 真理はたった一つしかないものなの？
- ●問い③ 真理が沢山あったら世の中めちゃくちゃにならない？

ロールズ（John Rawls: 1921－2002） *249*
- ●問い① 正義って何？
- ●問い② 正義なんてあるの？

クーン（Thomas Samuel Kuhn: 1922－1996） *252*
- ●問い① 科学は一つの目標に向かって進歩してきたの？
- ●問い② 思想家の著作はどう読めばいいの？

フーコー（Michel Foucault: 1926－1984） *255*
- ●問い① 「自由」と「権力」は対立しないの？
- ●問い② ひとは「権力」から逃れられないの？

ハーバーマス（Jürgen Habermas: 1929－） *262*
- ●問い① コミュニケーションって何？
- ●問い② どうしてコミュニケーションが重要なの？
- ●問い③ 歴史論争って何？

（コラム）マッキンタイア（Alasdair MacIntyre: 1929－） *269*

キーワード索引

Ⅰ
近世以前

- ソクラテス
- プラトン
- アリストテレス
- キケロー
- アウグスティヌス
- トマス・アクィナス
- オッカム
- マキァヴェッリ
- トマス・モア
- ルター
- カルヴァン
- ベイコン

近世以前

B. C.
- 450頃　ギリシア文化の全盛
- 431　ペロポネソス戦争（〜404）
- 334　アレクサンドロス大王の東征（〜324）
- 264　ポエニ戦争（〜146）
- 27　ローマ帝政開始
- 4頃　イエス・キリスト誕生

A. D.
- 375　ゲルマン民族の大移動始まる
- 395　ローマ帝国が東西に分裂
- 5世紀の初め，ゲルマン人がヨーロッパ各地に建国
- 476　西ローマ帝国滅亡
- 481　フランク王国建国
- 529　ユスティニアヌス法典（『ローマ法大全』の中核）成る
- 1096　第1回十字軍（〜1099）
- 1215　大憲章（マグナ=カルタ）制定
- 1261　東ローマ帝国（ビザンツ帝国）再興
- 1270　第8回十字軍
- 1307頃　ダンテ『神曲』．この頃からイタリアでルネサンス始まる
- 1339　英仏間で百年戦争（〜1453）
- 1347　ヨーロッパでペスト流行
- 1378　教会大分裂（〜1417）
- 1450頃　ドイツのグーテンベルクが活版印刷術を発明
- 1453　オスマン・トルコが東ローマ帝国（ビザンツ帝国）を滅ぼす
- 1492　コロンブスがアメリカに到達
- 1519　マゼラン船隊が世界一周（〜1522）
- 1543　コペルニクスの「地動説」
- 1558　イギリスのエリザベス女王が即位（〜1603）

縄文時代
弥生時代

奈良時代
　平城京遷都（710）
平安時代
　平安京遷都（794）
鎌倉時代
　鎌倉幕府開設（1192）
室町時代
　室町幕府開設（1338）

鉄砲伝来（1543）
キリスト教伝来（1549）
安土桃山時代
　信長が長篠で武田氏を破る（1575）
　秀吉が全国統一（1590）

(Sokrates: BC. 470/469–399)

生涯と思想

　ペルシア戦争が終わると，ギリシアのアテナイ（アテネ）はデロス同盟の中心となり，民主政治を完成し，宰相ペリクレスのもと黄金時代を迎えた。プロタゴラスなどのソフィスト（職業教師），悲劇作家のアイスキュロス・ソフォクレス・エウリピデス，彫刻家フェイディアスなどが活躍し，壮麗なパルテノン神殿も建設された。ソクラテスは石工のソプロニスコスを父とし，産婆のパイナレテを母として，アテナイに生まれ，こうした時代の空気を呼吸しながら，音楽，体育，文学などの通常の教育を受けて育った。前431年，スパルタを盟主とする反民主制諸国との間で27年間続くペロポネソス戦争が始まる。ソクラテスも三度戦場に赴き，勇気と冷静さを賞賛された。国内にあっても，違法な裁判や不法な拘引命令などに死を賭して反対した。

　彼の書いたものは残されていない。彼については同時代のアリストファネスやクセノフォンの作品などにも描かれてはいるが，特に彼の哲学は弟子のプラトン（→6頁）の初期の対話篇に忠実に反映されていると考えられる。

　彼はデルポイ神殿の額の「汝自身を知れ」という命令と，「お前より知恵のある者はいない」という神託の意味の解明に促されて，自他の知識を吟味する活動を始めた。特異な容貌と質素な身なりで公共の広場に立ち，神からの使命として若者達の教育を行った。しかし社会通念の根本を検討する彼のやり方は，社会秩序の混乱を生み出すと非難され，告発される。彼は口先の法廷技術による減刑を退け，自らの生き方を貫くことを選んだ。そして判決に従い，刑死によって70歳の生涯を終えた。

I　近世以前

ソクラテスとの対話

Q　「『善い』とか『正しい』という身近な言葉の意味を私たちは本当に知っているのか？」

A　「この人間より，わたしは知恵がある。なぜなら，この男もわたしも，おそらく善美のことは何も知らないらしいけれど，この男は知らないのに，何か知っているように思っている。しかしわたしは知らないから，そのとおりにまた知らないと思っている。だから，つまりこのちょっとしたことで，わたしのほうが知恵のあることになるらしい」

（『ソークラテースの弁明・クリトーン・パイドーン』田中美知太郎訳，新潮文庫，1981年，19頁）

▶「ソクラテスより知恵のある者はいない」という神託にとまどったソクラテスが，知者と呼ばれる人々と問答を交わした末にたどり着いた「不知の自覚（無知の知）」の箇所である。私たちは「善い」とか「美しい」とか「正しい」といった言葉を日常使いこなしているように思っている。だからそれらの事柄について，知っていると思っているが，「正義」とは何なのか，「勇気」とは何なのか，と改めて尋ねられるときちんと答えられない。実は知ってはいなかったのである。知っていると思う限り，世界はそのようなものとして誤った形で私たちに現れている。それに応じて，私たちは自分自身とは何なのかということについてさえも誤った形でとらえていることになる。そしてその誤っている事柄についてそれ以上考えようとしない。不知の自覚からこそ，探求の道が始まる。それが哲学の始まりでもある。

Q　「私たちはどのように生きるべきなのか？」

A　「ソクラテス　不正な行為がそれを損ない，正しい行為がそれを益する，あのものがすっかり駄目になった時，われわれは生きがいのある仕方で生きることができるだろうか。（中略）

ソクラテス　いちばん大事にしなければならないのは生きることではなくて，よく生きることだ，という言論はどうだろう。これは依然として動かないだろうか，それともどうだろうか。

クリトン　いや，動かないよ。

ソクラテス　では、『よく』というのと『立派に』というのと『ただしく』というのは同じことである、というのはどうかね。これは動くか、それとも動かないかね。

クリトン　動かない」

（『ソクラテスの弁明・クリトン』三嶋・田中訳，講談社学術文庫，2001年，136〜138頁）

▶財産を失う，病気で不自由な体になるといった世俗の不幸は，不正な生き方によって「あのもの＝魂」を損なうことに比べれば，本当の害悪を与えるものではない。深く永続的な害悪は不正な行為で生じる，魂に対する害悪のみである。そして私たちは，日々の身体的な欲望に流されてただ生きるのではなく，善く生きたいと考えている。それは人にも自分にも恥じることなく「立派に」「美しく」「正しく」ということ，また「幸福に」ということでもある。だがそれは自分だけが「善い」「幸福だ」と思うだけで完結するのではない。ソクラテス自身も「善さ」や「正しさ」についての自らの無知を自覚し，客観的な「善さ」や「正しさ」を求めて，自分と相手とが納得し共同できる結論に至るまで，対話による吟味を続けた。彼が信じたものは，他人との対話を通じて常に同一を保ち「動かない」こと，一貫性・整合性をもつことのみであった。その一貫性は，私たちの使っている言葉が全体として形づくっている言語世界そのものが支えていると思われる。この，私たちがよく生きることの根拠となる常に一貫性を保つものが，プラトンに受け継がれ，永遠不変の「イデア」の存在という考えに集約されていったと思われる。

より深く学ぶために

〈基本文献〉

『プラトン全集』全15巻（別巻1），岩波書店，1986年

『ソクラテスの弁明・クリトン』三嶋輝夫・田中享英訳，講談社学術文庫，2001年

『ソークラテースの弁明・クリトーン・パイドーン』田中美知太郎・池田美恵訳，新潮文庫，1981年

『プラトン対話篇　ラケス　勇気について』三嶋輝夫訳，講談社学術文庫，2001年

『ゴルギアス』加来彰俊訳，岩波文庫，2003年

〈入門・解説書〉

『ソクラテス』岩田靖夫，勁草書房，1995年

（長友敬一）

Ⅰ　近世以前

プラトン
(Platon: BC. 427–347)

生涯と思想

　ペロポネソス戦争勃発4年後の前427年，プラトンはアテナイに生まれた。父はアリストン。母のペリクティオネの血縁には政治の主要人物が多い。彼の23歳までの青少年時代は戦争の動乱期と重なっている。当時の若者の例にもれず，彼は政治家を将来の仕事と考え，そのための教育を受けた。政治家を養成すると公言していたソフィストたちの話も聞いたはずだ。ソクラテス（→3頁）との運命の出会いは，彼が20歳の時だった。終戦後，新しい憲法を制定するはずだった三十人政権がかつての敵国スパルタと組み，反対派を迫害して独裁による恐怖政治を行い，多くの人が国外に逃れた。前403年に三十人政権は民主派に倒され，彼に政治実践への関心がよみがえったが，師のソクラテスは不当と思える裁判によって死刑を宣告され，国外逃亡のチャンスを自ら退けて刑死した。このような出来事は，若い彼に深刻な衝撃を与えた。その後，彼は国外を遍歴する。この時期に初期の作品が書かれた。前395年にはコリントス戦争に参加したと伝えられている。前387年，イタリアとシケリアの旅から帰った40歳の彼は，学園アカデメイアを創設した。中期の作品が著されたのはこの時期である。60歳と65歳の時に君主ディオニュシオス二世の教育のため再三シケリアに渡り，その地での政治的混乱のうちに帰国する。17歳のアリストテレス（→13頁）がアカデメイアに入門したのは彼が60歳の時であった。その後もアカデメイアで著作と教育に専念し，後期の作品を残した。没したのは前347年，80歳の生涯だった。

　プラトンの関心は，当時有力であった（現在でも有力である）以下の考えを批判することに向けられた。

1．物質のみが存在するという唯物論的（自然主義的・還元主義的）な考え
2．価値観や真理は人や国や文化によって異なり，人間に共通の真理は存在しない，とする相対主義的な考え
3．結果として生じる利益や快によって善悪が決まる，とする功利主義的な考え

　世界と人間の生を上記の仕方で解釈し，「わたし自身」もまたそうした解釈に当てはめて理解するということを彼は徹底して許さなかった。なぜなら出来合いの解釈によって，「わたし自身」の生きていることは逆に覆われて未知のものになってしまうからである。師ソクラテスに下された「汝自身を知れ」という神託は，彼にも引き継がれた。

　彼は，私たちの人間としての生が確固とした一つの形をもつ以上は，それを成り立たせているものは普遍的で常に変わることのない価値的なもの（正義や善など）であると考え，それらが実際に存在していることを確証しようとした。彼はそのような永遠不変の価値的実在を**イデア**とよんだ。政治や法律の問題も，人間としての私たちの善き生＝徳の問題とかかわるものであった。彼は私たちの存在把握や認識の問題から国家観・宇宙観までを射程にとらえて，論理的に納得のいく整合的な秩序を探求した。

　彼の著作のほとんどは複数の登場人物が劇の脚本のように対話を交わす「対話篇」という形をとり，『法律』を除く全作品にソクラテスが登場している。対話篇は執筆年代から通常三期に分けられる。ソクラテスの倫理的な生き方の必然性を描いた「ソクラテス的対話篇」とよばれる初期の作品群（『ソクラテスの弁明』『クリトン』『プロタゴラス』『ラケス』『ゴルギアス』など），プラトン自身のイデア論と魂論が述べられる中期の作品群（『メノン』『パイドン』『国家』『饗宴』など），存在論・認識論・倫理学・政治学・宇宙論などが集大成されてゆく後期の作品群（『パルメニデス』『テアイテトス』『ソフィスト』『ティマイオス』『ピレボス』『法律』など）である。

I 近世以前

プラトンとの対話

Q 「この世界は物質だけでできているのだろうか？」

A 「頭脳こそが，聴くとか視るとか嗅ぐとかの感覚をわれわれにもたらすのであり，そうしたもろもろの感覚から，記憶と思いなしが生じ，さらにはその記憶と思いなしが定着してくるようになると，そこからまさに〈知識〉が生成してくるのであろうか？（中略）

これでは，たとえば次のようなことをいう人と，すこしも変わらないではないかと，わたしは思った。（中略）まず，いまここに坐っていること，の原因について，こう語るとしてみたまえ。

――ソクラテスの身体をつくっているものに，骨と腱がある。骨は，固く，各片は分離されて，関節のところでつながっている。他方，腱は伸縮自在なものであり，それが，肉やまた以上の全部をひとつに保持する皮膚とともに，骨を包んでいる。さて，そこで骨が，それの結合部分において自由な動きをなすときに，腱が伸縮して，わたしがいま四肢を曲げるようなことを可能にするのであり，そしてじつにこの原因によって，わたしはいまここに脚をまげて坐っているのである――

さらにまた，いま，君たちと話し合っていることについても，それと似たことを原因として語るのだ。つまり，音声とか空気とか聴覚とか他にもそんなものを無数に持ち出す。そして，真に『原因』であるものは，これをいわずに放っておくのだ。いやそれ［真の原因］は，ほかでもない，

――アテナイの人たちが，わたしに有罪の判決を下すほうが，〈よい〉と思ったこと，そしてそれ故に，わたしとしても，ここに坐っているほうが，〈よい〉と判断したこと，そして彼らの命ずる刑罰ならなにであれ，この地に留まってそれを受けることのほうが，〈正しい〉と判断したこと――によるのである。」

（「パイドン」『プラトン全集1』松永雄二訳，岩波書店，1986年　280～288頁）

▶この世界に存在するものはすべて原子から成る物質だけであり，私たちの思考や意

識は，脳の神経細胞という物質の間での電気的・化学的な信号のやりとりである，と現代の唯物論者・自然主義者は言うだろう。思考や意識が脳なくしては存在せず，脳の状態と「対応」していることはおそらく正しい。しかし，脳の物理的な状態が思考や意識の「原因」とまでいえるのか？ すでに紀元前4世紀に，現代でもホットな論争がなされている問題にプラトンの目は向けられていた。ソクラテスは死刑の判決を受けて投獄された後，脱獄の誘いを受けるが，それを断って獄中に留まり，坐っている。その「原因」として，まず，脳からの指令を受けた身体の腱や骨が曲がって坐っているという「物理的な説明」が行われる。もちろん，物理的なモノは，行為のための必須条件ではある。しかしそれは，「真の原因」ではありえない。彼の行為を導いた真の原因とは，彼自身がそれを「よい」「正しい」と認めたことである。このような価値的な「善さそのもの」「正しさそのもの」すなわちイデアが常に変わることなく存在しており，私たちの行為を導く原因として，また後には存在の把握の原因として語られることになる（イデア原因説）。これに対して唯物論者・自然主義者の側から，「イデアのような抽象的なものは単に説明のための工夫にすぎず，実際には脳などの物質しか存在していない」という反論も予想される。しかし，私たちに納得のいく説明のために語られ，整合的で矛盾の生じない世界を形づくっているものこそ，存在するといっていいのではないだろうか。また，唯物論者・自然主義者も「機能」「目的」「秩序」「原因」「結果」といった物質ではないものを認めざるをえないということは，純粋に物質のみからなる世界という考え方こそが無理があるのかもしれない。

Q　「世界とは何だろう？」

A　「それでは，このように，認識される対象には真理性を提供し，認識する主体には認識機能を提供するものこそが，〈善〉の実相（イデア）にほかならないのだと，確言してくれたまえ。」

（『国家（下）』藤沢令夫訳，岩波文庫，2001年，83〜84頁）

▶「世界」は私たちの理解と関係なく存在しているのではない。先に見たように，物理的なモノを含めた世界全体（そのなかには私たち自身が生きて存在していることも含まれる）は，価値的なもの，すなわち「正義」とか「善」のイデアに基づいて把握することによって，私たちに理解できる「世界」となって成立している。つまり，ソクラテスが述べた「ただ生きるのではなく，善く生きる」ということをめざして私たちは生きているのであり，そのような「善さ」を求める私たちによって把握されているものが「世界」なのである。

I 近世以前

 「正義とは何だろう？」

「われわれは，こう考えたのだった—〈正義〉の考察のためには，それをもっているもののうちで，より規模の大きなものを何か先に取り上げて，先にそのなかでそれを観察してみるならば，一個人のうちにおける〈正義〉がどのような性格のものであるかを，見極めるのが容易になるであろう，と。そしてわれわれには，そのような規模の大きなものとは，国家にほかならない」

(『国家（上）』藤沢令夫訳，岩波文庫，2001年，302〜303頁)

「われわれが国家を建設するにあたって目標としているのは（中略）そのなかのあるひとつの階層だけが特別に幸福になるように，ということではなく，国の全体ができるだけ幸福になるようにということだ。というのはわれわれはそのような国家のなかにこそ，もっともよく〈正義〉を見出すことができるだろう」

(『同書』，261頁)

「それぞれの仕事は，一人の人間が自然本来の素質にあった一つのことを，正しい時機に，他の様々のことから解放されて行う場合にこそ，より多く，より立派に，より容易になされるということになる」

(『同書』，134頁)

「金儲けを仕事とする種族，補助者の種族，守護者の種族が国家においてそれぞれ自己本来の仕事を守って行う場合，このような本務への専心は（中略）〈正義〉にほかならない」

(『同書』，302頁)

「〈理知的部分〉には，この部分は知恵があって魂全体のために配慮するものであるから，支配するという仕事にふさわしく，他方〈気概の部分〉には，その支配に聴従しその味方となって戦うという仕事が本来ふさわしいのではないか（中略）そしてこの二つの部分がそのようにしてはぐくまれ，本当の意味で自分の仕事を学んで教育されたならば，〈欲望的部分〉を監督指導することにな

るであろう。この〈欲望的部分〉こそは、各人のうちなる魂がもつ最多数者であり、その本性によってあくことなく金銭を渇望する部分なのだ」

(『同書』、324〜325頁)

「真実はといえば、どうやら、〈正義〉とは、(中略) 自分の仕事をするといっても外的な行為にかかわるものではなくて、内的な行為にかかわるものであり、本当の意味での自己自身と自己自身の仕事にかかわるものであるようだ。すなわち、自分の内なるそれぞれのものにそれ自身の仕事でないことをするのを許さず、魂のなかにある種族に互いに余計な手出しをすることも許さないで、真に自分に固有の事を整え、自分で自分を支配し、秩序づけ、自己自身と親しい友となり、三つあるそれらの部分を（中略）調和させ（中略）完全な意味での一人の人間になりきって——かくてそのうえで、もし何かをする必要があれば、はじめて行為に出るということになるのだ」

(『同書』、328〜329頁)

▶プラトンは、私たちが「人間として」生きているということを、価値的なものが支えていると考えた。「正義」「善」はそのなかでも最も重要なものだった。彼は「正義」とは何なのか、まず国家の成り立ちのなかで考え、それから私たち一人ひとりの魂のあり方に迫ろうとした。私たちは一人で自給自足して生きるのが困難なため、必要に迫られて共同生活を始めた。そこでは分業がおこり、それぞれが自らにふさわしい仕事を行う。共同体が発展していくと、支配者・補助者（戦士）・生産者（農夫や職人）の三つの階層ができてくる（これは世襲的な身分ではなく、生産者の子供でも素質があれば支配者になれる）。支配者（理知的部分）には「知恵」、補助者（気概の部分）には「勇気」、生産者（欲望的部分）には「節制」の徳が要求される。だが国家はこのような諸能力・諸階層の単なる合計なのではない。自らの能力に合った仕事についた者が、自分自身の仕事に専念することを通して、一つにまとまった全体としての調和と秩序を、そして幸福をもたらすことになる。それが「正義」であり、それによって国家は本当に成立しているといえる。私たちの魂においても、国家と同じ三つの部分があり、それらを調和させることで「自分で自分を支配し、秩序づける」ことが、私たち一人ひとりの「正義」である。「正義」が導くことによって、快楽や欲望や憤りなどに流されて「今はこれでいいや」と思うのではなく、自らの選択を自信をもってただしく「よい」と理解して行うことができる。この時、私たちが選ぶべきもの、望むべきもの、

I　近世以前

やるべきことが「わかる」ということは，私とは何か，私が本当の意味で生きているとはどういうことか，の理解が含まれる。彼は，私たちが用いている「正しい」とか「善い」という価値的な言葉の構造（「正しいことは善いことだ」とか「善いことは美しいことだ」などの私たちが確実に認めている言い方とそれを支えているもの）を徹底して考えることによって，それが可能だということを示してくれている。この認識をもった者が統治者となることが，彼の理想であった。

用語解説

(1) **イデア [idea]**　現代では「観念」という意味で使われるが，もともとは「形相」「すがた」という意味。プラトンによって「一つのすがたを与える〜そのもの」となった。多くの美しいもの，たとえばこの花が「美しい」原因は，それが「美そのもの＝美のイデア」によって占有されるからで，その時，「美しくない」という矛盾した事態は決して現れない。「美のイデア」がそこから立ち去った時にはじめて，その花は「美しくない」ものとなる。個々の正しい行いが「正しい」ものとして存在するのも，私たちがそれらを「正しい」と捉えられるのも，永遠に変わることなく正しくあり続ける「正しさそのもの＝正義のイデア」が存在しているからである。

より深く学ぶために

〈基本文献〉
『プラトン全集』全15巻（別巻1），岩波書店，1986年
『プラトンⅠ』（世界の名著6），田中美知太郎責任編集，中央公論社，1966年
『メノン』藤沢令夫訳，岩波文庫，1994年
『国家（上・下）』藤沢令夫訳，岩波文庫，2001年
『饗宴』久保勉訳，岩波文庫，1957年
『テアイテトス』渡辺邦夫訳，ちくま学芸文庫，2004年

〈入門・解説書〉
『プラトン　哲学者とは何か』納富信留，NHK出版，2002年
『プラトン入門』R. S. ブラック，岩波文庫，1992年

（長友敬一）

(Aristoteles: BC. 384-322)

生涯と思想

　アリストテレスは，紀元前384年にスタゲイラに生まれた。父は医師でマケドニア王家の侍医を務めた。彼の生涯は，一般に四つに区分される。先ず，幼くして父母を失くしたあと姉夫婦のもとで成長したスタゲイラ時代，次に，17歳でアテナイに出てプラトン（→6頁）のアカデメイアに入学しプラトンが死ぬまでのアカデメイア時代，そして，小アジアを遍歴したのち少年期のアレクサンドロス大王の家庭教師をした遍歴時代，最後にアテナイにもどってリュケイオンという研究教育所を開いた学頭時代である。

　現在「アリストテレス全集」として伝えられている著作群は，彼の死後300年ほど経てアンドロニコス（紀元前1世紀）によって内容ごとに編纂されたものである（そのもととなった資料は，アリストテレスが専門研究者向けの講義のために改訂し続けた原稿であると考えられている）。ここに「万学の祖」として知を体系化したアリストテレス像が定着した。全集は，(1)「オルガノン（道具）」とよびならわされている論理学的著作に始まり，(2)理論的学問として，自然学（運動に関する原理的問題から，天体論，気象論，そして膨大な動物論を含む），形而上学（存在論，神学），(3)実践的学問として，倫理学，政治学，(4)制作的学問として，議会や法廷での弁論術，文学理論からなる。

　アリストテレスの主要著作は，12世紀にイスラム圏経由で西欧世界にもたらされた。導入期に軋轢があったものの，中世期，単に「哲学者」と言えばアリストテレスを指すほど，彼の哲学は西欧世界に定着した。16世紀の科学革命の時代，乗り越えるべき権威として批判にさらされたが，現在に至るまで，第一線の哲学者に常に影響を与え続けている。

I　近世以前

アリストテレスとの対話

Q　「知っているとはどういうことか？」

A　「いやしくも『知っている』や『理解すること』はといえば，それは〈経験〉よりも〈技術〉のほうにより多く属しているとわれわれは思っている（中略）。

　これはほかでもない，技術家のほうは事柄の原因（根拠）を知っているのに対して，たんなる経験家のほうはそれを知らないからである。すなわち，経験家は『そうであること』（事実）は知っているけれども，『なぜ』そうであるかを知っていない。他方，技術家は，この『なぜ』そうであるかということ，すなわち原因（根拠）を認識している。（中略）

　さらに全般的にいって，ものごとを知っている人と知らない人とを区別するしるしは，ほかの者にそれを教えることができるかどうか，という点にある。そしてこのことゆえに，われわれは，〈経験〉よりも〈技術〉のほうがいっそう学問的**知識**としての性格をもつと考えられている。」

（「形而上学」1巻1章，『ギリシアの科学』藤沢令夫訳，中央公論社，1972年，124～125頁）

▶経験と技術，そしてそれぞれの知が「～であると知ること（事実知：knowing that）」と「なぜ～であるのかを知ること（原因知：knowing why）」として対比されている（この対比は倫理的な文脈でも現れる）。こうした原因知は，学問的知識（エピステーメー）論として展開される（以下『分析論後書』1巻2章，2巻8-10章などによる）。原因知と必然性の把握の二点がその考察の出発点とされるが，その二点は連関している。たとえば，月蝕について，「月が光を欠いている」という事実を知り，「地球が光を遮っている」ことがその原因であると知る。このとき，「地球が遮ることで月が光を欠く」という一般法則が把握されており，事実は法則のもとで必然的なこととして説明される。こうした説明は推論（三段論法）上に提示することができ，それは論証とよばれる。論証は教えるための推論であり，学問的知識を得ている（知っている）とは論証できることに他ならない。

アリストテレス

Q 「自然とは何か。自然物は人工物とどう違うのか？」

A 「〈自然によって〉存在するものというのは，動物やその部分，植物，そして土・火・空気・水のような単純物体のことである。なぜなら，われわれは，これらのものや，これに類するものを，『自然によってある』というからである。

ところで，いまあげられたものはすべて，自然によって形づくられたのではないものと比較すると，明らかな相違点を示している。というのは，これらの自然物と呼ばれるもののどれをとってみても，それぞれ動（運動変化）と静止の始原を自分自身のうちにもっているからである。（中略）

他方，寝椅子とか上衣とか，そのほかそういったたぐいのものは，それぞれ『寝椅子である』『上衣である』といわれるものであるかぎりは，すなわち，それが技術の製品（人工物）であるかぎりにおいては，運動変化をはじめようとするなんらの傾向をも，それ自身のうちに本来的にもっていない。」

（「自然学」2巻1章，『ギリシアの科学』藤沢令夫訳，中央公論社，1972年，59～60頁）

▶自然（physis）によって存在するものの範囲は，現在の自然科学で扱われる領域とおよそ異なっていない。しかし，自然科学は，近世以降，自然事象を物の運動によって，つまり物理学（physics）的に説明することで展開してきた。ここに自然概念の変容がある。アリストテレスの場合，自然事象は物理学的説明に限定されず，四原因という枠組みで探求され，その諸原因によって説明されたのである（以下『自然学』2巻による）。技術によって製作される物（たとえば寝椅子）が，アリストテレスの四原因説の基本モデルである。機能（人がその上に寝ること）は，(1)目的因とよばれる。材料は機能を果たすために必要となる物理化学的性質（強度）を有している点で，(2)質料因とよばれる。その設計図は機能を果たすよう材料の組み立て方を決めている点で，(3)形相因とよばれる（このモデルにおいて，設計図は予め定まっており，製作者が製作現場で変更することはない）。製作者は設計図に従って材料を組み立てる点で，(4)始動因とよばれる。つまり，始動因は質料に形相を与えるのである。製作物と自然物の相違は，始動因が動（運動変化）の始原として外から働きかけるか，あるいは内在しているかという点にある。製作物は製作者が設計図に従って組み立てなければ，材料がそれ自体でひとりでに寝椅子になることはない。しかし，自然物の場合，自らのうちに動の始原をもっており，自らの設計図に基づき，自ら生成するのである。アリストテレスの自然の捉え方は目的論的であるとされ，それ自体批判の対象となっている。

I 近世以前

しかし，彼の目的論の意味をこうした四原因モデルによって正確に考えるならば，そうした批判は適当ではない。彼のこうした自然現象の分析は，とりわけ生命現象について物理学的説明よりも優れていることが理解されるだろう。

Q 「徳とはどういうものか？」

A 「徳というのはすべて，それがそなわるところのものを善き状態にし，そのものに自分の機能をよく行なうようにさせるところのものだと言わなければならない。たとえば目の徳が，目と目の機能をすぐれたものにするように。なぜなら，われわれは目の徳によってよく見ることができるからである。（中略）そこでもしこのようなことがあらゆる場合に成り立つとすれば，人間の徳もまた，人間を善きものにするところの，そして人間に自分自身の機能をよく行なわせるところの状態である，ということになろう。」

『ニコマコス倫理学』2巻6章，朴一功訳，京都大学学術出版会，2002年，70～71頁

▶日本語で「徳」といえば道徳的意味に限定されるが，「徳」と訳されるギリシア語（アレテー）は，より広い適用範囲をもつ（「卓越性」と中立的に訳される場合もある）。ただし，古代ギリシアにおいても人の徳が問題となる場合，伝統的に勇気，節制といった徳目が挙げられる。徳をもつ人は「善い（立派な）人」として賞賛の対象となった（1巻12章）。アリストテレスは，人のよさに加え，人の機能のよさを問題としている。「人が機能（活動）する」とは，次の引用に見るように，「人が生きること」である。つまり，徳は「よく生きる（エウ・ゼーン）＝**幸福**（エウダイモニア）」へ関連づけられているのである。「幸福」とは「徳に即した**魂**の活動」と定義されている（1巻7章）。

Q 「人間の機能とは何か？」

A 「まず，『生きる』ということは，植物とも共通することだと思われるが，われわれの探し求めているのは人間に固有の機能である。それゆえ，単なる栄養的生や身体的成長の生は除外されねばならない。次に来るのは，ある種の感覚的生であるが，これもまた馬や牛，その他すべての動物と共通しているように思われる。そこで残っているのは，人間において『理性（ロゴス）』をそなえている部分，その部分によるある種の行為的生である。

ところで，そうした部分の一つは，理性に従うという意味で，理性をそなえているのであり，もう一つは，みずから理性をもち，思考するという意味で，理性をそなえているのである。」

（『ニコマコス倫理学』1巻7章，朴一功訳，京都大学学術出版会，2002年，28頁）

▶「生きる」とは魂（生命）の活動である。「人間の機能」は「生きる」ということのなかから魂の「理性をそなえている部分」の行為的生という活動として限定される。「理性をそなえている」二つの部分のうち，「理性に従う」部分とされるのは欲求であり，「理性に従う」とは子供が父親や年長者の助言に従うことに譬えられる。その部分の徳は「性格の（人柄の，倫理）徳」とよばれ，「勇気」「節制」などが含まれる。他方，「みずから理性をもつ」部分の徳は，「思考の（知性）徳」とよばれ，「知恵」「思慮（プロネーシス）」などが含まれる（1巻13章，「思考の徳」については6巻）。ところで，欲求と理性（より正確には，「選択（理性に従う欲求）」）は葛藤をおこすこともある。無抑制（アクラシア）や抑制（エンクラテイア）とよばれる場合で，無抑制は欲求に引きずられ，抑制は欲求を抑えこむ。しかし，たとえ抑制のある状態であっても，徳のそなわった状態ではない（抑制と無抑制については7巻1-10章）。

Q 「徳はどのようにしてそなわるのか？」

A 「徳の場合は，さまざまな技術の場合と同様，われわれはまずその行為を現実化することによって身につけるのである。（中略）たとえば人は家を建てることによって建築家になり，堅琴を弾くことによって堅琴奏者になるのである。まさにこれと同様に，正しいことを行なうことによって，われわれは正しい人になり，節制あることを行なうことによって節制ある人になり，また勇気あることを行なうことによって，勇気ある人になるのである。」

（『ニコマコス倫理学』2巻1章，朴一功訳，京都大学学術出版会，2002年，58頁）

▶徳は，生まれながらの能力（たとえば視力）のように初めからそなわっているのではなく，（年長者の助言に従って）実際に立派な行為をすることを通じて習慣づけるものである。単に議論によって身につくものではない。そして，習慣づけられていない場合に，議論することが有効だとアリストテレスは考えていない（10巻9章）。必要とされる習慣づけは，たとえば自転車に乗れるようになる場合のように，無意識的な身体運動を身につけることを言っているのではない。教師の指導に従って堅琴を弾くこ

I　近世以前

とを通じて，当人はその弾き方が適切であることを理解する。同様に，正しい行為を通じて，それが正しい行為であることを学び知るのである。正しい行為であることを知っていること（knowing that）が，アリストテレスの講義を聴講する資格である（1巻4章）。

Q 「徳がそなわっているとはどういうことなのか？」

A 「さまざまな行為に伴って生じる快楽や苦痛を，われわれは人の性格の状態を示す指標にしなければならない。なぜなら，肉体的な快楽を差し控え，まさにそのことによろこびを感じる人は節制ある人であり，それを嫌がる人は放埓な人だからであり，また恐ろしいことに耐え，それによろこびを感じたり，あるいは少なくとも苦痛に思わない人は勇気ある人であり，苦痛を覚えるような人は臆病なひとだからである。（中略）それゆえ，プラトンが言っているように，よろこぶべきことをよろこび，苦しむべきことを苦しむように，そのようにわれわれは若い頃からただちに何らかの仕方で指導されなければならない。それこそが正しい教育なのである。」

（『ニコマコス倫理学』2巻3章，朴一功訳，京都大学学術出版会，2002年，62〜63頁）

▶欲求を抑えこむことで正しい行為をする人（抑制ある人）は，正しい人とはよべない。その人は無理をしているからである。徳ある人は，喜んで正しいことを行うのであり，それが徳ある人の「指標」となる（徳のある人の条件について，さらに2巻4章）。これも正しいことを行為することを通じて体得することである。これはたとえば（楽ではない）スポーツをすることを通じてその楽しさを知る場合と比べられるであろう。こうした種類の快の問題は快楽論（7巻11-14章，10巻1-5章）で論じられる。

用語解説

(1) **知識**　「学問的知識（エピステーメー）」は，「知る」という基本語と連絡しており，「知識」と訳されてよい。そして，アリストテレス的な意味での「知識」が哲学において長く問われ続けた。しかし，現代の知識論で，たとえば「正当化された真なる信念」という場合，事実知で十分に知識の資格があり，原因知は必要とされない。こうした事情もあり，「学問的知識」或いは「理解」といった訳語が与えられている。

(2) **徳（徳倫理）** 現代の（規範）倫理学では，カント（→130頁）に由来する義務倫理とベンサム（→137頁）やミル（→157頁）に由来する功利主義という近代の二つの学説が主要なものとされ，長い伝統をもつ徳倫理は忘れられていた。しかし，近年，徳倫理がこれらに並ぶ選択肢として見直され始め，アリストテレスはその主要典拠として参照されている。徳倫理の特徴は，人のあり方（理性だけでなく，欲求や感情を含む）に力点をおき，個々の行為もその人のあり方やその生全体から問題とする点にある。

(3) **幸福**　「幸福」とは，何のためにそう行為するのかという問いを続けた場合の最終的回答となることである（なぜ幸福を求めるのかという問いは意味をなさない）。それゆえ「最高善」とよばれる。ただし，幸福について，幸福だと感じていればその人は幸福であるといった仕方で，単なる主観的問題と考えないよう注意が必要である。

(4) **魂（心）**　魂は，栄養摂取・成長，感覚・運動，思考それぞれの活動の源泉として，植物的魂，動物的魂，理性をもつ部分が区別される。アリストテレスにおいて心の問題は，生命活動と連続的に考察される問題であった。デカルト（→77頁）は，こうした魂のうちから心の問題を思考へと意図的に限定することで心身二元論を唱えた。

より深く学ぶために

〈基本文献〉

『アリストテレス全集』出隆監修，山本光雄編集，岩波書店，1968〜73年

『アリストテレス』（世界古典文学全集16）田中美知太郎編，筑摩書房，1966年

『アリストテレス』（世界の名著8）田中美知太郎責任編集，中央公論社，1972年

『ギリシアの科学』（世界の名著9）田村松平責任編集，中央公論社，1972年

『形而上学（上・下）』出隆訳，岩波文庫，1959〜61年

『ニコマコス倫理学（上・下）』高田三郎訳，岩波文庫，1971〜73年

『ニコマコス倫理学』（西洋古典叢書）朴一功訳，京都大学学術出版会，2002年

＊他の邦訳について，ウェブサイト barbara celarent「アリストテレス著作別邦訳一覧」を参照。

〈入門・解説書〉

『アリストテレス哲学入門』出隆，岩波書店，1972年［著作の抜粋による入門書］

『アリストテレス入門』山口義久，ちくま新書，筑摩書房，2001年

（国越道貴）

I　近世以前

（Marcus Tullius Cicero: BC. 106-43）

生涯と思想

　まず最初に質問しよう。……そもそもこの教科書で西洋思想について学んでいる読者諸氏は「マールクス・トゥッリウス・キケロー」という人物について予備知識をお持ちか？
　このような問いに「当然知っている」という答えが（あるいは「名前だけは知っている」という答えも含めてよい）どれほどの割合で返ってくるだろうか？　おそらくは残念なことに「そんな名前きいたことがない」という答えの方が多く返ってくるだろう。たとえば日本において，専門家以外でもほとんどの人がその名を耳にしたことのある思想史上の有名人と言えば誰の名が上がるだろうか？　ソクラテス（→3頁），プラトン（→6頁），アリストテレス（→13頁），カント（→130頁），ヘーゲル（→147頁），ニーチェ（→177頁）など（古代ギリシアと近代ドイツに偏ってしまう）だろう。しかし欧米においてはそうではなくて，キケローは「知ってて当然」にランクされるビッグネームなのだということをまず知っていてほしい。
　キケローは，紀元前106年1月3日，ローマから約100キロほど南東に位置するアルピーヌムという地方都市で生まれた。——時代的にはローマの共和制が終わりを告げようとしていた頃だった。紀元前44年にユーリウス・カエサル（Gaius Iulius Caesar: BC. 100-44）が終身独裁官に就任してローマの共和制は実質上終わりを告げるが，キケローはそれまでのあいだ共和制を守ろうと，あるいはその後も復活させようと悲劇的な（そして時には喜劇的な）努力を続けることになる。
　幼少のころ，その神童ぶりで評判だったキケローは大人になって**弁論術**とい

う道を選ぶ。古代ローマにおいて，弁論家・雄弁家になるということは法廷弁論や政治演説を行うということであり，つまり弁護士と政治家になるということである。彼は25歳で法廷弁論の初舞台に立ち，30歳で官職につき，ついに43歳で共和制ローマの最高職である執政官に就任する。その年，国家転覆の陰謀を未然に防ぐ「祖国の父」という名誉ある称号を得る。——彼の理想は，言論という手段により武力による不正を正すことができるというものであり，このときの陰謀阻止は彼の理想を劇的に実現したものであった。武力という後ろ楯なしに言説だけで国を正しい方向に導くことができると考えたキケローは，このような成功に鼻息を荒くし，思い上がっていると陰口をたたかれたりもする。また後には，現実の前に理想を曲げて愚痴をこぼしてみたり，あるいは理想を守るためにやせ我慢をして毅然とした態度をとったこともあった。

　このような成功の直後には，反対派の策略でキケローは亡命を余儀なくされる。その数年後，ローマはカエサル・ポンペイウス・クラッススの第一次三頭政治となり，キケローはやっと帰国できるが政治的には思うように活躍できなかった。やがてカエサルとポンペイウス（Gnaeus Pompeius Magnus: BC. 106-48）の対立は深まり内戦にまで至り，キケローが味方についたポンペイウス側は敗退する。その結果，カエサルの独裁へと移り，キケローは政治活動ができなくなる。カエサルが暗殺されたあと，最後の炎を燃え上がらせるかのように共和制復活のために尽力した62歳のキケローも，ついに翌年，第二次三頭政治（アントーニウス・レピドゥス・オクターウィアーヌス）のもと宿敵アントーニウス（Marcus Antonius: BC. 83-31）の差し向けた刺客により暗殺される。紀元前43年12月7日のことであった。

　政治家としてのキケローは冷徹な現実主義者にも，現実を受け入れない頑固な理想主義者にもなれず，無節操，優柔不断という否定的評価を下す者の方が多い。しかしそれは，キケローが世俗にもまれ悩み挫折や妥協も味わったということにすぎず，それでもって貶されるのは酷すぎるように思う。もしかするとそのような辛口の採点は弁論家として彼があまりに大きな権威をもっているからなのかもしれない。弁論術の大家としてのキケローは否定的な評価を下す方が難しい。彼は弁論術についての著作も残しており，また彼の行った弁論の

I 近世以前

記録が多く残され雄弁の手本として後の時代に多大な影響を与えた。

では，哲学者としてはどうであろうか？ まさに評価としては両者の中間という感じで，賛否両論あい半ばしている。──当時の状況では，哲学の中心地はまだアレクサンドリアではなく，またローマでもなく，いまだアテナイにあった。そこでプラトンの創設した学園を中心とするアカデメイア派（ただし当時は懐疑主義に傾いていた），アリストテレスの学園を中心とするペリパトス派，快楽主義と呼ばれるエピクーロス（Epikouros: BC. 341-270）派，キティオンのゼーノーン（Zenon: BC. 335-263）によって創設された厳格倫理が特徴のストア派などが互いにしのぎを削っていた。

それらの諸派に対してキケローは，主にアカデメイア派に依拠して，後にはストア派やときにはペリパトス派にも同意して哲学的議論を展開した。──そのような彼に対しては，折衷的だとか独創性に欠けるという批判がなされることが多い。しかしそのような意見は現代との価値観の違いを見落とした安易な批判といわざるをえない。つまり当時は現代と違って独創性に対して価値を無条件には認めてなかったからである。キケローは議論に対して，それを自分が考え出したものなのかどうかということには関心をもたず，それが重要な意味のあるものなのかどうかということを重視した。手を加える必要などないと判断すれば，先人が展開している議論をギリシア語からラテン語に翻訳しただけの形で紹介しさえした（キケロー自身そういうことを隠そうとしている気配も見られない）。それゆえにキケローの思想は，彼の紹介したギリシア哲学とともに古代末期，中世，ルネサンスを経て近代まで大きな影響を与えることになった。独創性というものに価値を置く近代では，キケローを飛び越え直接ギリシア哲学をという気運が高まるが，そのような近代人たちにギリシア哲学の重要性を教えたのも，当然ながら他ならぬキケローだったのである。

キケローとの対話

「どうして『自分さえよければ他人はどうだっていい』という考え方は間違っているんだろう？」

キケロー

A　「さて，人が他人から物を奪い取り，他人の不利益によって自分の利益を増やすことは自然に反する。それは死や貧窮や苦痛や，そのほか身体あるいは体以外の所有物に起こりうることのなにものにもまして自然に反する。なぜなら，それはまず第一に人間の共生と社会とを破壊するからである。実際，われわれが各自の利得のために他人に対して略奪や権利の侵害を働くような性癖になってしまったら，人類の本性にもっとも即している社会が分裂することは必然である。たとえば，体の器官の一つ一つが，隣の器官の健康を自分のほうに移せたら自分が壮健になれる，という感覚をもったとしてみよう。肉体全体が弱体化し，滅び去ることは必然である。これと同様に，われわれの一人一人が他人の利便を横取りして，それぞれ自分のために利得となる分だけ奪い取る，といったようなことをすれば，人間の社会と共同体が転覆してしまうことは必然である。われわれ一人一人には生活必需品の確保を他人のためよりもまず自分のために望んでよいことが認められており，これは**自然**に反しない。それに対して，他人からの略奪品によってわれわれの資力，資産，財産を大きくすることを自然は許さない。

　実に**自然**，つまり，万民の**法**のみならず，市民国家個々の国政の基盤をなす各国民の法律もまた同様に定め置いていることがある。それは，自身の利益のために他人に害を加えることは許されないということである。実際，法律が目的として望むのは，まさに市民の団結が無事に保たれることである。これを引き裂く者たちを法律は死，追放，収監，科料をもって取り締まる。しかし，それにもましてこのことをよりよく実現させるのは他ならぬ自然の摂理である。それは神々と人間の法律であり，これに従うことを欲する者――自然に即して生きることを欲する者はみな従うであろう――は他人のものに触手を伸ばし，他人から奪い取ったものを自分のものに加えるというような所行を決してしないであろう。」

(「義務について」『キケロー選集9』高橋宏幸訳，岩波書店，1999年，290～291頁)

▶たとえば，どうして人の物を盗んではいけないのか？「他人が不幸になろうと知ったことではないじゃないか」などという考え方は確かに間違っている。でも，どうして間違っているといえるのか？　言い方を変えれば，わたしたちはどうして「道徳的」

I　近世以前

でなければならないのか？　そのような問いに対してキケローは（そして当時のギリシア哲学諸派も）「自然」との関係で答えようとした。つまり個人が集まって共同体をつくり，それを維持していくのが自然なことなのであって，それに対して共同体を脅かすような自分勝手な行動は自然の摂理に反する，というものだ。そして人間の法の根底にこういう自然の摂理がある，あるいはあるべきだという。当時，ローマの貴族は属州統治の役人として派遣され，しばしば悪政でもって搾取し，私財を貯えた。それがあまりにひどい場合，属州住民はその役人をローマに訴えるのだが，キケローは実際そのような裁判で悪徳役人を弾劾したこともある。他者に危害を与えてはならないという法は，普遍的に，つまりローマ市民であろうとも属州住民であろうともあてはまるようなもので，彼はそれを行動でもって示した。

Q　「人の幸福というのは，どれくらい快適か，心地いいかということにあるんであって，歯を食いしばって立派なことをするなんてナンセンスじゃない？」

A　「私たちは，トルクワートゥス君，何かもっと高邁で偉大なことのために生まれてきたのではないでしょうか。そのことは，単に精神の諸機能を見ることから証明されるばかりではありません。精神には，膨大な数のものごとの記憶能力がそなわっていますし……（中略）……神の予知に近似した未来のものごとの推知能力もそなわっていますし，欲望を制御する廉恥心があり，人間の社会生活を警護する正義心があり，苦労を耐え危険に立ち向かうさいの強固で揺るぎない苦痛と死への侮蔑心があります……（中略）……

　しかし，その身体そのものにおいても，強さや健やかさや速さや美しさのように，快楽よりも高い価値をもつものがいくらもあるわけですが，もしそうだとすれば，君は精神についてはつまりはどのように考えていらっしゃるのでしょうか。」

（「善と悪の究極について」『キケロー選集10』永田康昭・兼利琢也・岩崎務訳, 岩波書店, 2000年, 152頁）

▶もし君たちが「幸福を感じるのはどんな時？」と訊ねられたらどう答えるだろうか？「おいしいケーキを食べているとき」「ゆったりお風呂につかっているとき」「恋人と一緒にいるとき」など，快・心地よさと結びついた事柄を答える人が多いだろう。しかし，それを一生続けることを望むだろうか？　他に何もせずただケーキを食べ続ける人生がもし送れるとしたら送りたいと望む人はあまりいない。ケーキなんていつ

かは食べ飽きちゃうという消極的な理由以外に，そんなことするのは身体の健康や美しさが損なわれてしまうのでイヤだという積極的な理由からそう望まないということもあろう。そこでキケローならば言うだろう「どうして身体だけじゃなく精神の健康や美しさにも気を配らないのか？」と。われわれが幸福であるための究極のものは何かと問いを立て，キケローは快楽であるという立場（エピクーロス派）を批判して，**徳**の必要性を説く。ただし，幸福に必要なのは徳を備えることだけだという立場（ストア派）とは微妙に距離を置き，徳が実際に実践される必要があるとも言っている。つまり，有徳でありさえすれば病気にかかっていても貧乏でも幸福なのだと主張する人たちに対して，徳を実践させられるくらいの健康や経済的余裕は必要だとも認めている。彼は理想を追う哲学者であると同時に常に現実に直面する弁護士・政治家でもあったのだ。

用語解説

(1) **弁論術[rhetrica]** ギリシア語では"rhetorike"で，「雄弁術」や「修辞学」とも訳される。われわれが片仮名で「レトリック」などと言う場合，単なる美辞麗句や口先だけのごまかしを意味する場合が多いが，もともとはそういう限られた意味ではなかった。そもそも弁論術は，題材をどのように見つけるかということから，議論の組み立て，適切な言語表現，そして実際に弁論する際の適切な身振りや声までを取り扱う総合的な説得の術であった。そしてキケローは，弁論術を叡知と結びついてなければ無益あるいは有害ですらあるとした。

(2) **自然[natura]** ギリシア語では"physis"で，日本語では「本性」と訳されることもあり，また「実在」とも訳すべき意味をもつ場合もある。基本的には人の手によらないものを意味するが，多義語であり，さまざまな意味で用いられる。ここでいう自然は，ともすれば無秩序になりがちな人間社会に対置されるような秩序，特に天体の運行を代表とするような自然界の秩序のことが念頭におかれている。

(3) **自然法[lex naturalis, jus naturale]** 個々の国家が定めている実定法と区別され，自然の摂理に基づいて考えられる法，人類全体に（あるいは人間を含む生物全体に）普遍的にあてはまる「万民の法」である。キケローは，そのような法に従うことこそが正義であり，そのような法に合意することこそ国家成立の前提条件だと考えた。

(4) **徳[virtus, honestas]** キケローは彼の先駆者たちと同じく徳を四つに整理している。つまり「真理の認識と運用」である知恵，「各自が自分の努めを果たし，引き受けた事柄について信義に違わぬこと」である正義，「高潔にして不撓不屈」の勇気，そして「あらゆる行為と言葉についての秩序と限度」である節度と節制の四つである。

I 近世以前

より深く学ぶために
〈基本文献〉
『キケロー選集』全16巻，岡道男・片山英男・久保正彰・中務哲郎編，岩波書店，1999〜2002年

『キケロ　エピクテトス　マルクス・アウレリウス』（世界の名著13）鹿野治助編，中央公論社，1968年

『友情について』中務哲郎訳，岩波文庫，2004年

『老年の豊かさについて』八木誠一・八木綾子訳，法蔵館，1999年

『老年について』中務哲郎訳，岩波文庫，2004年

『義務について』泉井久之助訳，岩波文庫，1961年

〈入門・解説書〉
　1994年より前には日本語で読めるキケローの入門書の類いが存在しなかったというのが嘆かわしい。しかし現在は下記の通り4冊の入門書が出ており，幸運なことにいずれも内容的に質の高いものである。

(1)　『キケロ　―ヨーロッパの知的伝統―』高田康成，岩波新書，1999年

(2)　『キケロー』(Century Books 人と思想173）角田幸彦，清水書院，2001年

＊どちらも読みやすく良質の入門書に出来上がっている。(1)は文学の，(2)は思想の専門家が書いたのでキケロー紹介の重点も少し異なっていて興味深い。

(3)　『キケロ』ピエール・グリマル，高田康成訳，白水社（文庫クセジュ），1994年

＊同じ入門書といってもフランス人の常識を前提としているので（非常に残念ながら）日本の一般読者には多少敷居が高かろう。上記(1)(2)のどちらか（できれば両方）を読んだ後に読むのがいいと思う。

(4)　『政治家　キケロ』クリスチャン・ハビヒト，長谷川博隆訳，岩波書店，1997年

＊上記の三冊に比べ価格が高めなのが難点。自分でさらに調べられるように詳しい情報がついているのが特徴。

（永嶋哲也）

アウグスティヌス

(Aurelius Augustinus: 354-430)

生涯と思想

　後のヨーロッパ文化の源泉となるギリシア・ローマの思想とキリスト教が出会ったところに教父思想が形成された。人間の理性による合理的な世界把握を特色とする古典古代の哲学と，神による世界創造とイエス・キリストの十字架と復活によって示された人間の救済への信仰を中心とするキリスト教の教えを総合し，キリスト教的思想の確立につとめた**教父**の時代にあって，アウグスティヌスは最大の思想家であり，西欧の教師とよばれる。

　アウグスティヌスは354年，ローマ帝国の属州であったヌミディアのタガステ（現スーク・アラス）にうまれた。彼の生きた時代はローマ帝国末期の，周辺の諸民族が帝国に押し寄せ政治的に混乱した時代であった。父パトリキウスは異教徒のローマ人，母モニカは篤信のキリスト教信者であり，アウグスティヌスはこの母から大きな宗教的感化を受けた。遠縁に当たる富豪ロマニアヌスの援助を受け，彼は16歳のとき大都市カルタゴに留学し，修辞学を学んで古典の教養を身につけた。19歳のときキケロー（→20頁）の『ホルテンシウス』を読み，真理への愛にめざめ，哲学的探究に心が燃えたった。しかし，幼時より心に深く保たれたキリストの御名のないところ，如何なる洗練された文体や高説も彼の心を完全に満たすことはできなかった。そこで聖書をひもとくが，その素朴な文体に失望し，マニ教に入信する。マニ教は3世紀の半ばにペルシアにおこった宗教であり，その世界観は光と闇，善と悪という徹底的な二元論であった。383年アウグスティヌスは修辞学の教師としての成功を求めてローマに移る。マニ教の宇宙論の疑似科学性への疑念から，宗門随一の知者ファウストスに質疑するものの，その学問の造詣は深くなく，アウグスティヌスはマニ

I 近世以前

教に失望し，アカデメイア派の懐疑論に追い込まれた。

　384年修辞学教師の職を得てミラノへ移るが，司教アンブロシウスの人格に惹きつけられ，その説教を聴くうちに，聖書の語句は一々文字どおりに解釈される必要がないことを学び，一見するところ何気ない物語にも深い霊的な意味が込められていることを知る。アレキサンドリアのフィロンやオリゲネスなどによってキリスト教に取り入れられた比喩的解釈の方法をアンブロシウスは西方に導入した最初の人であった。他方，アウグスティヌスは新プラトン主義の書物に出会い，非物体的なものについて目を開かれ，神を無限の空間に広がる物体的なものの如くに考えることが誤りであることを悟り始めた。また，マニ教の説くごとく悪とは善と対立するもう一つの本質ではなく，むしろ神によって創られたものはすべて善いものであって，悪は実在するものの不完全性に由来する欠陥であることも明らかになってきた。尊敬するローマの修辞学者ヴィクトリヌスのキリスト教への回心は彼を奮い立たせ，エジプトの修道士アントニウスの伝記は彼を強く励ました。内心の激しい道徳的苦闘を経て，386年アウグスティヌスはキリスト教に回心する。この回心はパウロのそれと並びキリスト教にとって特別な意義をもつものとされる。アウグスティヌスが西方教会とキリスト教思想にあたえた貢献は計り知れないほど大きいからである。彼は教職を退いて修道生活を志す。ミラノ郊外の山荘で共同生活を始め，活発な著作活動を開始した。387年アンブロシウスから受洗，388年アフリカに帰り，タガステで修道生活をおくる。391年ヒッポで司祭に叙階され，395年には司教に叙階される。隠棲を求めた彼は，かえって，マニ教，ドナティスト派，ペラギウス派，アリウス派などと論争することになった。

　論争や司教としての公務に極めて多忙でありながら，アウグスティヌスは西方教父のうちで最も多くの著作を著した。初期には『アカデメイア派駁論』『自由意志論』などの哲学的著作があり，やがてその思索は円熟を深め，『告白』『三位一体論』『神の国』などの不朽の名著をのこした。また『創世記逐語註解』『ヨハネ福音書講解』などの聖書に関するもの，論争書や修道的作品も多い。430年ヴァンダル族が北アフリカに押し寄せ，町は次々に破壊されヒッポの町も包囲されるなかで，その生涯を閉じた。

アウグスティヌス

　アウグスティヌスの世界観は，彼の思索と体験の活ける結晶であったといわれる。彼の若き日の波乱に満ちた思想の遍歴と苦闘は，かえってわれわれに人間の精神が真理を求めてやまないものであることを教える。彼にとって真理を求めることは，人間の真実の生きかたを求めることにほかならなかった。その純粋でごまかしのない求道の精神が，多くの人に感銘を与えたのである。当時の誰にもひけを取らない該博な教養を有した彼は，論理的思考に優れると同時に人間の心理を繊細に分析する能力をもち，難解な問題においても事柄の核心を見通す怜悧な直観を有していた。アウグスティヌスは**時間論**，言語論など多方面に思索を展開したが，その思索の中心には人間の精神の内面性の発見がある。人間の精神は自己へ還帰することによって内なる光に照らされて，不可変のものと可変的なもの，不滅のものと滅びるもの，永遠と時間，**享受**すべきものと**使用**すべきものなどについて眼差しを開かれていくのである。

アウグスティヌスとの対話

Q　「何か確実な真理をわれわれは得ることができるのか？」

A　「自分が生き，記憶し，知解し，欲し，思惟し，学び知り，判断することを，誰が疑いためらいえようか。というのは，仮に疑っているにしても，生きているからである。もし疑っているなら，なぜ疑っているかを覚えているのである。もし疑っているなら，自らが疑っていることを知解しているのである。もし疑っているなら，確実であろうと欲しているのである。もし疑っているなら，思惟しているのである。もし疑っているなら，自らが無知であることを知っているのである。もし疑っているなら，自らは軽率に同意をするべきではないと判断しているのである。したがって，人が或ることについて疑うのなら，その人は誰であれ，これらすべてについて疑うべきではない。もしこれらのことが成り立っていないのだとしたら，ひとは何かについて疑うことそのものができないからである。」

（『三位一体論』10巻10章，原典からの引用者による翻訳）

I　近世以前

▶アウグスティヌスの思想の出発点をなすとともに，全思索の根底にあるものは，真理への問いであるといえよう。彼は若い頃一時，懐疑論に心惹かれていた。それは，哲学者たちの意見の不一致，感覚における錯覚，夢や狂気などを挙げて，人は真なることを知ることはできないと主張するものであった。『アカデメイア派駁論』には，「もし世界に四つの元素があるなら五つの元素があるのではない，もし太陽が一つであるなら二つあるのではない，同一の魂が死んでいてかつ不死であることは不可能である」（3巻13章）等の命題が，感覚的認識にみられる不確かさを免れた確実な知識の例として挙げられている。しかし，アウグスティヌスは独自のより根源的な仕方で真理への探求を行っていた。それは，人間の精神は真理をもとめるものとして創られており，精神がそのようなものとしてあることを人はみずから自身を振り返ることによって知ることができるというものである。真なることが知られていないのではないかという疑いは，疑うというその働きを振り返るとき，確実であろうとする欲求に伴われていること，また，軽率に同意すべきではないという判断が働いていることなどが，疑っている人自身において明らかになる。精神は自らに立ち返り，その働きを振り返れば振り返るほど，ますます真理をめざすものとしての自己のあり方を明確にとらえるようになるといえよう。

Q 「神は人間に何を命じておられるのか？」

A 「人を愛する者は，彼らが正しい人であるがゆえにか，あるいは正しい人であるようにと愛するべきである。実際またそのように，自分自身を愛する場合も正しくあるがゆえにか，正しくあらんがために愛するべきである。実にそのような仕方で，人は如何なる危険もなしに隣人を自分自身のように愛する。他の仕方で自己を愛する人は正しくない仕方で自己を愛している。というのも，その人は不正な人であるようにと自分を愛しているのであり，それゆえ，悪しき人であるように愛しているのであり，またこのことによって最早自己を愛してはいないからである。『不義を愛する者は自らの魂を憎む』（詩篇10：6）と言われる。

　以上からして，三位一体と神を知ることに関してわれわれに与えられているこの問いにおいて，真の愛とは何であるのか，否むしろ，愛とは何であるのかが何よりも観て取られねばならない。なぜなら，真なる愛であるものこそ愛と呼ばれるべきであって，そうでないものは欲望だからである。また，愛してい

る人が欲望していると誤って語られることがあるように，欲望を抱いている人が誤って愛すると語られることがあるからである。ところで，真の愛とはこのこと，即ち，真理に向けて心をしっかりと結びつけてわれわれが正しく生きることである。そしてそれゆえに，人々への愛——この愛によってわれわれは人々が正しく生きることを望む——のために，全ての可死的なものをわれわれは軽視しよう。実に，そのようにして，兄弟の益のために死ぬことに対してさえわれわれは備えあるものとなりうるであろう。このことを主イエス・キリストは，御自身を模範としてわれわれに教えになられた。実際，『律法のすべてと預言者たちが懸かっている二つの掟，すなわち，神への愛と隣人への愛』（マタイ22：37-40）に対して，聖書がしばしばこの二つの掟のかわりに一つの掟をおくことは故なきことではない。聖書は時に次のような仕方で神への愛のみを語る。『神を愛する人たちにとって，全てのことは相働いて善に帰することをわれわれは知っている』（ローマ8：28）またさらに『神を愛する人は，誰でも神から知られているのである』（コリント前8：3）また『神の愛が，われわれに与えられている聖霊を通して，われわれの心の内に注がれている』（ローマ5：5）とあり，さらに他の多くの箇所がある。というのも，人が神を愛するなら，その人は神が命じたまうことをなすことが結果する。また，その者は神の命ずることを為す限りにおいて，神を愛しているのである。従って，その者は隣人をも愛することが結果する。というのも神はこれを命じられたからである。また，他方で，聖書は隣人への愛のみを語る。『あなた方は互いにあなたがたの重荷を負いなさい。そうすることで，あなた方はキリストの律法を充たすこととなろう』（ガラテヤ6：2）また，次なるものがある。『律法の全ては，次の一語の内に，すなわち，あなたの隣人をあなた自身を愛するように愛しなさいと記されていることのうちに充たされている』（ガラテヤ5：14）また，福音書に『すべてのよきこと，すなわち，人々があなた方になすことをあなた方が望むようなよきこと，これらのことをあなた方も彼らに行いなさい。これが律法であり，預言者である』（マタイ7：12）とある。さらに，われわれは，聖書に他の多くのそのような箇所を見出す。そこでは，隣人への愛のみが完成に向けて命じられ，神への愛については黙しているように見える。律法と預言

I　近世以前

者とは両方の掟に懸かっているのにである。だが，このことは，次なる理由によるのである。すなわち，人が隣人を愛するなら，その人は何よりも愛それ自身を愛することになる。しかるに，『神は愛であり，愛の内に留まる人は神の内にとどまる』（ヨハネ I 4：16）。それゆえ，隣人を愛する人は何よりも神を愛することになる。」

(『三位一体論』8巻6章9～7章10，原典からの引用者による翻訳)

▶アウグスティヌスは人間存在の特質をその愛のうちに洞察していた。日常の生活を導くものとはその人の愛であるともいえよう。各人の生活とは，家族や友などに対しての愛や，仕事・趣味・名誉・金銭などに対する愛の具体的な現われだからである。愛はまたその人自身を愛するものとの関係において何らか形成する。そして，愛は正しいものでも正しくないものでもありうる。たとえば，貪欲な者が正義をすてて金銭を愛するとき，罪は金銭にあるのではなく，人間にある。すなわち，そのとき愛そのものの形が損なわれているのである。「それによって人が善く生きる徳がわれわれに備わるには，愛されるべきものがそれによって善き仕方で愛されるところの愛それ自身が秩序を得て愛されるべきである」（『神の国』15巻22）と彼はいう。「徳とは愛の秩序」なのである。

　先の引用箇所では，まず，隣人愛も自己愛も正義に貫かれて成立する表裏一体の事態であることが示されている。正義のないところでは，人間は隣人をも，自分をも愛することはできず，結局は，自分への憎悪に行きつく他ないことをアウグスティヌスは示している。そして，次に神への愛と隣人愛という二つの掟は互いに他を要求するよう結びついていることが示されている。また，愛は人間がそれに与ることで，自らの魂を可死的なものを超えて不滅のものへと結ぶ賜物であることが語られている。アウグスティヌスによれば，神の掟は，人間を永遠の生命へと導くための掟に他ならず，人間の人生は，友のために自らの命をも与えるほどの愛，すなわち，愛そのものへむけての学びの道であり，キリストはその教師なのである。

■用語解説

(1)　**教父**　古代キリスト教会において，著作によって教会の教義や教説の擁護や確立に貢献した人々。厳密な意味では，正統信仰・生涯の聖性・教会引証・古代性の四条件を備えた人々であり，その著作は正統教説の権威として後の時代に引用された。広義には古代のキリスト教著作家を総称して教父とよぶこともある。ギリシア語で著作した東方教父とラテン語で著作した西方教父に分かれ，325年のニケア公会議と451年の

カルケドン公会議の間が黄金時代とされる。

(2) **時間論**　「時間とは何であるのか。誰も問わないときには私は知っている。しかしたずねられて説明しようとすると，私は知らない」。(『告白』11巻17章) アウグスティヌスにとって時間の問題は人間の自己理解の根幹にかかわる問題であった。われわれは時を過去・現在・未来と三つの時として考えるが，過去はもうないのであり，未来はまだないのであるから，われわれに過去を過去として与えるものは記憶の力であり，現在を現在として与えるのは注視する力であり，未来を未来として与えるものは期待の力である。したがって，過去・現在・未来があるのは人間の精神においてなのである。精神的な働きのない物質においては，過去は過去としてあることも，未来が未来としてあることも，現在が現在としてあることもない。そのような物質は，確かに時間において在るものではあっても，それらにおいて時間が時間としてあることはない。時間が時間としてある場とは人間の精神に他ならないからである。人間が精神をもつことはそれぞれの人が「その人の時」をもつことといえよう。

(3) **享受と使用**　享受とは，或るものをそのもの自体のゆえに愛し，愛によって自己をそこに結びつけること，使用とは何か役立つものを愛するものを獲得することへと関与させることである。これが人間の意志が諸々の善きものとの関係においてとる二つの形である。それゆえ，人間の魂が永遠的なもの，すなわち神を享受するためには，時間的なものは享受されてはならず，使用されるべきだとされる。われわれは，われわれより劣るものを神のために使用すべきであり，われわれに等しいものを神において享受すべきであるとされる。したがって，われわれは自己自身と兄弟をわれわれにおいてではなく，神において享受すべきだと語られる。

より深く学ぶために

〈基本文献〉

『アウグスティヌス著作集』全30巻，赤木・泉・金子・茂泉編，教文館，1979年～

『アウグスティヌス』(世界の名著14) 山田晶編，中央公論社，1968年

『告白 (上・下)』服部英次郎訳，岩波文庫，1976年

『神の国 (1-5)』服部英次郎訳 (4，5は藤本雄三との共訳) 岩波文庫，1982～91年

〈入門・解説書〉

『アウグスティヌスを学ぶ人のために』金子晴勇編，世界思想社，1993年

『アウグスティヌス講話』山田晶著，新地書房，1986年

(東谷孝一)

I 近世以前

トマス・アクィナス

(Thomas Aquinas: 1225 ごろ-1274)

生涯と思想

　13世紀はヨーロッパ中世の精神文化がその絶頂を迎えた時代であり，トマス・アクィナスは中世に開花した**スコラ学**の黄金期を築いた神学者であり哲学者である。

　トマスは，ローマとナポリを結ぶラテン街道のほぼ中間に位置する町アクィノのそばのロッカ・セッカの城塞に，騎士であった父ランドルフォと母テオドラの末息子として生まれた。当時の貴族の慣わしに従い，トマスは5歳のとき，初等教育のためにベネディクト会のモンテ・カッシーノ修道院に送られる。寡黙にして温順であったトマスが，彼を教えた修道士に向かってしばしば「神とは何か」とたずねたという伝説は示唆的であり，トマスの一生はこの問のために捧げられたのではないかとの印象を人に与える。

　1239年，トマスはナポリ大学に移って勉学に励むが，ここでアリストテレス（→13頁）の哲学とドミニコ会という彼の生涯に極めて大きな影響を与えたものと出会った。ドミニコ会は，フランシスコ会と並んで13世紀における教会改革運動の中心を担った托鉢修道会であり，説教と学問研究を通じて福音宣教を行っていた。トマスは家族の強固な反対を押し切って45年にドミニコ会に入会，この修道会は当時すでに秀才の誉れの高かったトマスをさらなる勉学のため直ちにパリ，そしてケルンに派遣する。48年以降はドミニコ会随一の学者アルベルトゥス・マグヌスの指導を受ける。

　1252年，トマスはアルベルトゥスの推薦により，パリ大学神学部教授候補者としてパリに派遣され，聖書とペトルス・ロンバルドゥスの『命題集』の講師を務める。56年フランシスコ会のボナヴェントゥラとともに教授に就任，講義

や討論を開始するが、聴講者はその内容のあらゆる面における新しさに圧倒的な印象を受けたと記録は伝える。トマスの本格的著作はこの時期に始まり、自らの哲学的立場を簡潔に示した『存在と本質について』を始め、『対異教徒大全』もこの時期に着手された。教授の任期を3年で終えると、後の約10年間トマスはイタリア各地を遍歴し、ドミニコ会の学校や教皇の宮廷で教授・著作活動を続ける。この時期に、同じドミニコ会士で著名な翻訳家のモルベカのグィレルムスの援助を得て行われたアリストテレス、プロクロス、ギリシア教父研究は、トマスの思索に大きな影響を与え、著しい思想的成熟を遂げたといわれる。

1268年、トマスはドミニコ会総長により再度パリ大学神学部教授に就任を命ぜられるが、この決定は、パリ大学で起こっていたドミニコ会、フランシスコ会の二つの修道会に対する攻撃、またアリストテレス解釈をめぐるアヴェロエス派との論争などに対処するためトマスの深い学識と徳望が求められたためであった。しかし、トマスは激しい論争の続いた約3年間に**『神学大全』**第二部の完成、多くのアリストテレス註解、膨大な定期討論集など驚異的な著作活動を行い、この時期はトマスの絶頂期をなしている。

1272年ドミニコ会の神学大学を設立するため、ナポリに赴任、残された生涯をこの大学のために捧げた。この間も著作活動は続けられ、とりわけ『神学大全』第三部の完成に心血が注がれた。ところが73年暮れの聖ニコラウスの祝日のミサを境にトマスは一切の著作活動を中止する。驚く同僚に対し、「今度私が受けた啓示に比べると、これまで書いたものはわらくずにすぎない」と語ったと伝えられる。翌年初め、教皇の要請により、リヨンでの公会議に出席するため病をおして旅立ったが、ローマの手前、フォッサノーヴァのシトー会修道院で亡くなった。その純粋で謙虚な人柄、真理に対して根元的に開かれた態度は、論敵にさえ敬愛の念を抱かせたといわれる。「天使的博士」の名は、単にトマスが詳細な天使論を著したためのみならず、その清い生涯に由来する。

13世紀は西欧ラテン世界が思想的危機状況にあった時代である。それはアリストテレスの著作が全面的にラテン語に翻訳され紹介されたことに起因するものといいうる。すなわち、アウグスティヌス(→27頁)を中心とする教父達か

I 近世以前

ら継承されてきたキリスト教的世界観のもとにあった西欧ラテン世界は，アリストテレス哲学という，信仰の導きに拠らずに形成された世界観に出会い，自らの世界理解と人間理解を根本から問い直すに至るほどの大きな衝撃を受けたのである。この状況に際して，13世紀のアリストテレスの受容は三つの形をとった。第一は，ボナヴェントゥラを始めとするフランシスコ会の神学者を中心とした保守的な立場であり，かれらはアウグスティヌス的伝統を保持しつつ，アリストテレスからはこの伝統的枠組みと衝突しないものは取り入れ，不都合なものは捨てる立場である。第二は，ブラバンのシゲルスに代表されるラテン・アヴェロエス主義であり，アヴェロエスの解釈に則したアリストテレス哲学を受容し，アリストテレスの学説とキリスト教の教えが対立する場合には信仰の教えを真理と認める立場である。トマスの選んだ道はこのいずれでもない。彼は信仰の真理を守るため理性的探求に制限を加えたり，信仰と理性を分離し無関係にすることはなかった。トマスがめざしたのはアリストテレス哲学を全体として受け止め，徹底して研究したうえで，キリスト教神学のうちに統合することであった。信仰と理性は区別されつつ調和されていたのである。

　トマスの思索は総合的であり，その思想は極めて体系的であった。思想の源泉は教父やアリストテレスにとどまらず，探求はキケロー（→20頁），ボエティウス，偽ディオニシウス，プロクロス，さらにはイスラムやユダヤの思想にまで及ぶ。トマスにとって，人間の精神は汲み尽くすことのできない光に向かって開かれているものなのであり，トマスの生涯はこの無窮の真理にむかっての精進であった。先人から学びうる限りを学び取り，各々の真意を深く汲み取ることによって諸学説のうちに真理の呼応を見いだすというトマスの思索の総合性は，このような真理への愛より生まれたといえよう。また，トマスは神が知恵と愛をもってこの世界を創造されたことを信仰によって保持していた。万有を第一原因である神からの発出と神への還帰と捉える世界観は，トマスの思想に，物事を常により上位の原理に遡りつつ，より深くより広い視野から捉えてその本質を問うという独自の包括性と根源性を与えていたと考えられる。

トマス・アクィナスとの対話

Q 「神が在るということは，どのような仕方で明らかになるのか？」

A 「ある本質あるいは何性の理解にふくまれていないところのことは，すべて外から来て，本質との複合に入る。なぜなら，いかなる本質も本質の諸部分であるところのものなしには理解されえないからである。しかるに，すべての本質もしくは何性は，そのものの存在(エッセ)について何ら理解されなくても，理解されうる。というのも，私は人間が何であり，不死鳥が何であるかを理解して，しかもそれが実在界において存在(エッセ)を有するかいなかを知らない，ということが可能だからである。それゆえに，存在(エッセ)が本質あるいは何性とは異なっていることはあきらかである——それの何性がそのものの存在(エッセ)そのものであるような何らかのものがあるのでなければ。そしてこのようなものは一つにして第一のもの以外にはありえない。……かくして，自らの存在（そのもの）であるようなそうしたものはただひとつしかありえないとの結論が生ずる。……

しかるに，あるものに属するものは，そのものの自然本性の諸原理からして原因されたものであるか（人間における笑う能力のように），あるいはある外的な原理からくるものであるか（空気中の光が太陽〔光源〕の流入によるものであるように），である。しかし，あるものの存在(エッセ)がそのものの形相あるいは何性によって原因される——私が『原因される』というのは作動原因によってという意味であるが——ことは不可能である。なぜなら，その場合にはあるものは自分自身の原因であることになり，自分自身を作りだすことになろうが，それは不可能だからである。それゆえに，それの存在(エッセ)がそれの自然本性とは異なっているような，そうしたものはすべて，他者から存在を得るのでなくてはならない。そして他者によってあるものはすべて，自らによってあるものへと，第一原因のように，還元されるのであるから，自らはただ存在(エッセ)のみであることによってすべてのものにとってそれらが存在することの原因であるようなあるものがなくてはならない。そうでなかったら，諸々の原因の系列が無限に進行することになろう——なぜなら，前述のようにただ存在(エッセ)のみではないものは自

I 近世以前

らの存在(エッセ)の原因をもつものだからである。それゆえに,知的実体は形相と存在(エッセ)(の複合体)であり,存在(エッセ)のみである第一の有から存在(エッセ)を得てくることはあきらかである。そしてこの第一の有が神であるところの第一原因である。」

(「存在と本質について」第四章『トマス=アクィナス』稲垣良典著,清水書院,1992年,72〜74頁)

▶有るものはすべて,何か或る特定のものである。それゆえ,われわれはそれら有るものについて「それらが何であるのか」を問いうる。その問によって問われているものこそが各々の事物の「本質」であり,人間の知性は事物の「本質」に向かい,その「何であるのか」を明らかにしようとする。ところで,諸々の事物においては,それらが存在するか否かを知らなくとも,事物の「何であるか」すなわち「本質」を理解することが可能であり,したがって,そのような事物においてはその「本質」のうちにその本質の在ること自体,現実性は含まれていない。つまり,それらはそれ自体としては単に存在することが可能なものにすぎず,そのゆえにわれわれがそれらの事物の本質をとらえてもその存在は知らないということが起こりうるのである。したがって,それらが現実に存在するためには,それらが存在することの原因として,その存在と本質が同一であるところの第一の有としての神がなければならないとトマスは論じている。在りとし在るものの一切は,存在そのものである神に与っていることを示すトマスの形而上学的な存在理解にもとづく,一種の**神の存在証明**である。

Q 「人間にとって究極の幸福は何であるのか?」

A 「究極的で完全な至福は,神の本質の直視のうちにしかありえない,といわなくてはならない。この点をあきらかにするためには二つのことを見てとる必要がある。

第一に,人間はまだ何か欲求すべきものや追及すべきものが残っている間は,完全に幸福ではない。第二に,どのような能力の完全性もそれの対象の(対象である限りでの)本質側面(ラチオ)からして確定される。ところが,知性の対象は(アリストテレス)『霊魂論』第三巻(四三〇b二七)でいわれているごとく,『ものが何であるか』,つまり,事物の本質である。したがって,知性はある事物の本質を認識するのに応じてその完全性が実現される。だから,もしある知性が何らかの結果の本質を認識して,しかもそのことを通じて原因の本質を認識できないとしたら,つまり原因についてその『何であるか』を知りえないとした

ら，当の知性は端的に原因に到達しているとはいわれない——結果を通じて，原因が存在することは認識できるけれども。このように，ある人が結果を認識し，そしてそれが原因をもつことを知った場合，原因についてもその『何であるか』を知りたいとの願望が自然本性的に残るのである。そして，この願望は驚異に属するものであって，（アリストテレス）『形而上学』の冒頭でいわれているように，探求をよびおこしてやまない。例をあげると，もしある人が日食を観察して，これは何らかの原因にもとづくものだと考えたならば，その原因は何であるかを知らないで驚異の念がわきおこり，驚異の念をいだきながら探求するであろう。そしてこの探求は，その人が原因の本質を認識するにいたるまではやむことをしらないであろう。

したがって，もし人間知性がある創造された結果の本質を認識して，神についてはただかれが存在するということだけしか認識していないならば，その完全性はまだ端的に第一原因に到達しているとはいえず，原因を探求したいとの自然本性的な願望が残っているであろう。だから，かれはまだ完全に幸福ではない。したがって，完全な幸福のためには，知性が第一原因の本質そのものに到達することが要求される。そのときに，知性は対象にたいするような仕方で神——そのうちにのみ人間の至福が存する——と合一することによって自らの完全性を手にすることになるであろう」

(「神学大全」2-1 第3問題第8項『トマス＝アクィナス』稲垣良典著, 清水書院, 1992年, 166〜168頁)

▶幸福な生，至福の問題は古代から哲学の中心的テーマのひとつであった。アリストテレスを始めとする古代の哲学者は，人間の幸福を観照的生活や徳に即した活動的生活に見いだしていた。トマスの新しさは，観照的生活や活動的生活の原理が理性という人間に固有の原理に基づくことを見極めると同時に，そのような人間の精神が自己に自然本性的にそなわる原理を超えて神の恩寵に対して開かれているとした点にある。これによって，現在の生において人間に固有な能力によって実現可能な至福は「不完全な」至福として定位されるとともに，人間の「完全な」至福は「神の本質を直視すること」という，自然的な能力によっては到達されえないが神性に何らか与ることによって到達しうる至福として定位される。人間はこのような自らの自然を超えたところにある「完全な」至福へと呼び招かれている存在であり，この究極目的へと導く神の無償の恩寵に無限に自らを開きゆくものとして示された。

I　近世以前

用語解説

(1) **スコラ学**　スコラ学とは文字どおりスコラ（学校）の学問のことであり，神学，哲学，法学，医学をふくめて中世ヨーロッパの大学で教え学ばれた学問の総称である。中世初期のヨーロッパの教育は修道院や司教座聖堂付属学校が担っていた。12世紀になると，新しくヨーロッパ各地に設立された大学が主要な高等教育機関の役割を果たすようになる。この中世的な学問の営みの中心は古典古代の学問の復興と継承にあった。狭い意味でのスコラ学は，カトリック教会の信仰を受け入れたうえで，これを古代ギリシア哲学の助けを借りて理解していこうとする営みであり，スコラ哲学とよばれる。アンセルムスの「知解を求める信仰」という言葉に表現されている如く，それは信仰と理性の調和・総合をめざした壮大な学問的営みであり，15世紀のイタリア・ルネサンス前夜まで続いた。

(2) **「神の存在証明」**　中世において有名な神の存在証明としてアンセルムスの証明がある。「それより大いなるものが考えられえないもの」という神の名前から出発して先験的な仕方で神の存在を証明するもので，われわれが神について有する観念から直接的に神が必然的に存在することが結論付けられる。トマスはこの方法を採らない。神の存在はそれ自体においては自明的であっても，われわれにとっては自明的ではなく，それゆえにその存在を証明するためにはわれわれにとって明らかに認識される感覚的な事物経験から出発すべきだと彼は考えたからである。経験的に明らかな事柄から出発するトマスによる神の存在証明は〈五つの道〉とよばれる。

(3) **『神学大全』**　トマスの主著。初学者を導くのに相応しい仕方でキリスト教に関する事柄を示すことを目的とした体系的で総合的な論究の書。神の創造の業とその諸々の被造物を考察する第一部，人間が如何にして神への道をたどるかを論じた第二部，神と人間を仲介するキリストを論じる第三部からなる。構成の単位は個々の項からなり，その各々はたとえば「神はすべてのものを愛するか」のような問の形式をとる。

より深く学ぶために

〈基本文献〉
　『神学大全』全37巻中現在28巻刊行済　高田三郎他訳，創文社，1960年～
　『トマス・アクィナス』（世界の名著　続5）山田晶編，中央公論社，1975年

〈入門・解説書〉
　『トマス・アクィナス』稲垣良典　勁草書房，1979年
　『トマス＝アクィナス』(Century Books 人と思想114) 稲垣良典　清水書院，1992年
　『トマス・アクィナス』稲垣良典，講談社学術文庫，1999年　　　　　　（東谷孝一）

オッカム

(William Ockham; Guillelmus de Ockham: 1285 ごろ-1347/49)

生涯と思想

　19世紀末から20世紀中ごろにかけて，哲学では言語に対する関心が高まって理解が深まり，それにともなって過去の哲学に対する見方も変化した。つまりそれ以前には「何を議論してるんだかよくわからない」に近い状態であった中世論理学者たちの議論（特に**代表理論**など）が，再評価されるようになった。そのような哲学者のなかで代表的な人物がここで紹介するオッカムである。

　オッカムのウィリアムは，1280年代にロンドン近郊サリー州オッカムで生まれたと推定される。若くしてフランシスコ会士となる。オックスフォードで神学を学び，1310年代後半にはそこで講義も行う。その際，オッカムは教授になるための条件はすべてみたしたが教授（Magister）にはならずにロンドンに移って講義をした。1324年に異端の嫌疑をかけられ当時アヴィニョンにあった教皇庁に召喚されるが，異端嫌疑自体は大したことがなく有罪には至らなかった。しかし当時，彼の属したフランシスコ会は清貧について教皇庁と意見を対立させていて，彼はその地でその論争に飛び込んでしまう。その結果1328年，皇帝のもとへ庇護を求めて，フランシスコ会総長らとともにミュンヘンへ逃亡し，教皇庁から不服従の廉で破門されてしまう——オッカムが哲学・神学上の著作を残しているのはこのときまでである。以後，教皇側に向けて，皇帝側を代表した政治的著作に専念し，ペスト流行前の1347年に没したと推定されている（かつては有力だった1349年にペストで死去したという説もある）。

　オッカムの思想は「革新的」という言葉が相応しく，当時，大きな影響力をもっていたアリストテレス（→13頁）形而上学に基づく神学に多く異を唱えた。たとえば彼は，神学の対象（神の存在や属性など）は，厳密な論証が求められ

Ⅰ　近世以前

る学知では扱えず，むしろ信仰に属するべきだと唱え，人間理性の介入から神学の純粋性を守ろうとした。しかし同時に彼は，その理性で扱える領域では徹頭徹尾，論理的な手法を用いて議論を行った。またその際，個物だけが真に存在する（普遍は心の外には存在しない）という個体主義をとり，それは彼以降いわゆる**唯名論**として大きな潮流に成長することになる。

オッカムとの対話

Q　「『オッカムのカミソリ』って何？」

A　「或る命題が事物にてらして検証されるさい，もし二つの事物がそれの真理（の検証）のために充分であるなら，他の第三のものを措定することは余分である（superfluum est）。しかるに《人間は認識される》《人間は主語である》《人間は述語である》……等のすべての命題——それらのゆえにこうした（心的に）つくりだされた存在（esse fictum）が措定されたのであるが——は事物にてらして検証される。そして二つの事物で充分である。いずれにせよ，真にそして実在的に存在するところの事物（res vere et realiter existens）でもってこれらのすべての命題を検証するのに充分である。」

（「自由討論集」『抽象と直観』稲垣良典訳，創文社，1990年，78頁）

▶「オッカムのカミソリ」という言葉などはじめて目にしたという人がほとんどかもしれないが，この機会に憶えておくといいだろう。——オッカムのカミソリは，節約の原理ともよばれ，通例「必然性なしに存在者を増やしてはならない」という形で流通しているが，オッカム自身はこのような言葉を書き残してはいない。彼が実際に用いた表現は，「より少ないもので為すことができることを，より多くのもので為すのは無駄である」「必然性なしに多くのものをたてるべきではない」などである。このような考え方はアリストテレスからあるが，それを有名にしたのはオッカムである。現代では自然科学の分野で「まったく同じ予言を行う二つの理論が手元にあったときには，単純なほうの理論がよりよい理論である」という仕方でオッカムのカミソリが用いられることがある。そのオッカムのカミソリを実際にオッカムが用いている箇所を一つ紹介するために上の文章（『自由討論集』第4巻35問の一部）を引用した。彼は，普遍（類種）に関して，たとえば人間という種に関して，個々の人間のうちにある人間に共

通の本性というものを認めず，むしろ普遍性というのは心のなかにだけあると考えた。当初は，「現に存在する個々の人間たち」と「それらを理解する働き」との中間に「心の中にある虚像」というものを考えていた。しかし後には，上記引用のように，自己批判という形でそのような虚像をオッカムのカミソリで剃り落としている。

用語解説

(1) **代表理論 [supposition theory]** 12世紀後半から中世末期にかけて盛んに論じられた意味論。「表示 (significatio)」が語単独での「意味」を表わすのに対して，「代表 (suppositio)」は文のなかで果たす役割も合わせての「意味」を表わす。たとえば，「人間が走っている」「人間は理性的動物である」「人間は漢字二文字である」などの例文で同じく「人間」という語が用いられているが，その果たしている役割はすべて異なっている。そのような点を踏まえての意味理論が代表理論である。

(2) **唯名論 [nominalism]** そもそもの意味としては「〜は名称 (nomen) である，名称にすぎない」と主張する立場。当然「〜」に何が入るかで内容がまったく変わってくる。はじめは普遍問題について，普遍的事物を認めず単に名称があるのみだとする立場のことだった（逆に普遍的事物 (res) を認める立場は実在論 (realism)）。そこから個物しか存在していないという立場を意味するようになり，後にはいろいろな問題について実在性や客観性，対象性を認めない立場を意味するようになった。

より深く学ぶために

〈基本文献〉

『後期スコラ学』（中世思想原典集成18），平凡社，1998年
  * 「命題集第1巻註解」「アリストテレス命題論注解」「未来偶然事に関する神の予定と予知についての論考」「任意討論集」の邦訳・部分訳が含まれる。
『オッカム「大論理学」註解』全5巻，渋谷克美訳注，創文社，1999年
『スコトゥス「固体化の理論」への批判』渋谷克美訳，知泉書館，2004年

〈入門・解説書〉

『オッカムの言語哲学』清水哲郎，勁草書房，1990年
『抽象と直観』稲垣良典，創文社，1990年
『オッカム「大論理学」の研究』渋谷克美，創文社，1997年
  * 上記三点は入門・解説書というより専門書・研究書とよばれるようなものである。

(永嶋哲也)

I 近世以前

マキァヴェッリ

(Niccolò Machiavelli: 1469–1527)

生涯と思想

　ニッコロ・マキァヴェッリは，一般的に「**マキァヴェリズム**」の創始者として理解されがちである。たしかにこの言葉は，政治のもつ残酷さや権力の非倫理的な側面を彼が冷徹に見据えていた点に光を当てるものではある。ただしこの言葉の意味そのものは，彼の本来の思想から離れて一人歩きしてしまっている。そこで以下では，その言葉にとらわれることなく，彼の実際の理論的営みを当時の政治状況に即しながらみていくことにしよう。

　マキァヴェッリは，イタリア・ルネサンス文化が最も花開いた15世紀のフィレンツェに生まれた。当時のイタリアは，現在とは違って統一されておらず，多数の君主国や共和国が割拠していた。そのなかでの主要な勢力は，フィレンツェ，ヴェネツィア，ミラノ，ローマ教皇領，ナポリの五つであった。当初，これらの勢力が均衡していたために，イタリアでは比較的安定した状態が保たれていた。ところが，1494年のフランス王シャルル8世のイタリア侵攻により，この状態は一変した。これ以後，イタリアはフランス，ドイツ，スペインといった外部列強の干渉の場となり，イタリアの諸国家はつねにこれらヨーロッパ列強を視野に入れて自らの戦略を構想せざるをえなくなった。

　フランスという大国の介入は，とりわけフィレンツェ共和国に重大な政治的変化をもたらした。いわば君主的存在となっていたメディチ家が追放されたのである。その後，この共和国では，修道士ジロラモ・サヴォナローラのもとで，より広範な市民の政治参加を可能とする「大評議会」が設立された。民衆寄りのこの統治形態は，1498年のサヴォナローラ失脚の後，政治家ピエロ・ソデリーニのもとでも維持された。だが，このソデリーニ体制もけっして強固という

わけではなかった。マキァヴェッリは，一介の官吏にすぎなかったとはいえ，ソデリーニを補佐しながら精力的に祖国に貢献した。彼のこうした貢献にもかかわらず，1512年，メディチ家の率いるスペイン軍がフィレンツェ近郊の都市まで迫ると，ソデリーニ体制は崩壊した。それとともにメディチ家がフィレンツェの支配者として復帰することとなり，マキァヴェッリは自らの職を失った。

その後マキァヴェッリは，『リウィウス論』という著作を執筆している。『リウィウス論』のなかで彼は，古代ローマ史を描き出しているが，それは共和制期ローマの統治方法を当時のフィレンツェに活かそうと考えていたためであった。彼の考えでは，広範な市民の政治参加を許容するとともに，その市民を軍事的に利用して対外拡張政策を採るという古代ローマ型の共和国の形成こそ，当時の混沌とした国際政治においてフィレンツェが生き残る唯一の方策であった。また，こうした共和国論は，少数貴族のみが統治に参与すべきだという当時の貴族派の主張に対抗し，ソデリーニのもとで採用されていたような，「大評議会」を基盤とする民衆寄りの統治形態が望ましいと訴えるものでもあった。

だが，他方で，マキァヴェッリは『リウィウス論』とほぼ同じ頃に『君主論』を執筆し，それをメディチ家に献呈することで何らかの職を得ようとしている。ローマ的な共和国の実現をめざす彼が，なぜ『君主論』を執筆したのであろうか。この問いに答えるには，それぞれの著作が議論の対象として想定していた主たる地域が異なっていることに着目しなければならない。『君主論』は，祖国フィレンツェを完全に除外しているというわけではないが，基本的には，教皇領ないしその近隣における地域を想定していたのである。

『君主論』の中心的テーマを明らかにしてみよう。しばしば見落とされることだが，マキァヴェッリは，この著作で君主一般を論じているわけではない。『君主論』の最初で彼は，血統に基づいて君主の地位を受け継いだ「世襲君主（国）」と対比させる形で，「新君主（国）」という特殊なタイプの君主（国）を浮き彫りにしている。「新君主」とは，戦争によって外国を征服した場合であれ，革命によって自国を制圧した場合であれ，旧来の支配者からその政治権力（**スタート**）を簒奪した君主である。言い換えれば，正当な資格や本来の権利によってではなく，力によって支配権を獲得した君主である。この君主の地位

はたんなる事実上のものにすぎず，支配の正統性を欠いている。その結果，臣民は彼に対する忠誠心をもたず，その支配に自発的に服従することもない。それどころか，臣民はこの新しい君主に積極的に抵抗し，その地位を奪う可能性さえある。マキァヴェッリは，多数の困難に直面するこうした君主には，何らかの助言が必要であると考え，『君主論』を執筆したのである。

　なぜマキァヴェッリは『君主論』で，このような君主に焦点を合わせたのだろうか。その理由は，執筆開始当時，メディチ家の一人がまさにこのタイプの君主になろうとしていた点にある。マキァヴェッリは，ローマ教皇になったメディチ家の当主ジョヴァンニが，その弟ジュリアーノのために教皇領ないしその近隣における国家を征服してそこを統治させるだろう，と予想していた。これが実現されれば，ジュリアーノはまさに，そこで統治していたかつての君主から不当に支配権を奪い取った「新君主」となるであろう。

　では，こうした「新君主」は統治するうえでいかなる能力・資質（**ヴィルトゥ**）をもつべきであろうか。この点でマキァヴェッリが『君主論』において提供する助言は，主に次の二点である。第一に，彼は君主が自らの軍隊をもたねばならないと力説する。「新君主」が当面のところ直面するのは，従順な臣民ではなく敵対的な臣民である。だとすれば，この君主は，彼らを従わせるために物理的強制力としての軍事力を何よりも必要とするであろう。このように，「新君主」の備えるべきヴィルトゥとは，剥き出しの暴力を中核とするものであり，「新君主」に必要とされるのは，自らの支配権を維持するために，敵対する臣民を力で制圧する冷酷さなのである。

　第二の助言は，君主がいかに振る舞うべきかについてである。従来の思想家たちは，君主は吝嗇（けち）であるより鷹揚（気前よさ）であるべきだ，残酷よりも憐れみ深くあるべきだ，恐れられるより愛されるべきだ，信義（約束）は守るべきだ，と論じてきた。ところが，マキァヴェッリは，君主の徳目についてのこうした議論内容を一変させることになる。実際に彼の言葉を聞いてみよう。

マキァヴェッリとの対話

Q　「君主はどのように振る舞うべきだろうか？」

A　「鷹揚な人物と見られるのはたしかによいことだろうと思う。だが，ふつうあなたが考えているような，気前のよいふるまいをするのは，かえってあなたに害になる。」

「どの君主にとっても，冷酷さなどでなく，憐れみぶかいと評されるほうが，望ましいことにちがいないと思う。そうはいっても，恩情にしても，へたなかけかたをしないように，心がけなければいけない。」

「ここでもう一つの議論が生まれる。恐れられるのと愛されるのと，さてどちらがよいか，である。だれしもが，両方をかねそなえているのが望ましいと答えよう。だが，二つをあわせもつのは，いたってむずかしい。そこで，どちらか一つを捨ててやっていくとすれば，愛されるより恐れられるほうが，はるかに安全である。」

「名君は，信義を守るのが自分に不利をまねくとき，あるいは，約束したときの動機が，すでになくなったときには，信義を守れるものではないし，守るべきものでもない。」

（『君主論』池田廉訳，中公文庫，1995年，93～103頁）

▶以上のように，マキァヴェッリは，伝統的な「君主の鑑」論の命題とほぼ反対のことを主張している。こうした異様な主張がなされた最大の理由は，彼が「新君主国」という特殊な状況を想定していた点にある。たとえば，君主がいかに信義を守らねばならないかという項目を見てみよう。伝統的な議論で主に想定されていたのは，支配の正統性が確立しており，臣民が君主に忠誠を保っている状況であった。この状況では，君主が臣民との信義を守り互いの信頼関係を維持することは，君主の支配権維持にとって合理的な方策である。しかし対照的に，臣民が君主の地位を虎視眈々と狙うような「新君主国」にあっては，君主のみが信義を守ろうとすることは，君主の破滅を導くことになる。「新君主国」では，君主がその支配権を維持しながら，同時に善い徳目を守っていくことはほとんど不可能なのである。ただし，たとえ「新君主」であっても，次にみるように，こうした悪徳は無際限に行使されてよいのものではなかった。

I　近世以前

Q　「君主は残酷であり続けてよいのか？」

A　「アガトクレスなどの人物が，裏切りや残虐のかぎりをつくしたのに，彼らはそれぞれ自分の領土で長らく安穏に暮らした。よく外敵をふせぎ，いちども市民の謀反にあわなかった。それはいったい，どういうことか。一般に，僭主の多くは，その残酷さゆえに，むずかしい戦時はいうにおよばず，平時でさえ国〔支配権〕が保持できないでいる。それなのに彼らは，どういうわけでそう暮らせたのか。人によっては，このように訝（いぶか）る向きもあろう。両者の差異の原因は，残酷さがへたに使われたか，りっぱに使われたかの違いから生じると，私は思う。ところで，残酷さがりっぱに使われた〔ばあいとは，――悪についても，『りっぱに』などの言葉づかいを許していただければ――〕自分の立場を守る必要上，いっきょに残酷さを用いても，そののちそれに固執せず，できるかぎり臣下の利益になる方法に転換したばあいをいう。」

（『君主論』池田廉訳，中公文庫，1995年，57頁，〔　〕部分引用者訳）

▶このように，マキァヴェッリは，残酷に振る舞うことをやめ，臣民の利益追求へと政策転換するよう，君主に力説している。彼の考えでは，支配権を奪いとった君主は，たしかに当面のところは暴君的な振る舞いをせざるをえないが，ある時点で「新君主」は，あたかも「世襲の君主」のように，善い徳目を遂行しなければならない。むしろ，それら徳の遵守こそ支配権を安泰にする。このように，『君主論』には，支配権の簒奪直後の危機状況と，この状況を脱却した別の状況という二重構造があり，それぞれの状況で君主に提供される行動指針は，ほぼ対照的なものとなっているのである。

Q　「フィレンツェのような共和国の支配権を獲得した者は，どのように統治すべきか？」

A　「貴族の支援を受けて君主の地位についた者と，民衆の支持を得て君主になった者とをくらべてみると，前者のほうが，君位を維持する困難ははるかに大きい。……結論として述べておきたいのは，ただ一つ，君主は民衆を味方につけなければならない。……なお，この君主国では，ふつう，市民型の体制（共和政）から専制へと移行しようとするとき，危険にみまわれる。」

（『君主論』池田廉訳，中公文庫，1995年，59〜63頁）

▶共和国の支配権を獲得した君主を論じたこの議論は，当時のフィレンツェ共和国における貴族派と民衆派の政治対立を対象としたものであった。それゆえ，『君主論』では，メディチ家のジュリアーノが治めることになる教皇領の国家だけでなく，祖国フィレンツェも想定されていたといえる。というのも，1512年にフィレンツェへ復帰したメディチ家もまた，広い意味で「新君主」とよびうる存在だったからである。また，上記の引用からわかるのは，「市民型の君主」といえども共和制を維持すべきであると彼が考えていることである。マキァヴェッリは，ほぼ同じ箇所で『リウィウス論』へと読者（メディチ家）の注意を喚起させているが，このことからうかがえるのは，彼が，フィレンツェに関しては『リウィウス論』における構想へとメディチ家に目を向けさせようとしていることである。したがって，『君主論』における彼の意図は，メディチ家の強力なリーダーシップによってフィレンツェに古代ローマ型の共和国を実現させる点にあったということがいえる。

用語解説

(1) **マキァヴェリズム [Machiavellism]** 倫理的な制約を無視した赤裸々な権力政治的な行動様式，あるいは，そうした様式を貫いてかまわないという考え。
(2) **スタート [stato]** 支配権，政治権力，国家。領土や臣民を含む国家全体というよりも，それらを統治する支配権という意味でしばしば用いられる。『君主論』でマキァヴェッリが中心的に論じるのは，君主がこのスタートをいかに維持するかについての技術であった。
(3) **ヴィルトゥ [virtù]** 力量，能力，徳。マキァヴェッリ以前の伝統的「君主の鑑」論では，徳（善き行い）という意味で用いられてきたが，彼の『君主論』では，これまで悪徳とされてきた行為さえもこの用語でしばしばよばれる。君主は状況に応じて悪をも行わねばならないとされるのである。

より深く学ぶために

〈基本文献〉
『マキァヴェッリ全集』全6巻，藤沢道郎他訳，筑摩書房，1998～2002年
『君主論』池田廉訳，中公文庫，1995年
『マキアヴェッリと「君主論」』佐々木毅訳，講談社学術文庫，1994年
「政略論」（『マキアヴェリ』（世界の名著21）所収）永井三明訳，中央公論社，1979年

Ⅰ 近世以前

〈入門・解説書〉
『わが友マキアヴェッリ』塩野七生,中公文庫,1992年
『マキァヴェリ』家田義隆,中公新書,1988年
『マキァヴェッリ』クエンティン・スキナー,塚田富治訳,未來社,1991年
『マキァヴェッリの生涯』ロベルト・リドルフィ,須藤祐孝訳,岩波書店,2009年
『征服と自由——マキァヴェッリの政治思想とルネサンス・フィレンツェ』鹿子生浩輝,風行社,2013年

(鹿子生浩輝)

トマス・モア

(Thomas More: 1477/78-1535)

生涯と思想

　15世紀後半のバラ戦争を経て,ヘンリ7世のもとで再統一されたイングランドは,新たにルネサンスと宗教改革の時代を迎える。トマス・モアは,古典古代の復興とプロテスタンティズムの登場,主権国家の勃興という近代ヨーロッパの黎明期に生きた**人文主義**者,政治家,そしてカトリックの殉教者であった。

　人文主義者としてのモアは,エラスムスと並び称される「ルネサンスの巨星」であった。モアの主著『ユートピア』(1516)には,人文主義に特徴的なユーモアの精神やレトリック,鋭い現実批判とともに,所与の現実に囚われない想像力の解放が見られる。ここで,「**ユートピア**」とは,以下に述べるような,現実には存在しない「どこにもない」理想社会のことを意味した。

　モアのユートピアは,共同生活と物資の共有を原理とする,豊かで公正な社会である。それはまた,言語や風習,法,制度等を同じくする54の都市から構成される海上の孤島である。たとえば,統領をはじめ,国家の重要な役職は選挙で選ばれる。また,職業はさまざまであるが,全員が交代で農業に従事する。労働時間は6時間であり,残りの時間は学問や娯楽に費やされる。貨幣はなく,私有財産は否定され,家は10年ごと交換される。風紀が保たれ,酒場や売春宿はなく,奢侈や遊興は蔑まれる。

　この理想社会は,イングランドの現実政治や身分制社会に対する辛辣な諷刺であった。『ユートピア』では,具体的に,泥棒の多発や貴族の奢侈,小作人の窮状が批判され,特に「羊が人間を食い殺す」囲い込み運動の問題が指摘される。同様に,宮廷の腐敗も深刻であり,顧問官として国王に奉公すること(＝活動的生活)の是非が議論の焦点となる。ユートピアは,現実と理想が乖離し

I　近世以前

たペシミスティックな状況のなかで生み出されたのである。

　これに対して，現実のモアは，剣呑な権力政治の世界を生きた。モアはオックスフォード大学，リンカーン法学院を経た後，1504年に下院議員に選出される。10年にはロンドン市司政長官補，17年にはヘンリ8世の顧問官となり，29年には臣下の最高位である大法官に就任する。

　ところが，時を同じくして，ルター（→54頁）による宗教改革の影響が及んでくる。モアはカトリックの信仰を擁護する立場から，『反ルター論』（1523）をはじめ，一連の改革批判の書物を出版する。他方で，ヘンリ8世は，モアとは逆に，自身の離婚問題を機にカトリック教会からの分離・独立を企てる。34年，ヘンリは国王至上法を制定し，ここに，政治と宗教の世界を統べる主権国家が誕生した。ところが，モアはこれを認めず，35年に処刑された。

トマス・モアとの対話

Q　「人類が幸福になるための理想社会の条件は何か？」

A　「ですから私は，私有財産制がまず廃止されないかぎり，ものが，どんな意味においてであれ公正，正当に分配されることはなく，人間生活の全体が幸福になるということもないと確信しております。それが残存するかぎり，人類の大多数を占める最善の人々のあいだには貧困と辛苦と心配という避けられぬ重荷がいつまでも残るでしょうし，この重荷を多少は軽くすることができるということは認めますが，それを完全に取り去ることはできない，というのが私の主張です。」

（『ユートピア』澤田昭夫訳，中公文庫，1993年，112頁）

▶モアのユートピアでは，現実の身分制社会は存在せず，私有財産は否定された。このような共有制の議論は，プラトンの『国家』にも見られ，のちの空想的社会主義者に大きな影響を与えたとされる。もっとも，このユートピアがモアの本当の理想であったのか，あるいはレトリックであったのかについては議論がある。

トマス・モア

Q 「腐敗した現実政治の世界で，人はどのように振舞うべきか？」

A 「しかしもう一つの，もっと社会の現実生活に合った哲学があります。それは自分の登場する幕を知っていて上演中の作品に自分をあわせ，自分の配役を型どおりに立派に演じる哲学で，これこそあなたがお使いになるべきものです。……どんな芝居が上演されていても，あなたはとにかく自分の役を最高に演じなければなりません。……まちがった意見を根こそぎにしてしまえなくても，習慣で根をおろしてしまったいろいろの悪をあなたの心からの確信どおりに癒すことができなくても，社会を見捨ててはいけません。」

(『ユートピア』澤田昭夫訳，中公文庫，1993年，106頁)

▶対話形式の『ユートピア』第1部で，登場人物モアがヒュトロダエウスに任官を繰り返し諭した部分。ヒュトロダエウスはユートピアの語り部であるが，その一方で，腐敗した現実の宮廷では高邁な理想論は聞き入れられないとして国王の顧問官になることを拒否する。これに対して，登場人物モアは演技の哲学を説く。それは，現実を放棄することなく，情況に順応しながら漸進的な改革を進めるための知恵であった。

用語解説

(1) **人文主義**［humanism］　古典古代の教養と学問の実践を重視し，主に文法・修辞・詩・歴史・道徳哲学の修得を通じて人間の完成をめざしたルネサンス期の知的運動。
(2) **ユートピア**［utopia］　ギリシア語の「ウ・トポス」に由来し，「どこにもない場所」を意味する。理想社会。

より深く学ぶために

〈基本文献〉
『ユートピア』澤田昭夫訳，中公文庫，改版1993年
〈入門・解説書〉
『トマス・モア』A. ケニー，渡辺淑子訳，教文館，1995年
『トマス・モア』田村秀夫，研究社，1996年
『トマス・モアの政治思想』塚田富治，木鐸社，1978年

(木村俊道)

I 近世以前

ルター

(Martin Luther: 1483-1546)

生涯と思想

　宗教改革者マルチン・ルターは1483年，ドイツ・テューリンゲン地方の農民の子として生まれた。ルターの父親は後に鉱夫となり，さらに銅の精錬事業で成功を収めて，マンスフェルトの町の顔役の一人にまで出世した。息子にさらなる出世を期待して，父親は彼に学校教育を受けさせた。ルターは順調に進学してエルフルト大学の法学部に進む。しかし1505年，落雷に遭遇するという劇的な経験をきっかけに，法学士の道を棄て，アウグスティヌス律修参事会修道院に入った。父親はかなり後まで，息子のこの進路変更を嘆いていたらしい。

　1512年，ルターはヴィッテンベルク大学の神学部教授となるが，1517年10月，カトリック教会の贖宥状（免罪符）に関する95カ条におよぶ提題をまとめて，マインツ大司教アルブレヒトに公開状を送った。「贖宥（indulgentia）」とは本来，「罪の赦し」を意味するが，当時の教会では財政不足を補うために，贖宥状を大規模に「販売」していたのである。ルターは贖宥制度そのものを否定したのではなかったが，罪の免除を贖宥状によって買い取る人ではなく，むしろ自分の罪を自覚して心より悔い改める人こそ，真に神に赦されるのだと主張した。このルターの提題は大きな反響をよび，ドイツを中心に，多くの地方で彼を支持する人々が現れた。宗教改革の始まりである。

　1521年，ルターはヴォルムスの国会に召喚され，自説を撤回するよう最後の勧告を受けたが，それを明瞭に拒絶する。死を覚悟したルターの最後の言葉は有名である。「私はここに立つ。私はこうする他ない。神よ，私を助けたまえ。」

　その後のルターはドイツの諸侯に支持されて宗教改革を推進し，彼の指導したプロテスタント教会からは預言者のごとく尊敬され，カトリック側からは蛇

蠍のごとく嫌われ恐れられた。彼は本質的に体系的思想家ではなく，むしろアジテーターとしての才能に恵まれていたが，宗教的洞察と情熱に満ちた多くの文書を書き，後の西欧思想に大きな影響を与えた。1546年にルターは死んだが，その後も長らく両勢力の争いは続き，西欧が再び安定したのは没後100年もたってからであった。

ルターとの対話

Q　「『自由』とは何だろう？　今の日本は自由だというけど，とても不自由に感じてしまう」

A　「われわれが根本的に認識しようとしているのは，キリスト教的人間とは何であるかということ，そしてキリストがキリスト教的人間のために獲得しお与えになった自由についていかに考えるべきか，ということである。このことについて聖パウロは多くのことを書いているのだが，私は以下の二つの命題を提示しよう。

キリスト教的人間はすべてのものの自由な主人であって，誰にも服従することはない。

キリスト教的人間はすべてのものに喜んで仕えるしもべであって，あらゆる人々に服従する。」

(『キリスト者の自由』第1節，原典からの引用者による翻訳)

▶「自由」という言葉は，近・現代の社会において，人間のあらゆる活動の大原則として重視されてきた。自由は，現代社会の制度的・法的な前提なのである。そのことはたとえば，個人の自由投票による選挙制度，経済における自由競争の原則，両性の自由意志に基づく結婚制度，報道や出版の自由，財産の所有や売買の自由などが，どれをとっても，われわれの社会制度の大前提であるということに示されている。個人の自由は，いわゆる「人権（human rights）」の基本概念でもある。1948年に採択された国連の「世界人権宣言」は，人権の根幹にあるものを，「四つの自由」（言論の自由，信仰の自由，恐怖からの自由，欠乏からの自由）の尊重にあるとしている。それらは「一般の人々の最高の願望」だとされるのである。つまり現代社会というものは，自由を制度的前提にしており，しかもその自由の増進・充実を目的にした社会だというこ

Ⅰ　近世以前

とができる。

　しかし奇妙なことに，この「自由」は，よく考えるとある意味での「不自由」と切り離せないように思える。しかもそれは，各人が個別の自由をどこまでも主張すると利害の対立を調整できないので，どうしてもある程度の不自由を受忍せざるをえないという意味だけではない。むしろ「自由」というものは本質的に何らかの不自由または被規定性を前提しており，その規定に基づいてこそ「自由」は存在するということなのである。自由と不自由が紙一重だということは，この根源的な規定との関わりにおいて，人間は自由にもなり，不自由にもなるということである。

　ルターの上記の言葉は，「キリスト者」についての言葉であるが，内容的には万人に当てはまる。①人間はすべてのものの主人であって，何者にも服従しない。②人間はすべてのものにすすんで仕えるしもべであって，あらゆる人々に服従する。人々に仕え，服従するとは，ルターがその後に述べるように，人々への愛を根拠にしている。もし愛があるなら，人々に奉仕し人々の幸福のために働くことは，「不自由」ではなく，むしろ「自由」の行為となる。しかしもし愛がなければ，それらは最も不自由なことがらとなる。自由の根源にある規定とは，この愛の規定である。

　多くの人々が，現代社会に自由よりもむしろある種の閉塞，不自由を感じているのはなぜだろうか。二つの可能性があるように思われる。ひとつは，現代社会の「自由」は制度上のタテマエにすぎず，実際には個人は巧妙に管理され操作され閉じ込められているという可能性である。この意味では，私たちはさらなる自由の獲得のために努力をつづける必要があるといえよう。しかしもうひとつの可能性は，私たちが本当の意味での「愛」を忘れているのではないか，という深刻な反省をもたらすものである。

より深く学ぶために

〈基本文献〉

『ルター著作集』（刊行中）聖文舎

『ルター』（世界の名著23）松田智雄編，中央公論社，1979年

『宗教改革著作集3　ルターとその周辺Ⅰ』徳善義和編，教文館，1983年

『キリスト教神秘主義著作集11　シュタウピッツとルター』金子晴勇・竹原創一訳，教文館，2001年

〈入門・解説書〉

『ルター』（人類の知的遺産25）今井晋，講談社，1982年

『キリスト者の自由――自由と愛に生きる――全訳と吟味』徳善義和，新地書房，1985年

『宗教改革の精神』金子晴勇，講談社学術文庫，2001年

（片山　寛）

カルヴァン

(Jean Calvin: 1509-1564)

生涯と思想

　ジャン・カルヴァンは1509年，東北フランスのノワイヨンで中産階級の教会官吏の子として生れた。当初はカトリックの司祭となる道を歩み，パリ大学で当時一流の神学教育を受けた。しかし，父親の希望もあってオルレアン大学で法律を学んだ頃から人文主義に接近し始め，1532年にブールジュ大学を終えた頃には，まだ無名ではあったが一流の人文学者に成長していた。同時にこの頃から，当時パリで秘密のうちに教会活動を始めていたプロテスタント教会に心を寄せるようになった。これには，彼の父親がその晩年にノワイヨンの町のカトリック教会から破門され，1531年に死去した後に墓地に葬ることさえ拒絶されるという冷たい仕打ちを受けたことも手伝っているかもしれない。

　1533年，カルヴァンの友人のニコラウス・コップがパリ大学総長に任命されるが，カルヴァンが起草したといわれるコップの就任演説がカトリック教会の逆鱗に触れ，彼らの逮捕命令が出される。多くの友人が逮捕されるなか，カルヴァンやコップは辛くも逃れて，潜伏生活に入った。これ以後，カルヴァンは明確に宗教改革派の立場に立つようになり，1536年，スイスのバーゼルで『キリスト教綱要』(第一版)を出版した。これによって彼は，プロテスタントの神学者として一躍有名になった。

　1536年7月，旅行の途中で訪れたスイスのジュネーヴで，その地の宗教改革を推進していたギョーム・ファレル (Guillaume Farel: 1489-1565) に請われて改革に参加する。その後，改革派追放による3年間の中断 (1538-41) はあったが，一貫してジュネーヴの政治に関わり続け，ジュネーヴを宗教改革都市として確立することと，スイス，フランス，イングランド，スコットランドなどの

I 近世以前

改革勢力を支援することに努力を傾けた。

「宗教改革」は、教会制度の改革、信仰の革新を意味するのみならず、世俗の政治制度や社会倫理、教育制度などの大幅な改革を含んでいた。カルヴァンは神学者であるのみならず法律家でもあったため、彼の主導したジュネーヴの改革は徹底的で一貫したものとなり、彼の思想はその後の西欧における近代社会の形成に多大の影響を及ぼした。カルヴァンの人柄は人文主義者らしく寛容の精神に富んでいたが、神学的には妥協を許さない厳しさをもっており、そのため晩年の彼の政治は酷薄な神政政治である一面を否定できない。彼は一日数時間の睡眠しかとらず、ジュネーヴの政治と著作活動に挺身しつづけたが、1564年、肺結核のため54歳で死去した。

カルヴァンとの対話

Q 「道徳とか倫理は自分がもつのは窮屈でイヤだけども、一般的には道徳的な人の方が信用が置けるように思う。これって矛盾？」

A 「神は、選ばれた者たちに関しては、ご自身の召命の効力により、永遠の計画によって彼らをそれへと決定したもうところの救いを完成される。それと同じように、悪しき者どもに対してはご自身の裁きをなし、その裁きにより彼らについてのご自身の計画を執行されるのである。それゆえ神はこの者たちを、彼らがご自身の怒りの道具となり厳格さの例証となるために、生の虐待と死の滅びへと向けて創造されたのであり、彼らがご自身の定めた目的へと到達するために、あるときは彼らがご自身の言葉を聞く能力を奪い、あるときは彼らを御言葉の説教によってさらに盲目にし、また無感動にされるのである。」

(『キリスト教綱要』第Ⅲ部、24章、12節、引用者による翻訳)

▶カルヴァンの思想のなかで最も有名であり、また後にさまざまな議論の対象になったのは、「予定説」である。宗教改革の基本的な思想として、人間の救いは本人の善行の**功徳**によるのではなく、全面的に神からの自由な恵みによる、という考え方がある。人間は自分で自分を救うことはできないのであり、だからこそ人間は全面的に神に帰依しなければならない、とされるのである。カルヴァンの「予定説」はこの考え方を徹底したものであって、神は「救われるべき人間」のみならず「滅ぶべき人間」をもあ

らかじめ決定しており，当人の努力によってこの神の「予定」を変えることはできない，という思想である。上の引用にあるように，「滅ぶべき人間」は神の定めた死の滅びへの道をまっしぐらに歩みつづけて，回心する機会も与えられないとされるのである。一見するとこれは，人間からあらゆる意志の自由や道徳的選択の意味を奪う暴論のように見える。しかしことがらはそれほど単純ではない。カルヴァンからすればむしろ，この「上からの決定」あるいは「神の絶対的主権性」が不動・不変であるからこそ，人間の相対的な自由や道徳的決断の意味が生れるのであって，その根源のところが曖昧なままでは，そもそも道徳や倫理は意味を失うのである。

　私たちには，道徳を自分がもつのは窮屈でイヤだが，他人はもってくれた方がよい，という正直だが身勝手な考え方がある。この矛盾はしかし，人間の主観性を基準に据えた近代の社会には最初からつきまとっている難問であって，道徳の基礎となるべき普遍的な原則をどこで基礎づけたらよいかが難しいのである。カント（→130頁）の「汝の意志の格律が普遍的法則となりうるように行為せよ」といういわゆる「**定言命法**」は，この矛盾の克服というよりも，この矛盾をそのまま言い表したものにすぎない。カルヴァンの徹底した思想は，キリスト教信仰を前提しているだけに，われわれの多くにとってはなじみにくいものである。しかし一つの思考のモデルとして考えれば，そこから学びうるものは数多い。

用語解説

(1) **功徳 [merit]**　善行に対する神の報酬を一般的には「功徳」とよぶが，厳密には功徳と神の報酬は異なっている。むしろ善行が神の正義にかなっているがゆえに功徳となり，功徳であるがゆえに報酬としての救済が与えられるのである。トマス・アクィナス（→34頁）『神学大全』第Ⅱ-1部第114問題参照。

(2) **定言命法 [kategorischer Imperativ]**　カント『道徳形而上学原論』第2章（岩波文庫85頁）参照。

より深く学ぶために

〈基本文献〉

『キリスト教綱要』（全4巻6分冊）渡辺信夫訳，新教出版社，1964年

〈入門・解説書〉

『フランス・ルネサンスの人々』渡辺一夫，岩波文庫，1992年

『カルヴァン』（人類の知的遺産28）久米あつみ，講談社，1980年

（片山　寛）

I　近世以前

ベイコン

(Francis Bacon: 1561-1626)

生涯と思想

　ベイコンは，「近代哲学の祖」としてデカルト（→77頁）と並び称される，ルネサンス期イングランドの哲学者である。新世界の発見や人文主義の北方ヨーロッパへの伝播にともなって，既存の世界観や人間観が大きく転回し始めた時代に彼は生きた。印刷機や火薬，羅針盤の発明が人間の生活に大きな変化をもたらすなか，ベイコンは学問の「大革新」を試みた。すなわち，**経験論**の立場から，新たな知的世界の構築をめざしたのである。

　もっとも，ベイコンは他方で，トマス・モア（→51頁）と同様，君主政国家の顧問官として活躍した人文主義者でもあった。当時の宮廷は文明の発信源である。父ニコラスもまた，テューダー朝のエリザベス1世の顧問官であった。1561年に生まれたベイコンは，12歳でケンブリッジ大学トリニティ・カレッジに進み，その後，ロンドンのグレイ法学院でコモン・ローを修めた。81年には早くも下院議員に選出されたが，その人文主義的な教養と法的知識を武器に，特にステュワート朝のジェームズ1世のもとで重職を歴任する。1607年の法務次官を皮切りに，法務長官を経て枢密顧問官となり，17年には国璽尚書，翌18年には大法官に就任した。同年にはヴェルラム男爵，21年にはセント・オールバンズ子爵に叙せられた。しかし，その直後，収賄の罪を着せられて失脚する。ベイコンによる学問改革の試みは，このような有為転変の激しい政治家の生活（＝活動的生活）と哲学者の生活（＝観想的生活）との緊張のなかから生み出された。

　ベイコン哲学の特徴は「知は力なり」という言葉に集約されている。彼の課題はまず，アリストテレス（→13頁）以来の自然哲学や中世的なスコラ哲学の

煩瑣な体系を徹底的に批判することにあった。彼によれば，既存の学問は思弁的であり，人間の生活を豊かにすることなく，学問のための学問に陥っている。そのうえで彼は，知と力を結合させる新しい実践的な学問体系を構築しようと試みた。この遠大な計画を彼は「諸学の大革新」とよんだ。

もっとも，全部で6部から成るこの計画は未完に終わった。しかし，その第1部と第2部の全容は，それぞれ『学問の進歩』(1605)および『ノヴム・オルガヌム』(1620)によって明らかにされている。『学問の進歩』は，学問の有用性を強く訴えたうえで，歴史や詩学から自然哲学や人間哲学，神学に至るルネサンス期のあらゆる学問の現状を調査し，その欠陥を指摘した百科全書的な書物である。さらに，「新機関」を意味する『ノヴム・オルガヌム』では，アリストテレスに代わる，真の知識を導くための新しい知の方法が提唱された。それが，いわゆる**帰納法**である。

ベイコンによれば，人間はその本性や環境によって，さまざまな偏見や先入観を有している。彼はそれらを総称して**イドラ**とよび，四つの種類に分類した。すなわち，①人間が人間であるがゆえに生じる「種族」のイドラ，②個人の性格や環境が原因となる「洞窟」のイドラ，③人間相互の言語の不適切な使用によって生まれる「市場」のイドラ，④無数の学説や誤った論証によって作り出される「劇場」のイドラである。

これらのイドラを可能な限り排除するため，ベイコンは経験の重要性を強調し，具体的な事実に基づく知識こそ確実であると主張した。帰納法とは，実際の観察や実験によって得られた個別具体的な経験的知識から，それらに共通する一般法則を抽出する方法を指す。もっとも，彼は法則を導くための仮説の提示や体系的に方法を適用することの重要性も強調しており，ただ事実を収集するだけの単純枚挙の方法には批判的であった。

ベイコンはさらに，帰納法を通じて獲得された確かな知識をもとに，自然を支配する必要を説いた。その目的は人類の幸福である。いわゆる近代科学に特徴的な思考は，このように，自然を模倣すべき対象とせず，人間によって操作可能とみなす機械論的な発想に由来するとされる。とはいえ，彼は自然の秩序を強引に変えようとしたのではない。彼によれば，人間は逆に自然の下僕であ

I 近世以前

る。人間は，自然に対して受動的に服従することによって，はじめて自然を解明し，それを征服することができるとされた。

　以上のような，ベイコンによる「諸学の大革新」の構想は，17世紀の王政復古期に設立された王立科学協会や18世紀フランスの啓蒙主義者に受け継がれた。また，彼の経験論はロック（→88頁）やバークリー，ヒューム（→105頁），カント（→130頁）にも影響を与えた。もっとも，ベイコン哲学それ自体もまた，過去の知的伝統と無関係に生まれたものではない。特に，人間による自然の操作を志向した点では，ルネサンス期における錬金術や魔術の伝統との連続性も注目される。ベイコンの革新性は特に，実験や発見の過程を個人や偶然に任せるのではなく，共同作業や方法論の確立を通じて，学問の確かな進歩をめざしたことにあった。晩年における未完のユートピア作品『ニュー・アトランティス』（1627）には，彼が構想した研究所「サロモン館」の描写がある。

　他方で，人文学や現実政治におけるベイコンの功績も見逃せない。彼の『随想集』（第3版，1625）は，政治と道徳に関する助言の書である。この作品は一般に，モンテーニュの『エセー』と並ぶエッセイ文学の嚆矢として評価されている。しかし，それは他方で，古典古代の教養と顧問官としての政治経験を背景に，当時の宮廷社会における交際と仕事の思慮を説く実践的な作法書であった。彼にとって活動的生活の遂行は道徳的な義務である。それゆえに彼は，学問の実践をめざし，古典古代やマキァヴェッリ（→44頁）の議論を参考にしながら，国王や議会に対してスコットランドとの統合や宮廷の腐敗，法改革，そして王権の問題に関する具体的な政策を臨機応変に提言した。顧問官としての彼の関心は，その自然哲学と同様，常に所与の現実に向けられていた。

　その他，ベイコンは寓話解釈の作品『古代人の知恵』（1609）や歴史書『ヘンリ7世治世史』（1622）など，幅広いジャンルの作品を残している。ホッブズ（→69頁）はベイコンが晩年の頃の秘書である。ベイコンは失脚後の26年，雪を用いた鶏肉の冷却実験の際に風邪を引き，それをこじらせて死去する。彼は「大革新」の計画が一世代のみでは成し遂げえないことを自覚していた。諸学の進歩は以降の世代に託されたのである。

ベイコンとの対話

Q　「知識や学問の真の目的とは何だろうか？」

A　「人はその持てるものもその能力をも充分に知らず、前者については過大に、後者については過小に考えているように我々には思われる。そこから、既得の技術を途方もなく高く見積もってそれ以上何も求めないか、或いは自分自らを不当に低く見ておのれの力をつまらないことに消耗し、最高のことに役立つことがらに試みようとはしないのである。それゆえ諸学にとっても、人々がより先へ突き進む意欲も希望も掻き立てられない以上、いわば運命の柱があるわけである。……何となれば、もし技術や諸学が誇っている、書物のあの一切の多様を注意深く覗いてみるなら、人は至るところ同じことの限りない繰りかえし、扱いかたは異なるが、発見の点では先取されている繰りかえしを見出すであろうから。……そして効用の点ではっきり言わねばならないのは、主としてギリシャ人から取られたそうした知恵は、何か知識の少年期にあるように見え、小児に固有なものを持つ、すなわち饒舌には直ぐ間に合うが、生産には役立たず未成熟であるということである。というのも、論争には効果あるが実地の仕事には無能だからである。」

（『ノヴム・オルガヌム』桂寿一訳, 岩波文庫, 1978年, 19〜20頁）

▶「大革新」の序言より。ベイコンにとって、知識や学問は自己目的ではなく、人間の生活に役立つべきものであった。「運命の柱」とは、地中海の出口にあると考えられたヘラクレスの柱のこと。既存の世界を越えて新たな学問世界を切り開こうとするベイコンの意欲がうかがえる。こうして彼は伝統的な世界観や歴史観を覆し、過去のギリシアやローマを完全な理想と見なすのではなく、未来への進歩を目標に掲げたのである。

Q　「人間はどうして誤った認識を得てしまうのだろうか？」

A　「最後に、哲学のさまざまな教説ならびに論証の誤った諸規則からも、人間の心に入り込んだ『イドラ』があり、これを我々は『劇場のイドラ』

と名付ける。なぜならば，哲学説が受け入れられ見出された数だけ，架空的で舞台的な世界を作り出すお芝居が，生み出され演ぜられたと我々は考えるからである。」

(『ノヴム・オルガヌム』桂寿一訳，岩波文庫，1978年，85～86頁)

▶ベイコンの有名なイドラ論の一節。人間はその本性や環境，教育，会話，書物，交際，言語，意見等を原因として，さまざまな偏見や誤謬に陥る危険がある。ここでは，多種多様な学説や誤った論理によって生じる「劇場のイドラ」の説明がなされている。

Q　「どうすれば偏見を排除して，真の知識や学問が得られるのだろうか？」

A　「学を扱ってきた人々は，経験派の人か合理派の人かの何れかであった。経験派は蟻の流儀でただ集めては使用する。合理派は蜘蛛のやり方で，自らのうちから出して網を作る。しかるに蜜蜂のやり方は中間で，庭や野の花から材料を吸い集めるが，それを自分の力で変形し消化する。哲学の真の仕事も，これと違っているわけではない。」

(『ノヴム・オルガヌム』桂寿一訳，岩波文庫，1978年，154頁)

▶ベイコンは，イドラを排除し真の知識を得るための最善の方法として，経験や実験・観察の重要性を新たに強調した。もっとも，彼はこの引用部分において，過去の誤った学説の例として，思弁的・独断的な「合理派」とともに，事実を収集するだけの「経験派」をも批判している。彼の自然哲学は，単純枚挙の経験論ではなく，組織的・系統的な実験や観察を通じて自然の法則を帰納し，あたかも蜜蜂のように，それを人間の生活に応用する能動的な知の技術であった。

Q　「人間は自然を支配できるのか？」

A　「自然の下僕であり解明者である人間は，彼が自然の秩序について，実地により，もしくは精神によって観察しただけを，為しかつ知るのであって，それ以上は知らないし為すこともできない。」
「人間の知識と力はひとつに合一する，原因を知らなくては結果を生ぜしめないから。というのは自然とは，これに従うことによらなくては征服されない

からである。」

(『ノヴム・オルガヌム』桂寿一訳，1978年，岩波文庫，69〜70頁)

▶『ノヴム・オルガヌム』の冒頭で提示された二つのアフォリズム。「知は力なり」の主題とともに，人間による自然の支配が説かれている。この主張は，たとえば20世紀のフランクフルト学派から，人間中心的な自然支配を肯定する議論として批判を浴びた。ただし，ベイコンにとって，人間は自然と対立する存在ではなく，あくまでも自然に服従する受動的な存在であったことも併せて注目されるべきである。

Q 「人間にとっての義務は何か？」

A 「人間にとって，公共への義務を守ることは，生命と生活を保持することよりもずっとたいせつなものでなければならない。……この人生という劇場においては，観想者であることはただ神と天使たちだけにできることだということを人びとは知らなければならない。」

(『学問の進歩』服部英次郎，多田英次訳，岩波文庫，1974年，266, 268頁)

▶モアの『ユートピア』にも見られたように，古典古代以来，政治家の生活と哲学者の生活のどちらが優越するかは大きな論争の的であった。ベイコンはここで，前者の活動的生活を支持している。ルネサンス期の人文主義者にとって，知識や学問を役立て，現実の政治に携わることは道徳的な義務であった。ベイコンの課題は，そのうえで，学問と政治を新たに統合することにあったのである。

Q 「権力や地位は，理想を実現するために不可欠であろうか？」

A 「地位には善をも悪をもなす特権がつきものである。後者は呪うべきものである。……しかし，善をなす権力は，昇進を願うことの真の正当な目的である。善い考えは（神がそれを受け入れても），実行に移されぬ限り，人々のためには善い夢と余り違わないし，またそういうことは，有利な支配的立場としての権力と地位がなくてはありえないからである。」

(『ベーコン随想集』渡辺義雄訳，岩波文庫，55〜56頁)

▶学問の実践をめざしたベイコンの方法的態度が端的に示された文章。ジェームズ1

Ⅰ　近世以前

世の宮廷で重臣としての地位を固め，現実の権力政治に関与し続けた彼の経歴が重なって見える。

用語解説

(1) **経験論**［empiricism］　客観的な知識の源泉を，抽象的な原理や普遍的な理性ではなく，経験や観察に求める立場。合理論と対比される。とくにイギリスにおいては，ベイコンをはじめとして，ロックやバークリー，ヒュームなどに受け継がれた。
(2) **帰納法**［induction］　経験や実験・観察を通じて，個別具体的な事例から一般的・普遍的な法則を導く思考方法。デカルトの演繹法と対比される。
(3) **イドラ**［idola］　もともとは偶像・偏見・幻影を意味するラテン語。人間がその本性や環境によって陥りやすい誤謬の型を指摘するためにベイコンが用いた言葉。英語のアイドル（idol）も同語源。

より深く学ぶために

〈基本文献〉
『学問の進歩』服部英次郎，多田英次訳，岩波文庫，1974年
『ノヴム・オルガヌム』桂寿一訳，岩波文庫，1978年
『ベーコン随想集』渡辺義雄訳，岩波文庫，1983年
『ニュー・アトランティス』川西進訳，岩波文庫，2003年
『ベーコン』（世界の名著25）成田成寿訳，中央公論社，1979年

〈入門・解説書〉
『ベイコン』花田圭介，勁草書房，1982年
『ベイコン』塚田富治，研究社，1996年
『フランシス・ベイコン研究』花田圭介編，御茶の水書房，1993年
『魔術から科学へ』パオロ・ロッシ，前田達郎訳，みすず書房，1999年
『顧問官の政治学』木村俊道，木鐸社，2003年

（木村俊道）

Ⅱ 近代

ホッブズ	バーク
ハリントン	カント
デカルト	ベンサム
パスカル	フィヒテ
スピノザ	ヘーゲル
ロック	オウエン
モンテスキュー	ミル
ヴォルテール	ダーウィン
ヒューム	キェルケゴール
ルソー	マルクス
アダム・スミス	ニーチェ
マルサス	

近　代

1602	オランダが東インド会社を設立	江戸時代
1609	ガリレイが天体望遠鏡を発明。ケプラーが天体の三法則を発見	江戸幕府開設（1603）
1620	イギリスの清教徒がメイフラワー号で北米に移住	
1642	イギリスでピューリタン革命（～1649）	鎖国の完成（1639）
1649	イギリスの王政が倒れ、クロムウェルの共和政が始まる（～1660）	
1661	フランスのルイ14世の親政，絶対王政の最盛期	
1687	イギリスのニュートンが「万有引力の法則」を発見	
1688	イギリスで名誉革命	
1765	イギリスのワットが蒸気機関を改良。この頃イギリスに産業革命	
1776	アメリカ独立宣言	
1789	フランス革命開始	
1814	ナポレオン失脚。ウィーン会議開催	
1830	フランス七月革命	天保の改革（1841）
1848	フランス二月革命	
1853	イギリス・フランス・トルコがロシアと戦う（クリミア戦争　～1856）	ペリー来航（1853）
1861	アメリカ南北戦争（～1865）	
1863	アメリカ大統領リンカーンが黒人奴隷解放宣言	
1864	ロンドンで国際労働者協会（第一インターナショナル）が結成	
1870	普仏戦争	大政奉還（1867）
1871	ドイツ帝国成立（～1918）。パリ・コミューン	明治時代
1889	第二インターナショナルがパリで結成	
1896	第1回近代オリンピック競技	日清戦争（1894）
1899	オランダのハーグで万国平和会議開催	
		日露戦争（1904）

ホッブズ

(Thomas Hobbes: 1588–1679)

生涯と思想

　イングランドがスペインの無敵艦隊を破り海外進出の端緒を開いた1588年，ホッブズは貧しい牧師の次男として誕生した。ホッブズは，裕福な伯父の援助により10代半ばからオクスフォード大学で学び，卒業後は貴族キャベンディッシュ家に住み込みで仕え，秘書や教育係などの役目を果たした。なおこの時期，短期間ではあるが，ホッブズはフランシス・ベイコン（→60頁）の秘書も務めた。

　当時のイングランド政治を特徴づけるのは，国王と議会との激しい対立である。国王と議会との対立は，1603年に即位したジェームズ１世の時代からすでに見られたが，1625年にチャールズ１世が即位すると激しいものとなった。国王チャールズは，対スコットランド戦争の戦費調達を目的とした課税への同意を取り付けるため，1640年４月，やむを得ず議会を召集したが，この議会は国王の要求を拒否したため，わずか３週間で解散させられた（短期議会）。同年，イングランド軍はスコットランド軍に敗北し，この賠償金調達を目的とした課税への同意を取り付けるために，国王は11月に再び議会を召集したが，この議会は国王に対して攻撃的であった（長期議会）。

　ホッブズの政治思想は，このような時代状況のなかで登場した。短期議会の直後，彼は最初の体系的な政治著作『法の原理』を手書きの原稿のまま，友人・知人に回覧した。ホッブズは同著のなかで，国王チャールズ１世を擁護し，議会の同意を得ない課税が正当であることを主張した。やがて長期議会が開かれ，そこで国王を擁護する政治家や思想家が攻撃されるようになると，ホッブズは自分の身に危険がおよぶのを恐れ，フランスへと亡命した。亡命先のパリ

II 近代

で、彼は多くの哲学者や知識人と交流を深め、1642年に『市民について』を自費出版し、1647年には同著を商業出版した。

　ホッブズの亡命中、イングランドでは国王と議会との対立がさらに激化し、ついに1642年、両者の間で内乱が勃発した。この内乱では議会が勝利を収め、権力の座に着く。1649年に議会は、国王チャールズ1世を処刑して共和政を宣言した。長期議会の召集から共和政成立を経て護国卿時代までの一連の出来事は、「ピューリタン革命」とよばれることもある。内乱の途中、イングランドの皇太子チャールズはパリに亡命した。ホッブズはこの皇太子の宮廷に出入りし、彼に数学を教えた。ホッブズの代表作とされる『リヴァイアサン』が亡命先のパリで執筆されたのもこの時期であり、同著は1651年にイングランドで商業出版された。この出版から間もなくして、ホッブズは共和国政府統治下のイングランドに帰国した。

　共和国政府内では議会と軍隊との緊張・対立が次第に激しくなり、やがてオリヴァー・クロムウェルが軍隊に支持されて、1653年に終身の護国卿に就任した。1658年にオリヴァーが死ぬと、息子のリチャード・クロムウェルは護国卿職を世襲したが、難局を乗り切れず、最終的には、亡命していた皇太子が国王チャールズ2世として帰国し、1660年に王政復古が成就した。王政復古後、ホッブズは宗教上の異端であるとの疑いをかけられ、迫害の対象となった。それにもかかわらず、すでに70歳を超えていたホッブズは、精力的に著作活動を行った。この時期に彼が執筆した著作として有名なのは、イングランドの法制度について論じた『哲学者とイングランドのコモン・ロー学徒との対話』や、イングランドの内乱について論じた『ビヒモス』である。1679年、ホッブズは91年にもわたる長い一生を終えた。

　ホッブズは、自らが「政治哲学」の創始者であると宣言した。宗教改革以降、人々の信条や価値観は非常に多様化し、ヨーロッパ全域で政治的対立や宗教的紛争が生じていた。イングランドにおける国王と議会との対立や内乱もその一環であった。国内に平和をもたらすことを急務だと考えるホッブズから見れば、当時広く受容されていたアリストテレス（→13頁）やキケロ（→20頁）ら古代ギリシア・ローマの思想家たちの政治論や、キリスト教神学者たちが展開した政

治論は，現支配者に対する抵抗を誘発し，人々を政治的対立や宗教的紛争，さらには内乱へと向かわせるものであり，国内に平和をもたらすことを使命とする「政治哲学」の名に値するものではなかった。ホッブズは，国内に平和をもたらすためには現支配者が絶対的な**主権**をもつことが不可欠だと考え，既存の国家を思考上で一旦解体してそれを再構築する次のような論理を軸に自らの政治哲学を展開した。

1. 国家（コモンウェルス）がないと想定される状態（「**自然状態**」）においては，「万人の万人に対する戦争」が存在し，人々の生命は危険にさらされている。
2. 人々は平和と豊かな生活を享受するために，契約を結び，生まれながらにもつ権利（「**自然権**」）の一部を放棄することにより国家を設立する。
3. この国家においては，主権者が絶対的な権力をもち，**臣民**は主権者に対する全面的な服従の義務を負う。こうして，国内に平和と豊かな生活がもたらされる。

ホッブズとの対話

Q　「国家がなければ人間はどうなってしまうのだろう？」

A　「〈社会状態のそとでは，つねに各人対各人の戦争が存在する〉こうして次のことが明らかとなる。すなわち，人びとは，すべての人を威圧しておく共通の力［権力］をもたずに生活しているあいだは，かれらは戦争と呼ばれる状態にあるのであり，そして，かかる戦争は，各人の各人にたいする戦争なのである。……

〈このような戦争による諸障害〉……このような状態においては勤労の余地はない。なぜなら，その成果が不確かだからである。したがって，土地の耕作は行なわれず，航海も海路で輸入されうる財貨の使用も行なわれず，便利な建物もなく，多くの力を要するようなものを運搬し，移動させる道具もなく，地表にかんする知識も時間の計算もなく，技術も文字も社会もない。そしてもっ

Ⅱ 近代

とも悪いことは，継続的な恐怖と暴力による死の危険とが存在し，人間の生活は孤独で，貧しく，険悪で，残忍でしかも短いことである。」

（『ホッブズ』（世界の大思想13）水田洋・田中浩訳，1966年，85頁，[ ] 内は引用者）

▶ホッブズは国家の問題を考える際に，国家がないと想定することから出発する。そのように想定された状態が「自然状態」である。ホッブズは，自然状態とはすべての人々が継続的に戦争を繰り広げる状態であると断定する。このような戦争状態のなかでは，人々は平和と豊かな生活を享受できず，自分の寿命を全うすることもできない。こうして，ホッブズによれば，人々が生命を維持し，平和と豊かな生活を享受するためには，国家が必要不可欠であることになる。

Q　「人間は生まれながらにどのような権利をもつのか？」

A　「自然権とは何か　著作家たちが『ユス・ナトゥラレ』と一般に呼んでいる《自然権》とは，各人が自分自身の自然すなわち生命を維持するために，自分の力を自分が欲するように用いうるよう各人が持っている自由である。したがって，それは自分自身の判断と理性とにおいて，そのためにもっとも適当な手段であると考えられるあらゆることを行なう自由である。」

（『ホッブズ』（世界の名著23）永井道雄責任編集，1971年，159頁）

▶ホッブズは，人間が生来もつ権利を「自然権」とし，これを「自己保存」（自分の生命の維持）のためにすべてのことを行う権利として定義する。このすべてのことのなかには，他人を傷つけ殺すことすら含まれる。それゆえ，自然状態においては，人々が自然権を行使しあう結果，自己保存が不可能になるという逆説が生じる。ホッブズによれば，国家設立の目的は自己保存の貫徹であるが，そのためには自然権を制限しなければならない。

Q　「国家とは何か？また，国家はどのようにして作られるのか？」

A　「《コモン-ウェルス［国家］の生成》かれら［人々］を外国人の侵入や相互の侵害から防衛し，それによってかれらの安全を保証して，かれらが自己の勤労と土地の産物によって自己をやしない，満足して生活できるように

するという，このような能力のある共通の権力を樹立するための，ただひとつの道［方法］は，かれらのすべての権力と強さとを，ひとりの人間に与え，または，……人びとのひとつの合議体に与えることであって，そのことは，つぎのようにいうのとおなじである。すなわち，ひとりの人間または人びとの合議体を任命して，自分たちの人格をになわせ，また，こうして各人の人格をになうものが，共通の平和と安全に関することがらについて，みずから行為し，あるいは他人に行為させるあらゆることを，各人は自己のものとし，かつ，かれがその本人であることを承認し，そして，ここにおいて各人は，かれらの意志をかれの意志に，かれらの判断をかれの判断に，したがわせる，ということである。これは……，同一人格による，かれらすべての真の統一であって，この統一は，各人が各人にむかってつぎのようにいうかのような，各人対各人の信約［契約］によってつくられる。すなわち，『私は，この人，また人びとのこの合議体を権威づけ……，それに自己を統治する私の権利を，与えるが，それはあなたもおなじようにして，あなたの権利をかれに与え，かれのすべての行為を権威づけるという，条件においてである』。このことがおこなわれると，こうして一人格に統一された群衆は，コモン-ウェルス［国家］……とよばれる。……

《コモン-ウェルス［国家］の定義》それは（それを定義するならば），『ひとつの人格であって，かれの諸行為については，一大群衆がそのなかの各人の相互の信約［契約］によって，かれらの各人すべてを，それらの行為の本人としたのであり，それは，この人格が，かれらの平和と共同防衛に好都合だと考えるところにしたがって，かれらすべての強さと手段を利用しうるようにするためである』。

《主権者および臣民とは何か》そして，この人格をになうものは，主権者とよばれ，主権者権力……をもつといわれるのであり，他のすべてのものは，かれの臣民である。」

（『リヴァイアサン』（二）水田洋訳，岩波文庫，1992年，32〜34頁，［ ］内は引用者）

▶ホッブズによれば，人々は平和と豊かな生活を享受するために，契約を結んで国家（コモン-ウェルス）を設立する。この契約は国家を構成するすべての人々が結ぶもの

Ⅱ 近代

であり、彼らは主権者として一人の人（君主）または一つの合議体（議会）を任命し、自然権の一部を放棄して、自分たちは臣民となる。ホッブズは、国家を維持して国内に平和と豊かな生活をもたらすためには、主権者の絶対的権力が必要不可欠だと主張する。ホッブズは、主権者が絶対的権力をもつ根拠として「権威づけ」の概念を提示する。権威づけとは、他人のすべての言動を自分のものだと見なすことである。国家を設立する際に、臣民となる人々は主権者となる人や合議体のすべての言動を権威づけ、国家設立後には、臣民たちは主権者のすべての言動を自分のものと見なすようになる。したがって、たとえ主権者が臣民に対して苛酷な仕打ちをしたとしても、そのような仕打ちも臣民が自分自身に対して行ったものであることになり、臣民はそれを口実として主権者に抵抗することはできない。

Q　「主権者の権力はどのようなものであるべきか？」

A　「どのようなコモンウェルス［国家］においても、主権［主権者の権力］は絶対でなければならない　したがって私の理解するかぎり、理性、『聖書』のいずれの面からしても明らかであると思われるのは、主権者の力［権力］は人間がつくりうると考えられる最大のものであるということである。……確かに、これほど無制限の権力からは、多くの望ましくない結果が生まれることを想像する人々もあろうが、それがないことから生ずる結果に、つまり各人が隣人とつねに戦争状態にあることに、比べるならば、はるかにましである。この世における人間の状態には、必ず不都合がつきまとう。」

（『ホッブズ』（世界の名著23）永井道雄責任編集、1971年、227～228頁、［　］内は引用者）

▶ホッブズは、主権者の権力が絶対的であるべきだと繰り返し力説する。そのような絶対的権力に対する異議もあるだろうが、ホッブズは、そうした権力がなければ人々は万人対万人の戦争状態（自然状態）に回帰してしまうと反論する。

用語解説

(1)　**イングランド［England］**　現在のイギリスは、イングランド、ウェールズ、スコットランドおよび北アイルランドからなる連合王国であるが、ホッブズの時代、イングランドとスコットランドとは別の国であった。イングランドとスコットランドが合同して一つの国となったのは、1707年のことである。

(2) **主権**［sovereignty］　主権概念を最初に定式化したのは，16世紀フランスの思想家ジャン・ボダンである。国家の主権はその領域内における最高権力を，対外的には自主独立の政策決定権を意味する。この主権を担う人や集団が主権者である。
(3) **自然状態**［condition of nature, state of nature］　社会や国家の成立以前における人間の自然・本性のままの生存状態のこと。社会や国家は契約によって作られると論じる思想家（社会契約論者）たちが社会状態や国家状態に対置させて用いた概念であって，既存の一切の政治的秩序を一旦解体したうえでそれを個々人から再構築しようとする意図と結びついていた。
(4) **自然権**［right of nature, natural right］　人間が生まれながらに（自然的に）有する権利であり，実定法による権利や歴史的に形成された権利と対置される。
(5) **臣民**［subject］　通常は君主国において，君主に支配される民を意味する。ホッブズは，いかなる形態の国家であれ，主権者に支配される個々の国家構成員は，臣民であるとした。

より深く学ぶために

〈基本文献〉

『リヴァイアサン』（全4巻）水田洋訳，岩波文庫，1954～1985年。
　＊ただし，（一）と（二）は1992年に改訳発行。
『ホッブズ』（世界の名著23）永井道雄責任編集，中央公論社，1971年
　＊『リヴァイアサン』の翻訳。ただし，後半部分は抄訳である。
『ホッブズ』（世界の大思想13）水田洋・田中浩訳，河出書房新社，1966年
　＊『リヴァイアサン』の全訳。
『哲学者と法学徒との対話――イングランドのコモン・ローをめぐる――』田中浩・重森臣広・新井明訳，岩波文庫，2002年

〈入門・解説書〉

『トマス・ホッブズ』リチャード・タック，田中浩・重森臣広訳，未來社，1995年
『ホッブズ』（イギリス思想叢書3），田中浩，研究社出版，1998年

（久野真大）

II 近代

COLUMN

ハリントン（James Harrington: 1611-1677）

イングランド，ノーサンプトンシャーの地主の家に生まれる。内乱後幽閉された国王チャールズ1世に侍従としてつかえる。「空位期」に，土地所有と統治形態の均衡という立場から，王政の瓦解の原因を歴史的に説明し，それにかわるべき共和主義的統治形態のプランを提起した。主著『オシアナ』（1656）。

ハリントンによれば，過去，二つの「慎慮」による統治が存在した。ひとつは，古代の「イスラエル共和国」や「ギリシア人やローマ人」によって実践された「古代の慎慮」による統治であり，それは被統治者共通の権利と利害を守る技術である。他は，4世紀末以降に，ゲルマン民族の侵攻によって導入された「近代の慎慮」による統治であり，それは統治者が自分の私的な利害によって支配する技術である。

統治に必要な「権力」は，富＝財産によってあたえられる。というのは，富とは，人々を養う力であるから，その所有者に「権力」をあたえるからである。「権力」は「権威」をあわせもってはじめて正統性を獲得する。「権力」が「権威」を欠くとき，それはたんなる「実力」でしかない。「権威」は「徳」によってあたえられる。「徳」とは，情念をおさえて理性を発揮することである。そして理性とは，利害の判断にほかならず，結局，国民全体の利益を保護・促進する「権力」が，「権威」を獲得し，正統性を得る。

「権力」の性質は，富＝土地所有の配分のあり方に対応する。仮に，一人の人間が領土の唯一の土地所有者であれば，彼の権力は絶対王政であり，全国民が土地所有者である場合には，それはコモンウェルスである。少数の貴族階級が土地のすべてか，そのほとんどを所有する場合には，かってのイングランドのように，「ゴシック的均衡」が生じ，その国制は混合王政である。イングランドの場合，その「均衡」は，国王が貴族階級の権力を抑制するためにとった措置と修道院の解散によって，民衆の自立と中産階級への土地所有の広範なひろがりとともに崩れ去った。これがイングランドの王政が瓦解した原因であった。土地所有の広範な分布に適合した統治形態はコモンウェルスである。そして，自由人が「時には統治し，時には統治される」ことを保障する官職輪番制，審議権と決議権双方の権力を一つの議院がもつことによって生じる権力の乱用をさけるための両権力の分離，土地所有と統治形態の均衡を維持する農地法，これらの制度が存在するなら，「全国民の利益」が実現され，イングランドに「古代の慎慮」が復活する。　　　　　　　　　　　（村松茂美）

デカルト

(René Descartes: 1596-1650)

生涯と思想

　デカルトは1596年，高等法院評定官の息子としてフランス・トゥーレーヌ州に生まれた。10歳でカトリックの有名校ラフレーシ学院に入学，そこで8年間の教育を受け，さらに2年ほどポアチエの大学に籍を置き医学と法学を修めた。そして「世間を学ぶため」に短期間パリに滞在した後，1618年，22歳のとき，士官志願兵としてオランダへ行く。

　ところが，このオランダで転機が訪れる。そこでデカルトは科学者ベークマンと知り合う。ベークマンは，自然を数学的に構成するという今日の物理学に当たる先端的な研究を始めており，その構想をデカルトにも伝えた。デカルトはそれに共鳴し，軍務のかたわら，流体圧力や落下法則の問題をベークマンと共同で研究する。さらに三十年戦争（1618-1648）の勃発にともなって，翌年から数年間ドイツ各地を転戦するうちに，数学的な自然の構成のみならず，道徳の問題，両者を統一的に基礎づけるような形而上学の問題，またこうした総合的な研究を一貫して行うための「方法」の問題に深く傾倒するようになる。その後，イタリアなどを回ってパリに戻ってきたとき（1625）には，自然学や哲学の研究者として邁進する意志を固めていた。

　3年間パリで研究生活をおくった後，デカルトは再びオランダに旅立つ。そこで人との交わりをできるだけ避けて，研究と自らの思想の構築に没頭するためである。パリにいる研究者や知識人との交流は，ラフレーシ学院の先輩であり，友人でもあったカトリック僧メルセンヌを通してだけ行われた。これによってデカルトは，オランダで自由な隠遁生活をおくりながらも，最新の学問情報を得ることができ，またそれに応えることができた。

II 近代

　こうしてオランダ国内を転々としながら（どうもデカルトは一カ所に落ち着けない放浪癖があるようだ），自然学や形而上学に関する文章を書く。自然学に関する書物『世界論』は1633年に完成したが，ちょうどローマの宗教裁判でガリレイの地動説が有罪となったニュースを聞き，出版を控えた。デカルトは必ずしも地動説を主張していたわけではないが，数学的な自然の体系的構成という点で似通っており，危険思想扱いにされることを避けたのである（『世界論』はデカルトの死後，1664年に出版される）。そこでデカルトは，いくつかの個別的な科学論文をまとめ，それに序説を冠して1637年に出版した。いわゆる『方法序説』として，この序説が有名になっている。

　さらに1641年，形而上学に関する『省察』を出版，1644年には自らの思想をコンパクトにまとめた『哲学原理』を出版する。また，この頃から文通を始めたプファルツ（ドイツ）の王女エリザベートの「感情」に関する疑問に応えるため『情念論』という著作を計画する（出版は1649年）。このような著作活動によって，デカルトは当地のオランダでも有名になり，彼の思想を信奉する人々も多く現れるようになった。

　1649年秋，デカルト53歳のとき，スウェーデン女王クリスティーナに招かれ，長年住んだオランダを去りストックホルムへ行く。翌年1月から女王のために講義を開始したのだが，女王の時間に合わせた早朝の講義はデカルトにとって大変な苦痛であった。そしてこれがもとで体調を崩し，2月には肺炎を患い，デカルトは死ぬ。招聘されてから半年も経っていなかった。

　さて，デカルトの思想において特筆しなければならないのは，彼の数学上の成果と，そこから導きだされる二元論的世界観である。数学上の成果とは，x, y軸を直交させて図形と代数方程式の対応を表す「デカルト座標」のアイデアに示されるような，幾何学と代数を統合する解析幾何学の創設である。ここから，物の長さ・幅・深さをはじめ，重さや速度など，あらゆる事柄を計量可能な比例関係によって表現する**普遍数学**をデカルトは構想し，全宇宙が均質で無限な物理的延長空間として想定されるべきことを提唱した。

　他方，こうした明晰判明な関係把握を行っている思惟（ないし知性）の活動について，「**私は考える，それ故に私は有る**」というテーゼを打ち出し，思惟の

活動がそれ自身によって（あるいは「私」の意識活動自身によって）確保されることを主張した。この「思惟の活動それ自身」というのは，ひとつには延長空間とは完全に独立した精神世界があることを示している。しかしそれは何よりも，権威や伝統に由来する知識に依存することなく，明瞭で確実な事柄だけを「自ずから」把握している知性活動の自律性・自発性を表現している。物理的延長空間の無限性と思惟（知性）の自己確実性という二元論，この二つの平面を同時に創設したことがデカルトの思想上の功績であり，「近代哲学の父」とよばれる所以である。

　ところで，この二元論を徹底して貫こうとする場合，二つの問題があらわになる。ひとつは，延長・思惟の両方を根底で支えているものに関する問題。これは形而上学，あるいは森羅万象の創造者・統合者である「神」の理解（ないし神の存在証明）に関係する。もうひとつは，思惟するものであると同時に延長物体でもある人間の「心身の結びつき」に関する問題。デカルトは，この二つの問題に彼なりの仕方で答えている。

　自然（延長）が知性（思惟）によって構成された数学的な「比例関係」でしかありえないとすれば，また知性活動が有限な人間である「私」に基づいたものでしかないとすれば，それらの真理を究極的に保証している実在性を，どのように理解すればよいのか。キリスト教圏にある多くの人々と同様，デカルトもまたこれを「神」という最高完全な実体に求める。それは結局のところ，われわれの理解の及ばない超越的な存在を疑わずに肯定することである。しかしデカルトは，この実在性を基礎づける独自の理論として，神の**永遠真理創造説**を打ち出す。この説に従う限り，数学的真理は，なるほど永遠であるにしても人間や世界を超えた存在なのではなく，むしろ人間が知性を働かせることを通して表現され，またその知性によって構成された自然こそが，まさしく実在する自然であるということになる。この点で，素朴に超越的な神や真理を肯定する立場とは異なっている。

　次に心身問題，つまり人間における精神活動と身体活動との関係をどのように説明すればよいのか，という問題である。それは，知性以外の複雑な思惟活動である人間の「感情」や，単なる物体として扱うにはあまりにも身近に（ま

Ⅱ 近代

さしく「身」近に)ある「身体」の捉え方の問題を含んでいる。この難問に直面したデカルトは，脳の最も奥まった部分にある「松果腺」を通して精神が身体を動かす，という仮説を立てた。この仮説は今日では支持し難いが，そうかといって今日まで有力な説明が出されているわけでもない。ある意味で心身問題は，二元論に基づく限り必然的に生じてくる難問であり，すっきりとした解決はありえないように思える。しかし逆に，この問題に答えようとすることで，「人間」の複雑な営みに関する豊富な考察が展開されるようになったともいえる。実際，デカルトの『情念論』は，こうした考察を最初に体系的に展開したものである。

デカルトとの対話

Q 「すべてを疑っても残る確実な真理はあるのか？」

A 「……私がそんなふうに一切を虚偽であると考えようと欲するかぎり，そのように考えている『私』は必然的に何ものかであらねばならぬことに気づいた。そうして『私は考える，それ故に私は有る』ということの真理がきわめて堅固であり，きわめて確実であって，懐疑論者らの無法きわまる仮定をことごとく束ねてかかってもこれを揺るがすことのできないのを見て，これを私の探求しつつあった哲学の第一原理として，ためらうことなく受けとることができる，と私は判断した。」

(『方法序説』落合太郎訳，岩波文庫，1967年，45頁)

▶デカルト哲学の基本は「疑う」ことである。あらゆる事柄（数学的な真理でさえも）を，虚偽であると考えることが出発点である。しかしそれは，やみくもに何でも疑うのではなく，どのように疑っても疑い難いと思えるような根本的な真理を発見するために疑う**方法的懐疑**である。ここからデカルトは，すべてのことを疑っている思惟活動だけは疑いえない，という原理を発見する。疑う（真理を虚偽と見なす）ことの逆説的な真理として「私」が存在する，というわけである。このような「自我」あるいは「自己意識」の発見は，近代思想の立脚点となった。注意しなければならないのは，これが単なる自己中心的な私の肯定なのではなく，虚偽を排し確実な事柄だけを肯定し

ようとする科学的方法，その首尾一貫した手続きの結果として発見された「原理」だということである。

Q 「人間を『機械』と見なしてもよいのか？」

A 「たまたま私はいま，通りを行く人々を窓ごしにながめる。……しかし私が見るのは，帽子と衣服だけではないか。その下には**自動機械**が隠れているかもしれないではないか。けれども私は，それは人間である，と判断している。同じように私は，眼で見るのだと思っていたものをも，私の精神のうちにある判断の能力のみによって理解しているわけなのである。」

(「省察」(『デカルト』(世界の名著27) 所収) 井上庄七・水野和久訳, 中央公論社, 1978年, 252頁)

▶知覚によって与えられる素朴な情報（通りを行く人々，帽子・衣服）と判断（それは人間である）のうちには，それをそのまま肯定してよいのかどうか，考慮すべき問題が実は数多く含まれている。デカルトは，それを「自動機械」という（少しドキッとするような）視点によって，強烈に浮かび上がらせている。ここで問題になっているのは，人間が機械であるかどうかではなく，認識論上の「構成」と常識的な「判断」との共立，およびその分離可能性である。つまり，通りを行く帽子と衣服をまとった何かを，たとえ機械と見なす（構成する）としても，われわれの常識的な精神はそれを人間だと判断するだろうし，この二つは切り離して考えてもよい，という立場の表明である。むしろ切り離して考える方が，対象を（延長空間における構造や運動の関係として）より明晰に分析でき，また知覚・判断を含めたわれわれの認識の問題をより鋭く考察できる。デカルト二元論の科学方法論的な効用がここに見て取れる。

Q 「真理は偶発的なものなのか？」

A 「算術あるいは幾何学に関して何かきわめて単純な事がら，たとえば，二に三を加えると五になるというような事がらを考察していたとき，私は，少なくとも，それらを，真であると肯定するにたりるだけ透明に直観していたのではあるまいか。いかにも私はあとになって，それらについても疑うべきだと判断したのであるが，しかし，それというのも，神のごとき全能者ならば，このうえなく明白であると思われる事がらに関してさえ欺かれるような本

II 近代

性を，私に賦与することもできたはずであるとの考えが，私の心に浮かんだからにほかならなかった。」

(「省察」，『デカルト』〈世界の名著27〉所収）井上庄七・水野和久訳，中央公論社，1978年，256頁）

▶「私は考える，それ故に私は有る」の原理に至る途上で，デカルトは，明白な真理や真理を真理たらしめているもの（真理の条件）に対しても懐疑の眼を向ける。世界や真理の究極的な創造者であり全能である神ならば，われわれの明白な真理を欺くように創造することもできたはずだ，というわけである。結局デカルトは「私は考える……」の原理を発見した後で，その真理を揺るがすようなものがあれば何もかも無になってしまうという理由から，最終的に「神は誠実でなければならない」という結論を導く。しかし，その途上で垣間見せた「欺く神」の考えは，真理に関する偶発性（一つの真理が別の真理でもありえたということ）への洞察を示している。時代が下るにつれ，そして現代に至って，この「真理の偶発性」はますます身近な出来事になってきているように思える。われわれの時代の「神」（世界の究極的な根底）は常に流動的であり，近代の始まりでデカルトの心に浮かんだような「欺く」状況が常態化しているといってもよい。そうだとすれば，デカルトの発見した「私は考える……」の原理もまた，見直さなければならないだろう。われわれは，デカルト以上に「疑う」営みを先鋭化させなければならない。それが哲学というものであろう。

用語解説

(1) **普遍数学**［matheseos universalis］ あらゆる事柄を「順序（ordo）と尺度（mensura）」を通して構成しようとする普遍的な知（学問）のこと。「数学」という名称がついているが，それは特定の狭い領域を意味する学科ではなく，あらゆる知のなかに共通要素として潜んでいる関係（あるいは「関数」と言い換えてもよい）の把握を含意する。デカルトは，$a/b = c/d$といった比例計算に基づいて構成される限りで，それを「普遍数学」とよび，中世以来の類／種差に基づいた階層的な自然観と決別した。また，この普遍数学の構想はライプニッツに受け継がれる。

(2) **私は考える，それ故に私は有る**［cogito ergo sum］ 単に最初の「コギト」だけを示して，近代的な主観・主体性を意味する概念として使われる場合もある。もともとフランス語で書かれた『方法序説』では "Je pense, donc je suis" となっており，そのラテン語訳が上の文章になった。

(3) **永遠真理創造説** 当時支配的であった説によれば，現実にある世界は神によって創造されたとしても，神の知性内容である永遠のイデアや数学的真理は創造されたもの

ではなく，創造に際して「範型（exemplar）」の役割を果たすものと考えられていた。これに対してデカルトは，この永遠真理そのものも神の創造物であると考え，それが人間精神のうちに刻印されていると同時に，自然のうちにも自然法則として存在すると見なした。

(4) **方法的懐疑**　デカルトは，単に「疑うために疑い，常に非決定でいようとする懐疑論者たち」との違いを強調し，自らの懐疑を「方法的」なものだと主張した。それは，まずわれわれの「感覚」を疑い，次の段階では「誤謬推理，推理」を取りのけ，また「眠っているときの思考，夢の幻想」などを取りのけ，といったかたちで順序を定め，十分な方法に基づいて「疑う」緻密な作業であった。そして最終的に「自ら確信を得ること，緩い土や砂を取りのけて，岩や粘土を見つけ出す」ようにコギトに達することを目的とする。

(5) **自動機械［automatum］**　この言葉は当時流行した表現であるが，単純で他動的な（他から動力源を与えられて動く）機械ではなく，むしろ複雑な機構をもって「自動」的に働くメカニズムを意味する。ここには当時の医学的・生理学的な知識（たとえば動物における血液循環の発見など）の発展なども背景にある。自動機械という表現は，同時代のホッブズ（→69頁）やスピノザ（→85頁），ライプニッツなども好んで用いている。しかし後に（18世紀以降）「機械」あるいは「機械的」という言葉は，主に後者の他動的メカニズムを指すようになってしまった。

より深く学ぶために

〈基本文献〉

『デカルト著作集』全4巻，白水社，1973年（増補版，2001年）
『デカルト』（世界の名著27）野田又夫責任編集，1978年
『方法序説』落合太郎訳，岩波文庫，1967年
『哲学原理』桂寿一訳，岩波文庫，1964年
『精神指導の規則』野田又夫訳，岩波文庫，1974年

〈入門・解説書〉

『デカルト「方法序説」を読む』（岩波セミナーブックス86）谷川多佳子，岩波書店，2002年
『デカルト＝哲学のすすめ』小泉義之，講談社現代新書，1996年
『デカルト哲学とその射程』小林道夫，弘文堂，2000年

（堀江　剛）

II 近代

> **COLUMN**
>
> ### パスカル（Blaise Pascal: 1623-1662）
>
> 　17世紀前半のフランスに生を受け、39歳の若さでこの世を去ったブレーズ・パスカルは、幾何学・数学・自然科学の天才、また人間と世界とを凝視する哲学者、そして神を求め真理のもとに生きんと熱望したキリスト者であった。11歳にして音響に関する論文を書き、16歳で『円錐曲線試論』(1640) を著し、父エチエンヌに連れられて出入りしたパリのアカデミーでは、当代の著名な学者たちと対等に議論をすることができた。また「計算器」を発明し、実験により「真空」を確かめ、『真空に関する新実験』(1647) や『流体平衡論』(1648) の著作をなした。数学や物理学の分野で天才は遺憾なく発揮されたが、しかしこの分野においてさえ、私たちが真理を知るのは理性によってだけではない、とパスカルは見抜いていた。『パンセ』によれば「空間、時間、運動、数が存在する」、「空間に三次元あり、数は無限である」というような「第一原理の認識」は、「理性」によるのではなく、「心情」の「直感」による (282)。それを基礎にしてはじめて「理性」の議論は立てられることができる。「理性」しか認めないことは、「理性」を排除することに劣らず、人間にとっては行き過ぎである (253)。また同様に、「神を感じるのは、心情であって、理性ではない」(278)。「宗教をもたない人たち」を信仰へ導くためには確かに「理性」は必要であるが、それはただ「神」が彼らに「心情の直感」を与えるまでのことであって、これがなければ「信仰」は「魂の救いのためには無益」(282) ですらある。それゆえパスカルが、「考えが人間の偉大さをつくる」(346) というとき、「考える」ことは「理性」ですべてを判断することをけっして意味しない。なるほど人間は「考える葦」である。しかし「考える葦」である人間が偉大で尊いのは、みずからの死すべきこと、「宇宙」が自分よりも優勢であることを知るからである。人間がみずからの無力と惨めさを知ることによって偉大であるとすれば、「人間はどこまでも人間を超える」存在であり、ゴルドマンの言うように「一つの矛盾する存在」(リュシアン・ゴルドマン著、山形頼洋訳『隠れたる神（上）』社会思想社、77頁) に他ならない。人間は理性以上に「心情」によって生きる。「心情」によってパスカルは、合理主義的空間世界の無限性に神の不在を感じ取り、底知れない恐怖を覚える。しかし神が不在であればこそ、「世界」は放棄されることができない。さりとて「世界」を受け入れるには、世界はあまりにも価値なき無限の広がりでしかない。パスカルの世界観が悲劇的と称されうるゆえんである。
> （引用の断片番号はパスカル「パンセ」前田陽一、由木康訳『パスカル』（世界の名著24）所収、中央公論社による）
> 　　　　　　　　　　　　　　　　　　　　　　　　　　　　　　（小泉尚樹）

スピノザ

(Baruch de Spinoza: 1632–1677)

生涯と思想

　バルーフ・スピノザは，1632年，オランダのアムステルダムの裕福なユダヤ人家庭に生まれた。幼少よりユダヤ教の厳格な教育を受けるが，23歳の時に不敬虔を理由にユダヤ教会を破門された。その後は居を転々としながら，中世ユダヤ哲学や近代科学，デカルト（→77頁）やホッブズ（→69頁）などの影響のもとに独自の哲学体系をつくり上げ，1677年にハーグに没した。

　代表的著作としては，最高善へと向かうための認識論的方法論を描いた『知性改善論』（1662未完），近代聖書解釈学と自由民主主義(リベラル・デモクラシー)の先駆的作品でありながらも発禁となった『神学・政治論』（1670完成），彼の哲学的思索の結晶ともいうべき主著『エチカ』（1675完成），安定的な政治システムの現実主義的理論化を試みるも彼の死により未完となった『国家論』などがある。

　スピノザの思想は彼の死後長らく無視され闇に葬られ続けたが，18世紀末から19世紀初頭のドイツにおいて，汎神論論争やドイツ観念論によって注目されるようになった。そして1960年代後半に，今度はフランスを中心に再びスピノザ・ルネサンスが起こり，ドゥルーズ，アルチュセール，ネグリ，レヴィナスといった多くの現代思想家がスピノザ哲学の新たな読解あるいは根本的対決を通して，独自の思想を築きあげていった。一方近年では，ディープ・エコロジー派を中心とした環境思想のなかでもスピノザの汎神論的自然観が高く評価されている。こうしてスピノザ思想は，狭い意味での哲学や倫理学のみならず政治思想，環境思想，教育思想などのなかにも時を越えて生き続けている。

　スピノザにとって，自然の別名である神のみが唯一の実体である（**神即自然**）。この神は無限数の属性をもつが，人間知性によって認識できるのは思惟

と延長の二属性のみである。ここで様態とは，能産的自然としての神が自己の内に自らの変状として産出したもの（所産的自然）であり，無限様態と有限様態に分けられる。このうち後者は神の属性を一定の仕方で表現するところの個物とされる。具体的には，思惟属性の（有限）様態が精神であり，延長属性の（有限）様態が物体＝身体である。この精神における出来事と物体＝身体における出来事の間には影響関係は一切存在しえない。それらは実体（神）の内に起こっている同一の事態の別表現にすぎないのだ。このような心身並行論と，人間も含めた有限な様態はすべて他の諸様態との間の因果関係の必然性のなかで存在しているとする決定論によって，スピノザの倫理学は独特のものとなる。それは，自由意志と目的論を想像知（イマギナチオ）の産物として否定しつつも，(**コナトゥス**を原動力とした）認識能力の向上によって（に応じて），受動感情（想像知（イマギナチオ））から能動感情（理性（ラチオ））への転化を成し遂げることで実現される自由と社会生活を示唆し，最高の認識能力としての直観知から生まれる「神への知的愛」によって至福・救済に到達するまでの険しき道程あるいは方法を示唆する倫理学である。

スピノザとの対話

Q　「私たちの意志は，本当に私たち自身の自由な意志なのでしょうか？」

A　「精神のなかには絶対的な意志，すなわち自由な意志は存しない。むしろ精神はこのことまたはかのことを意志するように原因によって決定され，この原因も同様に他の原因によって決定され，さらにこの後者もまた他の原因によって決定され，このようにして無限に進む。」

（『エチカ』第2部定理48，畠中尚志訳，岩波文庫，上巻152頁）

▶スピノザは，デカルトと異なって自由意志の存在を否定する。スピノザによると，人間存在は，その精神も身体も，他の有限な存在との因果関係の網の目（構造）のなかに組み込まれており，そのような因果関係の総体としての自然の共通の秩序・法則から独立した存在ではない。しかるに，私たちが自由意志を有していると思い込んでしまうのは，自己の行為や欲望は意識してはいるが，自己をあるものに対して欲望を感じるように決定している諸原因については無知だからである。このように考えると，

私たちの（受動）感情は，実は私たち自身のオリジナルなものではなく，他者の感情が無自覚のうちに感染してくることによって自己の内に生み出された精神と身体の被触発状態であるといえる（「感情の模倣」）。しかし，スピノザの主眼は自然の決定論的構造に対する無知（想像知(イマギナチオ)）を告発し，事物を神の本性の必然性から生じるものとして「永遠の相の下に」認識することの重要性を指摘することにあり，彼は決して人間の自由を認めなかったのではない。彼の言う自由とは，（外的強制の必然性にではなく）自己の本性の必然性のみに従って行為するということであり，それは理性に従って生きることによって，究極的には「神への知的愛」によって実現されるものなのである。

用語解説

(1) **神即自然 [Deus sive Natura]**　スピノザの神は自然＝世界を超越した人格神ではない。「神即自然」とは，存在するものすべては，実は神が姿を変えて神自らの内に現れたもの（様態）であるということを示している。このような汎神論的内在論に立つスピノザは，自然の中に神による目的の設定を想像することを批判し，様態としての人間は「自然の一部」にすぎず，自然の諸法則を免れる特権的存在ではないと考えた。

(2) **コナトゥス [conatus]**　〔努力の意であり，「自己保存の努力(コナトゥス)」という表現が多用される〕スピノザによると，人間も含めた有限な様態はその本質に存在が含まれない。そのような様態が現実に存在し活動することができるのは，神＝自然の絶対に無限な力能を自己のコナトゥスを通して表現することによって，その力能を享受しているからである。しかしこのような表現は各存在者において全く同様な仕方で行われるのではなく，そこに力能の差異と多様性も存在する余地がある。スピノザは，このような自己保存と活動の原動力としてのコナトゥスによって倫理や社会の問題を説明した。

より深く学ぶために

〈基本文献〉

『スピノザ・ライプニッツ』（世界の名著25），下村寅太郎責任編集，中央公論社，1969年
『知性改善論』，『神学・政治論（上・下）』，『エチカ（上・下）』，『国家論』，『スピノザ往復書簡集』（いずれもスピノザ著，畠中尚志訳，岩波文庫）

〈入門・解説書〉

『スピノザ　実践の哲学』（平凡社ライブラリー440），G.ドゥルーズ著，鈴木雅大訳，平凡社，2002年

（河村　厚）

Ⅱ 近代

ロック
(John Locke: 1632-1704)

生涯と思想

　ジョン・ロックは，17世紀イギリスに生きた思想家である。彼が生きた時代のイギリスは，内乱（ピューリタン革命），共和国の成立，王政復古，そして名誉革命と続く，大きな政治的変革の時代であり，彼の思想は，この変革に深くかかわりながら形成された。

　ロックは，1632年，イギリス南部の地方地主の長男として生まれた。彼が10歳の時，国王チャールズ1世と議会との対立から内乱が勃発し，その際，ロックの父親は議会軍に参戦している。1647年，ロックは，父親が従軍していたときの上官の推薦を得てロンドンのウェストミンスター・スクールに入学した。当時のロンドンは革命のさなかにあり，1649年，国王チャールズは議会によって処刑され，イギリスは共和国となった。1652年，ロックはオックスフォード大学のクライスト・チャーチ学寮に進学し，そこから彼の本格的な学究生活が始まった。その8年後の1660年，共和国は倒れ，フランスに亡命していた前王の息子が，チャールズ2世として王位についた（王政復古）。

　ロックが遭遇したのは政治的な変革だけではなかった。当時のイギリスは，文化的にも大きな変革期にあった。オックスフォードにおいて，ロックは，古典語とスコラ哲学を中心とした伝統的なカリキュラムを修めたが，彼はその内容に満足できず，物理学や医学など，実験を用いた新しい学問に熱中するようになった。スコラ哲学は，アリストテレス（→13頁）の哲学とキリスト教の教義を融合させた壮大な理論体系であり，政治，宗教，学問など，当時の人々にとって基本的な世界観を提供していた。しかし，新しい学問は，スコラ哲学が発見できなかった科学法則や知識をもたらし，このことはスコラ哲学が提供し

てきた世界観をも動揺させることとなった。こうして新しい学問を推進する人々は、旧来のスコラ哲学に代わる新しい哲学を求めるようになった。ロックもまた、このような文化的な変革期にあって、新しい学問に魅了され、それに適合した新しい哲学を模索するようになったのである。1664年頃に執筆した論文のなかで、ロックは、**自然法**についての知識は、生まれながらにして人間に身についているものではなく、人間が自らの感覚と理性を働かせることによってはじめて正確に認識されるものであると論じた。このような**経験論**的な態度は、この後、ロックの哲学の一貫した主張となり、彼は生涯を通じて、この哲学を磨き上げていくことになる。

　こうして徐々に独自の思索を深めつつあったロックに重要な転機が訪れた。1666年におけるシャフツベリとの出会いである。シャフツベリは、新興貴族の中心人物として政界のなかで頭角を現しつつあった。ロックはこのシャフツベリに気に入られ、その後、シャフツベリの腹心として、次第に現実政治にかかわるようになった。同時に、シャフツベリ家のサロンに出入りする多くの知識人たちとの交流を通じて、ロックは、自らの哲学を深めていった。彼の哲学的主著である『人間知性論』は、このような交流のなかで、徐々に書き上げられていったものである。

　シャフツベリのもとでロックが最も深くかかわった政治的事件は、1679年に始まる「王位排斥法危機」であった。その頃、国王チャールズ２世は、王権の強化をはかるために、フランス国王の援助に頼るようになっていた。カトリック教国であるフランスは、チャールズに対して援助の見返りとしてカトリックへの改宗を求め、チャールズもまた、カトリックへ傾いていった。新教（プロテスタント）国であるイギリスの議会は、チャールズのこのような親仏、親カトリック的な態度に対して強い警戒感を抱いた。フランスからの影響力を断つために、議会は、1679年、チャールズの王弟であるヨーク公を王位継承者から排除する法案を提出した（王位排斥法）。なぜなら、チャールズには嫡子がいなかったため、ヨーク公は次期国王の第一候補であったが、彼はカトリックへの改宗を公言していたからである。王位排斥法に対してチャールズは、議会を解散して排斥法の成立を阻止した。シャフツベリは議会派のリーダーとして、

II 近代

国王との争いを指導し，最後には武力による抵抗も計画した。シャフツベリを通じて，ロックもまた，この争いに深くかかわることとなった。

王位排斥法危機において，議会派と国王派は，それぞれ多数の文書を発行し，自らの政治的な正当性を主張しあった。国王派は，フィルマーという人物の著作に依拠して，「家父長君主論」を展開した。それによれば，神は最初の人間であるアダムに世界を支配する権利を与えた。アダムのこの支配権は，アダムの直系子孫である家父長たちに受け継がれ，現在の国王の支配権はこれに由来している。したがって，人々は生まれながらにして国王に服従しており，国王の命令に背くことは，アダムに支配権を与えた神の命令に背くことになるというものであった。

これに対して，ロックは，議会派の論客として，彼の代表的な政治論である『統治論』（『市民政府論』ともよばれる）を執筆した。『統治論』において，ロックは，国王の政治権力は人々の**所有権**を保護するという目的のために限定された権力であると論じることによって，家父長君主論に基づく国王の専制権力を批判した。しかし，こうしたロックの努力も空しく，結局，議会派は国王との争いに敗れ，シャフツベリは亡命先のオランダで客死してしまう。シャフツベリのもとで『統治論』を執筆したロックもまた，1683年，オランダへの亡命を余儀なくされた。そして，1685年，チャールズ2世は没し，ヨーク公がジェームズ2世として即位した。

ジェームズ2世は，即位後，親カトリック政策を強行し，反対派の人々を激しく弾圧した。このため国民の離反を招き，1688年，ジェームズは国を追われ，イギリスは同じ新教国であるオランダから新しい王を招いた（名誉革命）。翌89年，ようやくイギリスに戻ることができたロックは，亡命中に推敲していた『人間知性論』を出版し，それによって哲学者としての地位と名声を確立した。この後，ロックは1704年に死去するまで，『人間知性論』の改訂を重ねる一方，『寛容についての書簡』(1689)，『教育に関する考察』(1693)，『キリスト教の合理性』(1695) など，重要な著作を次々に著した。とりわけ，『寛容についての書簡』は，政教分離思想の古典として有名である。

以上，ロックの生涯に沿って彼の思想を概観したが，最後に，ロックの思想

が後世に与えた影響についてふれておきたい。ロックは，近代啓蒙主義の時代を切り開き，近代市民社会を準備した思想家としてしばしば称賛される。同時に，「近代」に対する反省の気運が高まるにつれて，ロックの思想はデカルト（→77頁）などとともにしばしば批判の対象となってきた。しかし，ロックの思想の核心は，政治的にも文化的にも大きな変革期にあって，そこから生ずるさまざまな問題に誠実に応答しながら，真の知識を求め続けた粘り強い精神にある。その精神こそ，われわれがロックから引き継ぐべき最良の遺産であろう。

ロックとの対話

Q 「人は自然本来の姿（自然状態）では，どのような存在なのであろうか？」

A 「政治権力を正しく理解し，その起源からそれを導出するためには，すべての人が自然にはいかなる状態にあるかを考えねばならない。それは，人々が他の人々の許可を求めたり他の人の意志に依存することなく，自然法の範囲内で，自らの行動を律し適当と思うままにその所有物を処置するような完全に自由な状態である。」

（『統治論』伊藤宏之訳，柏書房，1997年，161〜162頁，傍点原著）

▶自然状態において，人間は完全に自由で平等であり，各人は自然法のもとで自分の所有物を自由に行使する権利（所有権）を有している。したがって，家父長君主論の主張とは異なり，人間は生まれながらに誰かに服従しているということはない。

Q 「人はなぜ政治権力を設立し，それに服従するのであろうか？」

A 「すでに述べたように，人間は生まれながら，すべて自由，平等で独立しているのであるから，誰も自ら同意しなければ，この状態から追われて，他の人の政治権力に服従させられることはありえない。人がその生まれながらの自由を放棄し，市民社会拘束を受けるようになる唯一の方法は，他の人と一緒になって一つの共同体に結集しようと協定することだけであり，その目

Ⅱ 近代

的は，それぞれの財産を安全に享有し，社会外の人に対してより大きな安全性を保つことによって，相互に快適で安全で平和な生活をすることである。」

(『統治論』伊藤宏之訳，柏書房，1997年，222頁，傍点原著)

▶自然状態では所有権が侵害された場合には，各人は自力でそれを回復するための執行権力を有しているが，しかし，この執行権力によって常に所有権が回復されるとは限らない。このため，各人は所有権をより確実に維持するために，自然状態を脱して政治社会をつくり，各人の執行権力を共通の政治権力に委ねるのである。

Q 「為政者が政治権力の目的に背いて行動したときはどうすればよいのだろうか？」

A 「人々が社会にはいるのは，その所有権の保存のためである。そして，彼らが立法部を選出し，これに権威を与える目的も，社会の全成員の所有権に対する保護，防壁として，社会の各部分，各成員の権力を制限し，その支配を適度に抑えるために法を作り，規則を定めるためである。……したがって，立法部がこの社会の基本的規則を踏みにじり，国民の生命，自由，財産に対する絶対権力を，野心や恐怖や豊かさ，あるいは堕落によって自ら掌握しようとしたり，あるいは他の人に委ねようとするときには，この信託背任によって，国民が全く別の目的のために彼らに与えた権力を，立法部は失い，この権力は国民に復帰する。国民はその根源的自由を回復する権利を持ち，(自ら適当と思う) 新しい立法部を確立することによって，社会に加わった目的であるところの，自らの安全と保証のために備える権利を持つ。」

(『統治論』伊藤宏之訳，柏書房，1997年，308〜309頁，傍点原著)

▶政治権力は，人々の所有権を保護するという目的を達成するために設立され，人々から為政者に信託されたものである。したがって，国王といえども，その目的に従った形で政治権力を行使する義務を負っている。もし国王が自らの利益のために自分勝手に政治権力を行使して，人々の所有権を侵害した場合には，彼は人々の信託に違反したことになる。この場合，人々は国王に対する服従義務から解除され，所有権の保護のために適当と思われる手段をとることができる。

ロック

Q 「人はどのように知識を得るのであろうか？」

A 「心は，言ってみれば文字をまったく欠いた白紙で，観念はすこしもないと想定しよう。どのようにして心は観念を備えるようになるか。……どこから心は理知的推理と知識のすべての材料をわがものにするか。これに対して，私は一語で経験からと答える。この経験に私たちのいっさいの知識は根底をもち，この経験からいっさいの知識は究極的に由来する。」

(『人間知性論（1）』大槻春彦訳，岩波文庫，1972年，133〜134頁，傍点原著）

▶ロックの哲学の重要な課題は，人間は，いかにして正しい知識を得ることができるのかという問題であった。ロックは，知識は人間に生まれながらに与えられているとする生得説を一貫して批判した。もし知識が生得的に与えられているならば，時代や場所によって道徳的な見解が異なるはずはないからである。これに対してロックは，知識の源泉は感覚を通じて得られる経験であるという経験論的な立場をとった。

Q 「真に知識を身につけるとはどういうことなのだろうか？」

A 「読書は心に知識の素材を提供するだけであり，思考こそが，私たちが読んだものを自分のものにします。……確かに，著述家のなかには，深遠な思考，緻密で鋭い推論，見事に追究された諸観念を，明白な実例として提示するような人たちもいます。読者がそれに注目して模倣するのであれば，それが発する光は大いに役立つでしょう。それ以外のものは，せいぜい，知識に転換されるにふさわしい個別的な素材にすぎません。しかし，その転換を実現するためには，私たち自身が省察し，論述内容の妥当範囲，力強さ，整合性を検討する以外には方法はありません。私たちが観念の結合に気づきそれを理解した分だけ，それは私たちのものとなります。」

(『知性の正しい導き方』下川潔訳，御茶の水書房，1999年，54頁）

▶読書など，他人の思考を通じて獲得された知識は，そのまま自分の知識となるわけではない。自分の頭で考え抜いて，十分得心した時に，はじめて自分の知識となる。これが，真の知識を問い続けたロックの一貫した態度であった。

II 近代

用語解説

(1) **所有権［property］** 人間が自分の所有物を自由に処分することができる権利。ロックによれば、これは人間がこの世界で生きるために、神が人間に与えたものであり、その中には、生命、自由、身体も含まれる。人間は、自らの身体を用いた労働を通じて、自然の共有物を各人に固有な（proper）ものに変え、所有権を拡大することができる。（ただし、必要以上に所有権を拡大し、使い切れない所有物を腐敗させることは、所有権の目的に反する。）人々は所有権をより安全に確保するために自然状態を脱し、政治社会をつくることに同意する。このことは、人間に所有権を与えた神の意志、すなわち、自然法にかなったことである。

(2) **自然法［natural law］** 理性を通じて認識された神の意志。ロックによれば、神の意志は人間にとって二通りの方法で知られる。ひとつは啓示（いわゆる「神のお告げ」）を通じて知られる場合であり、もうひとつは理性を通じて知られる自然法の場合である。啓示は特定の人間によって超自然的な形で認識されるのに対し、自然法は理性を備えたすべての人間によって認識可能である。

(3) **経験論［empiricism］** 人間の知識の源泉は、感覚を通じて得られる経験にあるとする考え方。ロックは、『人間知性論』において、感覚を通じて心に入ってきたものは観念（idea）として認識され、人間は自らの知性を働かせて、この観念を比較したり組み合わせることによって独断ではない知識を獲得していくと論じた。

より深く学ぶために

〈基本文献〉

『統治論』伊藤宏之訳、柏書房、1997年

「統治論」（『ロック・ヒューム』（世界の名著32）所収）宮川透訳、中央公論社、1980年

『市民政府論』鵜飼信成訳、岩波文庫、1968年

『人間知性論』（全4巻）大槻春彦訳、岩波文庫、1972〜1977年

「寛容についての書簡」（『ロック・ヒューム』（世界の名著32）所収）生松敬三訳、中央公論社、1980年

『正しい知性の導き方』下川潔訳、御茶の水書房、1999年

〈入門・解説書〉

『ロック』（イギリス思想叢書4）浜林正夫、研究社出版、1996年

（朝倉拓郎）

モンテスキュー

(Charles Louis de Secondat Montesquieu: 1689-1755)

生涯と思想

　シャルル–ルイ・ド・スゴンダ・モンテスキューは，ルイ14世治下の1689年フランス西部ボルドーのラ・ブレード城で軍人のジャック・ド・スゴンダ男爵の長男として生まれた。彼の名のシャルルは彼の出生の際，たまたま家を訪れた物乞いの名をとって父親が付けたという。それは生涯を通して貧しい人々が彼の友人であることを思い出すためであった。

　モンテスキューはパリ近郊のオラトリオ会の学院で学び，ボルドーに戻ってボルドー大学で法学の研究の後，高等法院付の弁護士となった。1714年高等法院の評議官に就任し，16年叔父の死去にともない，同高等法院の終身長官の官職とともにモンテスキュー男爵の爵位と領地を相続した。

　しかしモンテスキューは法律の仕事よりも科学や人文学の実験や研究に関心をもち，地元を離れパリを訪れてはルイ14世没後の摂政期の新しい雰囲気と環境下で自然科学と歴史や哲学など多様な研究に取り組んだ。このようななかで彼は1721年オランダのアムステルダムの書店から『ペルシャ人の手紙』を著した。この作品は，時代の風俗や社会を二人のペルシャ人の故国の友人との手紙という形式を通して批判的に描いたもので，その文明と時代の批評の鋭さで大きな評判を得て，匿名の出版であったにもかかわらず彼の著作家としての才能を一躍広めることとなった。

　この著書はすでに後の『法の精神』において発展される理論を予想させるものであった。モンテスキューは宗教的な対立について宗派の間の寛容を説くとともに，恣意的な権力に対するきびしい批判を明らかにしている。宗教戦争をもたらすのは，宗教の多様性ではなく，不寛容の精神であり，支配的であろう

とする宗教によって起こされるという。ヨーロッパの君主制が**専制**に変質し，特に君主に権力が大きく集中しつつあること，公法（国法）はその原理が君主の情念や著作者たちのへつらいによって腐敗させられており，いかにして君主が自己の利益を傷つけずに正義を侵害することができるかを教える学問になっているという。また高等法院は公的自由の象徴であり，君主制の支えであり，すべての正当な権威の基礎でもあったその古来の権威を喪失している。ヨーロッパでもイギリス人は君主への服従や従順を美徳とは考えず，無制限の権力を正当とはみなさい。君主が臣民の生活を苦しめたり破壊したりすれば服従の根拠は失われ，彼らは自然的自由に戻ると考えている。

1725年モンテスキューは高等法院長官の職を売り払い，領地の管理は妻にゆだねてパリに定住するとともに政治的，自然科学的，文学的な研究と議論の環境を得た。このなかでモンテスキューは自然科学におけるニュートンの地位を社会生活において果たそうと政治哲学の仕事に専念するようになる。彼は1728年にはアカデミーフランセーズに選ばれたが，この後3年間のヨーロッパ旅行に出発し，スイス，ドイツ，イタリア，オランダ，イギリスなどを訪れた。特にイギリスでは一方で当時の政治の腐敗を批判的に観察しながらも，他方でその政治的自由の諸制度の発展とそれを可能にしている条件について記録している。

帰国後，彼は1734年『ローマ人盛衰原因論』を出版した。この著書で彼は，ローマの政治が人民の精神，元老院の権力，政務官の権威によって権力のあらゆる濫用が是正されるようにつねに働いていたこと，**共和制**では内部的な自由と対立がむしろ社会の全体的調和と幸福をもたらし，その共和国の偉大さを示したと述べ共和主義者としてのモンテスキューの側面を示した。（田中・栗田訳）

この後モンテスキューは政治哲学の研究に精力的に取り組み，1748年ついに発表したものが『法の精神』である。ここでも彼は著者の名を出さず，出版もジュネーヴの書店によって行った。公式には発禁とされたが，大法官ダゲソーや出版長官マルゼルブなど啓蒙期の開明的な当局の理解者によって発売が黙認され，ヨーロッパで1年後には20版以上を数える評判を得た。

『法の精神』は翌年以降，イエズス会派やジャンセニストの批判を受ける一

方，ローマ法王庁による禁書の指定，ソルボンヌのパリ神学部による異端判決をも受けることになった。これに対しモンテスキューは『法の精神の擁護』を著して反論した。時代の新しい思想的環境は彼を歓迎し，その政治理論は啓蒙主義の勝利を示したとされた。

　モンテスキューはイギリスの制度に学びながらも，なお深く歴史的研究や本国フランスの絶対君主制のもつ問題を検討し，三権分立の理論を完成した。それは単なる政治制度の一つの限られた理論の追求というより，社会自体の自由で活発なあり方，人間の自由で幸福な生き方を保障する本質的，構造的な体制をめざすものであった。彼にとってフランス絶対王政を中心としたアンシャン・レジーム（旧体制）が徐々に伝統的な法的制約を破壊し，「恐怖」をその行動原理とする専制体制への傾向を強め，国家が混乱と没落へ向かいつつあるのではないかという切迫した危機感と苦悩があった。そのために法律体系とその立法の精神を広く人間と国家を取り巻く諸条件のなかで検討し，自然的，歴史的，文化的な環境との相互関係のなかで法の機能と人間にとってのその存在意義をあきらかにしようとしたのであった。

　この理論はその体系の大きさと方法の豊かさ，あるいは歴史的展望の深さのゆえにいまだその解釈と理解は確立していないともいわれるが，それはとりもなおさず，近代社会において自由と人間の諸権利を確立することの課題の大きさを示すものであり，われわれ自身がいまだモンテスキューの思想を汲みつくしていないことの証左とも考えられる。

　モンテスキューは彼の生きたフランスがその政治的社会的に困難な現実の事態の深まりをあらわすとともに啓蒙思想の発展と保守主義体制の反動という予断を許さない政治的思想的対立のなかで世を去った。しかしまもなく彼の政治理論は，アメリカ合衆国の憲法（1787）において大統領制としての権力抑制機構の政治制度が採用され，またフランス人権宣言（1789）では「権利の保障が確保されず，権力の分立が規定されないすべての社会は，憲法をもたない」としてその普遍性を証明するものとなった。

　モンテスキューの自由主義の理論は，諸団体や階級の均衡からなる混合政体論を含んでおり，そのため近代的ではなく貴族的とも保守的とも形容されるこ

Ⅱ　近代

ともあるが，本質的には自由のための政治哲学という精神と原動力をもっていることを見逃してはならない。

モンテスキューとの対話

Q　「法とは何か，それはどこに存在し，どのような役割をもっているのだろうか？」

A　「法律とは，その最も広い意味では，事物の本性に由来する必然的な諸関係である。そして，この意味では，ありとあらゆる存在はその法律をもっている。神はその法律をもち，物質的世界はその法律をもち，人間より上位の叡知的存在はその法律をもち，動物はその法律をもち，人間はその法律をもつ。……したがって，一つの原始理性が存在しているのであり，もろもろの法律は，この原始理性とさまざまな存在との間にある諸関係であり，また，これらのさまざまな存在相互間における諸関係なのである。」

（『法の精神』野田良之ほか訳，岩波文庫，39〜40頁）

▶世界は多様な存在によって構成されている。良識とはこの存在の多様性を認識することである。しかし，この多様な存在には必然的関係があり，それが法である。法の精神は多様な事物のさまざまな関係のなかにある。この世界は宿命や摂理によって決定されているものではない。法は複雑であり，各国の憲法，習俗，風土，宗教，商業などさまざまに異なっている。しかしその多様な事物のなかにも存在する関係があり理性の具体化というべきものがある。人間は気まぐれから行動しているのではなく，国民の歴史は一定の原理から現れてくるものであり，また諸々の法律は一つのより一般的な法律に依存しているのである。

　法は偉大な役割をもつ。しかしこれに携わる立法者は必ずしも完全ではなく，その使命の大きさに対して限界のある存在である。したがって法のあり方，政治と社会のあり方を広く究め，そこから現実への教訓を引き出していかねばならないであろう。

Q　「君主政体をその専制への傾向から防ぐにはどのような方策があるだろうか？」

A　「**中間的，従属的，そして依存的な諸権力**が君主政体，すなわち，基本的諸法律によって一人が支配する政体の本性を構成する。私は，中間的，

従属的そして依存的な諸権力と言った。事実，君主政では，君公が国制的および公民的なすべての権力の源泉なのである。これら基本的な諸法律は，権力がそこを通って流れるための中間の水路を必然的に想定する。なぜなら，もし国家のなかに一人の一時的で気紛れな意思しか存在しないならば，何者も確定的ではありえず，したがっていかなる基本的な法律もありえないからである。

最も自然な従属的中間権力は，貴族の権力である。貴族はどういう態様においてであれ君主政の本質のなかに含まれるのであり，その基本的格率は次のごとくである。君主なくして貴族なく，貴族なくして君主なし。もっとも，世には専制君主というものはある。……

ヨーロッパのいくつかの国で，すべての裁判権を廃止しようと考えていた人たちがいる。彼らは自分たちがイギリスの議会がしたことをしようとしているとは気がつかなかった。ある君主国において，領主，聖職者，貴族および都市の特典を廃止して見たまえ。ほどなく，民衆国家か，さもなくば，専制国家が出現するであろう。

すべての陸地をおおわんとするかのように見える海が，浜辺にある草や小石によって阻まれるように，無制限に見える権力をもつ君主も，もっとも小さな障害物によって阻まれ，その生来の尊大さを不平や嘆願に従わせるのである。」

（『法の精神』野田良之ほか訳，岩波文庫，64～66頁）

▶君主政体といえどもそれは制限のない恣意的な政治体制ではありえない。それはアジアに見られる専制主義の政治のようにただ一人の者が法も規則もなく恣意と気紛れによって統治し恐怖をその権力行使の原理として支配を行うことではない。君主政体は一人の者の支配ではあるが，その支配は優先と区別の地位と義務である名誉の原理に基づき公共的利益をめざすもので，基本法と中間権力および法の寄託所によって補充されていなければならない。基本法は国家の伝統や存続にかかわる基本的慣行である。中間権力は貴族や聖職者身分，特権をもつ都市である。また高等法院は法の寄託所として制定・締結される法や条約が審査・登録され，かつ適用される団体である。それは基本法の擁護者であり，立法と行政へ参与する存在である。これらの諸権力の存在はそれがもつ諸特権の故に批判される問題もあるが，君主政においてそれが専制主義へと進む傾向への防壁として有益である。「専制政治を制限するものなら悪でさえ善である。」

II 近代

Q「政治的自由とは何か，それはどのような場合に見出されるのであろうか？」

A「民主政の国々においては，確かに人民が望むことを行っているように見える。しかし，政治的自由とは人が望むことを行うことではない。国家，すなわち，法律が存在する社会においては，自由とは人が望むべきことをなしうること，そして，望むべきではないことをなすべく強制されないことにのみ存しうる。……

民主政や貴族政は，その本性によって自由な国家であるのではない。政治的自由は**制限政体**にのみ見出される。しかし，それは制限政体の国々に常に存在するわけではなく，そこで権力が濫用されないときにのみ存在する。しかし，およそ権力を有する人間がそれを濫用しがちなことは万代不易の経験である。彼は制限に出会うまで進む。信じられないことだが，徳でさえ制限を必要とするのである。

権力を濫用しえないようにするためには，事物の配置によって権力が権力を抑止するようにしなければならない。」

（『法の精神』野田良之ほか訳　岩波文庫．288〜289頁）

▶哲学的な自由は自らの意思を行使すること，あるいは自らの意思を実行していると信じることにある。これに対し政治的自由は安全，あるいは人が安全をもつと判断することにある。政治的自由は，法律がそれを可能にし，法の支配するところに成立する。民主政の国々では，人民がその望むことを実現しているように見えるので，自分たちの権力を自らの自由と混同しがちである。しかし権力はそのまま自由を意味しない。むしろ権力の行き過ぎや恣意的支配をもたらすことがある。自由は法律によって媒介されたところに成立する。民主政や貴族政は市民の全部または一部が最高権力をもつ共和政の二つの形体のことであるが，それ自体で自由を実現するものではない。そこでは君主政に較べて概して自由が認められることが多いが，その政体の本質において自由であるわけではない。制限政体において権力が濫用されないように政体を運営しなければならない。自由を侵害しがちな政治権力を抑制する現実的な実際的な関係をつくらなければならない。それは権力の分立によるその多元的な配置によって権力がその間で相互に抑制し合う結果を作り出すことである。

用語解説

(1) **共和政** 共通のもの res publica を示す古代ギリシア・ローマの政治体制から起こったもので，市民の共同参加による政治体制。貴族政，王政に対立する。ただしモンテスキューは民主政と貴族政を含めて共和政として独特の概念を作った。

(2) **専制** 法律や慣習などの何らかの有効な制度上の制限を受けず，一人の支配者あるいは一つの集団が恣意的，圧制的な権力を行使すること。モンテスキューは，一人の者が法律も規則もなく，すべてをその意思と気紛れによって支配することとし，中国やペルシアなどをその例とした。

(3) **中間的・従属的・依存的諸権力** 君主と市民の中間にあって法律の登録，裁定，衡平などをもつ高等法院など，君主の立法権を補佐する団体もしくは階級で伝統的慣行としての基本法に基づく制度。法が主権者の命令であるという絶対王政に対する思想。

(4) **制限政体** 主権の権力行使が抑制と均衡をめざす法，憲法ないし制度などによって制約される政府の形体のことで，絶対政府ないし絶対主義に対立するもの。王政の場合，議会や司法によってその立法権や執行権の行使が制約を受ける。モンテスキューはこの制限を団体や身分などの社会的な諸階級の勢力の権力参加によって行うべきだとした。

より深く学ぶために

〈基本文献〉

『ペルシャ人の手紙』大岩誠訳，岩波文庫，1951年

『モンテスキュー』（世界の名著28）　大河内一男他編集，中央公論社，1972年

『法の精神』野田良之ほか訳，岩波文庫，1989年

『ローマ人盛衰原因論』田中治男・栗田伸子訳，岩波文庫，1989年

〈入門・解説書〉

「モンテスキューの思想的生涯」（世界の名著28）井上幸治，中央公論社，1972年

『モンテスキュー研究』樋口謹一編，白水社，1984年

『モンテスキュー』古賀英三郎，講談社，1982年

『貴族の徳，商業の精神―モンテスキューと専制批判の系譜』川出良枝，東京大学出版会，1996年

『モンテスキューの政治理論――自由の歴史的位相――』押村高，早稲田大学出版部，1996年

（田中節男）

II 近代

ヴォルテール

(François Marie Arouet Voltaire: 1694-1778)

生涯と思想

　ヴォルテールは本名フランソワ・マリー・アルエとして1694年パリに元公証人で国王の評議官の子として生まれた。アルエ家はもとポワトーの皮革およびラシャ製造業の家庭であったが，のちパリに出ている。ヴォルテールは10歳でイエズス会のルイ・ル・グラン学院に入り歴史や文学の関心を深めた。サロンに通うなかで自由思想家リベルタン達の知遇を得て自らの思想形成に大きな影響を受けた。

　ヴォルテールは1718年早くも悲劇『エディプ』で成功を収めたが，その後イギリスに渡り1734年『哲学書簡』(『イギリス書簡』)を著した。これは絶対王政下のフランスの政治，宗教，思想，風俗を批評したもので出版検閲当局やパリ高等法院の批判や処分にもかかわらずフランス国内に多大の反響をもたらすことになった。この著書でヴォルテールはモンテスキュー（→95頁）の『法の精神』に先立ってすでにイギリスにおいてはフランスと異なり宗派が多数存在するがゆえに相互に仲良く安穏に暮らしていること，またローマやフランスでは内乱が奴隷制をもたらすか単なる一揆で終わったのに対し，この国では王権に抵抗し，その制限と自由をすなわち下院や上院および国王の間の共同支配の幸福な混合をもたらしたことを評価する。このほかイギリスにおける商業の発達，科学やアカデミーの発達，ロック（→88頁）など経験哲学の展開を評価し，フランスの遅れを指摘している。

　この後も特に『哲学辞典』では「恥知らずを押しつぶせ」の言葉に示されるように宗教家や形而上学者あるいは貴族階級など偏見や蒙昧に陥っている伝統的階級を批判し，思想の自由や知識の発展を求め文化的思想的な開明を主張し

ている。

　ヴォルテールの晩年の活動は、特に**寛容**の擁護者としての活動であった。すでに60歳を数えたときに起こった新教徒の弾圧に対して彼は今までにない新たなエネルギーと姿勢で被害者の救済と信仰の自由の擁護に立ち上がったのである。それは地方都市ツールーズにおいて起こった新教徒ジャン・カラスに対する長男の旧教への改宗にともなう殺害の嫌疑に関して高等法院が死刑判決を行ったという「恐るべき狂信」によっておこった迫害の事件であった。ヴォルテールはこのカラス事件に憤激し、それまでの自然と理性とによる伝統思想や権威への著述や文芸上での戦いはさらに実践的、積極的な活動と運動へと発展した。

ヴォルテールとの対話

Q 「信仰の自由とは何か、なぜそれは擁護され、不寛容と圧政は批判されるべきか？」

A 「自然の権利とは、自然が全人類に示す権利にほかならない。諸君が子どもを養育したとき、その子どもは諸君に対して、父に対する尊敬と恩人に対する感謝の念を抱かねばならない。諸君は自分の手で耕した土地からの収穫物を自分のものであるという権利がある。諸君が約束をとりかわしたとき、その約束は守られなければならない。

　人間の権利はどのような状況であろうとも、この自然の権利の上にのみ確立されるものである。そしてこの二つの権利の大原理、普遍的原理は地球のどこであろうと、「自分にしてほしくないことは自分もしてはならない」ということである。（中略）

　不寛容の権利はしたがって道理に反し、残忍なものである。それは虎の権利であり、しかもはなはだ恐ろしい権利である。なぜなら、虎が相手を八つ裂きにするのは、もっぱらこれを餌食とするためである。そしてわれわれ人間のほうは、わずか数章節の文句のために、互いに相手を皆殺しにしてきたのである。」

（『カラス事件』中川信訳、冨山房百科文庫、1978年、115〜116頁）

▶自然の権利すなわち自然権とは自然法によって示されている権利で、家族における

II 近代

親子の基本的な関係であり，ロックの述べた生命と自由および財産という所有権であり，契約の遵守など人間の基本的な関係である。この原理からすれば，社会的な存在として人間同士の関係でも個人が互いにその自由や権利を脅かすようなことがあってはならない。すでにイギリスではロックによって寛容が説かれ，実際に多様な宗派の共存が成立しつつあるが，大陸諸国ではいまだに不寛容が教会や政治の下で支配していた。

宗教は迷信とファナチズム（狂信）の原因であり，フランスでもサン・バルテルミーの虐殺をはじめ，国王の暗殺などその例は枚挙にいとまがない。特に既成の教会と聖職者至上主義の悪弊や頑迷固陋は理性と進歩の最大の敵対物である。

人間は等しく兄弟としてみなされる。われわれはすべてが同じ父の子どもであり，同じ神の被造物である。そこにはトルコ人も中国人もユダヤ人も違いはない。確かに宗教自体は社会的に有用である。その存在は承認されねばならない。啓示宗教ではなく自然宗教における**理神論**こそ啓蒙時代の近代的な哲学の立場である。これは既成の教会の宗教から区別された精神において感じられる合理的宗教であり，その信条と思想から宗教的寛容やさらに思想やその表現の自由と寛容が導かれるであろう。

●用語解説

(1) **寛容 [Toleration]** 一致しない，もしくは承認しない見解や行動を受け入れようとする意思ないし受容の態度。宗教的な対立についてから起こったが，後には意見や思想の対立をも含むものとなり，思想や表現の自由，議会主義の討論の自由にまで発展した。

(2) **理神論 [Deism]** 理性が信仰の必要で十分な条件であって，それは神の存在や道徳的な自然法を示しているという18世紀のヨーロッパに発展した思想体系。

●より深く学ぶために

〈基本文献〉

『哲学書簡』林達夫訳，岩波文庫，1951年

『カラス事件』中川信訳，冨山房百科文庫，1978年

『ヴォルテール・ディドロ・ダランベール』（世界の名著29）中川信・高橋安光訳，中央公論社，1970年

〈入門・解説書〉

『啓蒙の政治哲学者たち』M.クランストン，昭和堂，1989年

『ヴォルテール』A.J.エイヤー，法政大学出版局，1991年

（田中節男）

ヒューム

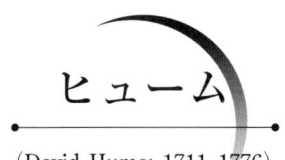

(David Hume: 1711-1776)

生涯と思想

　ヒュームは1711年にスコットランドのナインウェルズの小さな地主の次男に生まれた。彼は財産をあてにできず，自力で生計を立てることを運命付けられた。父を早く亡くし，母によって育てられた。彼の家庭の宗教は**長老派**であり，母より厳しく教えられた。1723年に兄と一緒にエディンバラ大学へ入学し，1725年に大学を去った。その後，種々の職業の選択を試みたが，結局，ヒュームは学問・学芸により生きる決心をした。そして，田舎に帰って，勉学に励み，1739年～40年に自慢の著作『人間本性論』(邦訳では『人性論』の題名でも)を出版する。だが，この著作は「印刷機から死んで生まれた」と自身が表現するほどにヒュームの期待を裏切った。

　この『人間本性論』ではヒュームは，これまで当然とされていた行動の規範である理性を退け，日々生活での経験に基礎をおき，「ものを知ること(知性論)」・「行動を起こすこと(情念論)」・「社会で善き生活すること(道徳論)」の意味を問うた。ヒュームはこの著作の失敗の原因を「自己の若さ」による準備不足に求め，自己の理論を『人間知性の研究』(『人間本性論』の第一編の書き直し)，『情念論』(第二編の書き直し)，『道徳原理の研究』(第三編の書き直し)として出版した。ヒュームは手紙で「『道徳原理の研究』を自己の最高の著作」と述べた。

　他方，『人間本性論』で出版を「約束」した「政治論や文芸批評」を『道徳・政治論集』や『政治論集』等の論文集の形で次々と出版した。そして，『道徳・政治論集』以降の著作(上記の書き直しを含めて)をまとめて，1758年に『若干の問題に関する論文集』として出版した。この道徳・政治の分野ではヒュー

II 近代

ムは，法の支配の下で人間の豊かさと人間の自由を拡大させる観点から，自己の時代の政治体制および新しい政治状況を分析し，展望を与える論文を書いた（出版の自由・統治・議会に関する論文，科学および技術の発展が人々に与える影響を考察する論文，王位継承に関する論文そして未来のイギリスの政治形態についての論文等）。特に，『政治論集』ではヒュームは，経済社会の動きを個々の要因（貨幣・利子・国債等）から分析し，保護・干渉政策への批判と自由な経済活動を主張し，イギリス古典派経済学成立への大きな貢献をなした。また，ヒュームは若い頃から抱いていた歴史を書くという意図を実現するべく，1754年～62年に『イングランド史』を出版した。この『イングランド史』は，『人間本性論』や『論文集』で提示された原理や方法の具体的な論証という役割を果たした。

これらの著作が出版されている時期に，ヒュームは軍事使節団の一員やフランス大使の秘書官（後に代理大使）および北部担当の**国務次官**を務めるなどの実務経験や他の国々の状況を知る体験をした。晩年，ヒュームはエディンバラに住居を定め，1776年にその地で亡くなった。

これまで述べてきたヒュームの取り扱った分野と劣らず重要な分野は宗教に関するものである。この分野で中心をなす著作は1751年頃には書き始められ，死後（1779）甥によって出版された『自然宗教に関する対話』である。その著作は**デザイン論証**批判で有名である。

ここではヒュームが社会の動き（法則）を発見するために使用する方法（因果的推論）を考察する。『人間本性論』でヒュームは因果的推論が基礎付けられる因果関係を以下のように説明する。一般には，因果関係とはあらゆる現象には原因と結果があり，この原因と結果には必然的関連があるとする。この関係が三つの要素（原因と結果の近接性・継起性・必然的関連）から成っているが，その第三の要素である必然的関連の存在が認められないと，それ故，これまで主張されているような因果関係は成立しないとヒュームは述べる。因果的推論は私達に現在の経験を越える（まだ目で見ていないものへの）推論を可能にする「唯一のもの」（たとえば，匂いよりまだ見ぬ百合の花を心に浮かべるケース）であるから，ヒュームは因果的推論を必要とする。では，ヒュームの

因果関係とはどのようものか。人々は二つの物が常に結び付いて観察される同じ経験を繰り返すことにより，その一方の物を見れば，他方の物の存在を常に心の内に思い浮かべる。この経験が繰り返され，心の中でその経験が確かなものとなるまで高められた場合，この二つのうち前者を原因と後者を結果と呼び，その両者の間に因果関係が存在すると言う。しかし，この因果的推論が使用できるのは，「明日は日が昇る」というような人々の日常生活での「事実の問題」の領域のみであるとヒュームは指摘する。

　ヒュームが上記の因果的推論を社会現象に適用したケースを示すのが論文「芸術および学問の生成と進展とについて」（『道徳・政治論集』）である。そこでは，ヒュームは，ある社会現象（「人間の営為によって成立する事象」＝結果）を生じる原因を確定する時，その原因の確定の「一般的ルール」（「きわめて多数の人間がかかわらなければ生じない事象は，一定の既知の原因によって説明できる」）を主張する。では，その一般的ルールの存在をヒュームはどのように確認できるのか。ヒュームは，①一定の時代や国では多数の人々には「共通する傾向ないし情念」が存在すること（経験的観察）と②多数の人々へ影響を及ぼす強力で「不変な原因（原理）」が存在すること（理論的考察）を通じてその一般的ルールを確定する。一国に変化を生じさせる原因の探究へその一般的ルールを適用すると，一国の変化の一般的原因は，「一人の人物」または人々の「気紛れ」により左右される外国での「急激な変化」よりも，「徐々に進行する」国内の変化であることが分かる。たとえば，ヒュームは，「イングランドの貴族院の衰退と庶民院の隆盛」の原因を「スペインの君主制の衰退とフランスの君主制の興隆」ではなくて，宗教改革による教会財産の「世俗化と商業および生産活動の発展」に求めている。このように社会の法則を探求するのに因果的推論を使用する場合には，結果（問題となっている社会現象）からその原因を推論することとその原因の確証とが必要となる。

II 近代

ヒュームとの対話

Q 「私達が社会を知る方法（社会科学）と自然を知る方法（自然科学）の二つの方法にはどのような関係・関連を有するのか，そして社会科学は科学としての根拠を有するのか？」

A 「たしかに，精神に関する学問［道徳哲学］（moral philosophy）には自然学［自然哲学］（natural philosophy）に見いだせない次のような特殊な不利な点がある。それは，観察実験［の結果］を集めるにあたって，意図的に，あらかじめ計画を立て，起こりうるどんな特殊な問題点についても十分に納得できるような仕方で実験を行なうことはできない，ということである。自然学でなら，たとえば一つの物体がある状態で他の物体に及ぼす影響をどう考えればよいかわかるならば，二つの物体を実際にその状態においてみて，なにが生じるかを観察しさえすればよい。ところが，もし精神に関する学問でこれと同じ仕方でなんらかの疑いを取り除こうとすれば，私が考察する事態と同じ事態に私自身をおかねばならないが，明らかにこの場合には，そのように反省し，あらかじめ計画を立てることで，私の心を自然に動かしている原理の作用が乱れ，観察する現象からなんらかの正しい結論を引き出すのを不可能とするに違いないのである。精神に関する学問では実験を人間生活の注意深い観察から拾い集めなければならない。そして，その際，交際，業務，楽しみごとでの人々のふるまい方を通して，世の中のふだんのなりゆきに現れるままにとらえなければならない。この種の実験が慎重に集められ，比較されるならば，これらをもとにして一つの学問を立てうると期待してもよかろう。」

（『人性論』『ロック　ヒューム』（世界の名著32）所収　土岐邦夫訳，中央公論社，1968年，410頁，［　］内は引用者による補注）

▶ヒュームは，道徳哲学（社会科学）と自然哲学（自然科学）とが科学としては同じ方法（実験＝経験と観察）でなされることを認める一方で，その二つの科学には本質的なる相違が存すると考えている。その相違は研究対象をどれだけ純粋な形で扱えるかにある。ヒュームの考えでは，自然科学では，対象を「実際にその状態において」見ることができる。他方，社会科学では，研究対象を純粋な形では扱えない。たとえば，自然科学では実験室で対象そのものを取り出して実験できるが，社会科学では自然科学

のような形で実験ができない。このことからヒュームは，社会科学の場合には，対象である人々の行為および社会現象（「人間の営為によって成立する事象」）への社会科学者の「慎重」かつ「注意深い観察」がこの社会科学の「実験」を成立させると主張する。言い換えれば，「人々のふるまい方を通して，世の中に」現れるものを捕まえることがヒュームの考える社会科学者の「実験」である。それ故，社会科学は，人間および社会を観察する社会科学者の態度が研究の大きな意味をもつ。

Q 「私達はものを考える時どのような気持ちでそうするのか？」

A 「もしこれ［『人間本性論』］を読む人が私と同じ落ち着いた構えにあると感じているのなら，私のこれからの思索についてこられたい。もしそうでないのなら，彼の心の傾きに従わせておき，いずれ勤勉さと明るさがたちもどるのを待たれたい。このようなとらわれない仕方で哲学を研究する人のふるまいは，哲学への傾きを自分のうちに感じながら，疑いとためらいに押しつぶされて哲学をすっかりしりぞけてしまう人のふるまいよりも，もっと真実に懐疑的なのである。真の懐疑家は，自分の哲学上の確信についてと同様に，自分の哲学的な懐疑についても内気［断定的でない］であり，ひとりでに生じる無邪気な満足を，確信のためにも懐疑のためにも，拒んだりはけっしてしないであろう。」

（「人性論」『ロック　ヒューム』（世界の名著32）所収）土岐邦夫訳，中央公論社，1968年，483頁，［　］内は引用者による補注）

▶ヒュームにとって，思索する（ものごとを考える）ことはまず第一に思索する人の心の有り様が問題になる。思索する人が精神的に落ち込んでいたり，ふさぎ込んでいたりすればその思索は上手くいかないことになる。その状態にある人は「勤勉（精神集中）と明るさ（良い機嫌）」に戻った時に，思索をなしえることになる。そして，思索する心の有り様は，一つのことに固執し，一面的な確信をもった態度（「断定的な」態度）を拒否する「とらわれない仕方」を要求する。この心の有り様はヒュームが「穏健的懐疑論」とよぶ思索の立場である。

II 近代

Q 「私達はどのようにして正しい行為ができるのか？」

A 「このように，理性だけではいかなる行為も生み出し得ず，意志作用を生じ得ないのだから，これから推理して，同じ理性という機能が意志作用を妨げたり，情念あるいは感動と優先を争ったりもできないはずである。この帰結は必然的である。―――われわれが情念と理性の戦いについて語るときには，われわれは厳密に，哲学的に話しているのではない。理性は情念の奴隷であり，またそれだけのものであるべきであって，理性は情念に仕え，従う以外になんらかの役目をあえて望むことはけっしてできないのである。」

(「人性論」，『ロック ヒューム』（世界の名著32）所収）土岐邦夫訳，中央公論社，1968年，514-515頁）

「理性と情念が対立し合ったり，意志や行為の支配をめぐって争ったりするのは不可能である。想定の誤り，手段の不十分さに気づいた瞬間に，情念は理性に譲歩し，なんの抵抗も示さないだろう。たとえば，私がある果物をすばらしい味があると思ってほしがることもあろう。しかし，あなたが私が間違っていることを納得させれば，私の望みは消えうせるのである。」

（『同書』，515頁）

▶ヒューム以前の時代では情念（たとえば，豊かさへの欲求）は生き物（人間および他の動物）を暴走させる主要な原因と考えられていた。そのようなことにならないために，神が人間を動物（理性ではなくて情念・欲望のみで動く）と区別し，理性をもち，自然法（神の教え）に基づいて行動する生き物としたとされた。しかし，ヒュームの方法（観察と経験）からは人間の行動を起こさせるもの（動機）は情念ということになり，理性は「情念に仕え」るものとなる。

だが，理性の役割は，人間の行動の誤りや不正確な予測を訂正し，正しい軌道に乗せることである。たとえば，社会に反しない方法で人が豊かになりたいならば，盗みではなくて，自分の労働ですべきであると指示するのが理性である。このように人は自己の望みを果たすための手段の選択では理性の力を大いに活用するのである。

用語解説

(1) **長老派 [Presbyterian]** カルヴァン（→57頁）に教えを受けたスコットランド人のジョン・ノックス（John Knox: 1505/12-1572）により確立された宗派。その長老教会

(Kirk) は牧師と信徒代表の長老とから構成されている，そして，その両者は同格でその運営に関わる。
(2) **国務次官**［Under-Secretary of State］　ヒュームの生きていた時代（18世紀）では，イギリスの国王に国内政策と対外政策について助言をする二人の国務大臣（Secretary of State）がいた。彼らの担当する対外関係の範囲は主にプロテスタント諸国（たとえば，神聖ローマ帝国，オランダ等）とカトリックの諸国（たとえば，フランス，スペイン等）および植民（北アメリカ，アイルランド）とに分かれていた。前者を北部担当のそして後者を南部担当の国務大臣とした。この国務大臣を補佐するのが国務次官である。
(3) **デザイン論証**［Argument from Design］　神の存在を証明する論証。自然の中に規則正しい秩序の存在を見出し，そのような秩序を作り上げる作者（神）の意図（design）を知ることで神の存在を示す論証である。この論証ではその明確な意図（原因）とその秩序（結果）の間に必然的関連が前提されている。

より深く学ぶために

〈基本文献〉

『人性論』（4分冊）大槻春彦訳，岩波書店，1948年～1952年
「人性論」（抄訳），大槻春彦編（『ロック　ヒューム』（世界の名著32）所収），土岐邦夫訳，中央公論社，1968年
『人間本性論』（第1巻）木曾好能訳，法政大学出版局，1995年
『人間知性の研究・情念論』渡部峻明訳，晢書房，1990年
『人間知性研究』斎藤繁雄・一ノ瀬正樹訳，法政大学出版局，2004年
『道徳原理の研究』渡部峻明訳，晢書房，1993年
『市民の国について』（上・下）小松茂夫訳，岩波書店，1952年・1982年
『ヒューム政治経済論集』田中敏弘訳，御茶の水書房，1983年
『宗教の自然史』福鎌忠恕・斎藤繁雄訳，法政大学出版局，1972年
『自然宗教に関する対話』福鎌忠恕・斎藤繁雄訳，法政大学出版局，1975年
『奇蹟論・迷信論・自殺論』福鎌忠恕・斎藤繁雄訳，法政大学出版局，1985年

〈入門・解説書〉

『ヒューム』泉谷周三郎，研究社，1996年
　若い人向きに書かれたヒュームの入門書は未だ出版されていない。現在出版されている著作の内で，ヒュームの全体像を分かり易く，簡潔に書かれていて，入手し易いものがこの著作である。

（近野　登）

II 近代

ルソー

(Jean Jacques Rousseau: 1712-1778)

生涯と思想

　ルソーは1712年スイスの都市国家ジュネーヴに生まれた。父は16世紀の半ばにフランスから亡命してきた新教徒の家族の子孫で時計職人であった。

　当時ジュネーヴは共和制であったが，社会を構成する市民シトワイヤンおよび町民ブルジョアおよび住民と在留外国人のうちで，政治的には市民のうちの特定の階層による寡頭政治が支配していた。

　ルソーは少壮の時代にはほとんど独学で哲学や歴史や文学を学び，また啓蒙時代の自然科学にも関心を寄せ，将来の思想家としての形成を行った。プルタークやプラトン（→6頁）の古典，デカルト（→77頁），マルブランシュ，ロック（→88頁），ライプニッツそしてベイルなどの近代思想など多岐にわたり豊かな知的源泉を準備した。

　さまざまな青年期の職業体験や挫折を経て，彼を一躍思想家として世に知らしめたのは1750年のディジョンのアカデミーの懸賞論文に応じた『学問芸術論』であった。ルソーはこの著書のなかですでに当代の社会と文化を道徳的観点から批判する視点を形成し，さらに1755年には『人間不平等起源論』と『政治経済論』（『百科全書』の項目）を発表し，人間の歴史と政治の批判的分析にまで一層その思想を深めていった。その後，『永久平和論』によって国際政治における戦争と平和の研究をもすすめるとともに，啓蒙文化を道徳や習俗とのかかわりで批判的に考察した『演劇書簡』を完成した。また青年の恋愛や家庭生活のあり方を追求した小説『新エロイーズ』をも発表した。このような執筆の頂点にあるのが1762年の『エミール，あるいは教育について』と『社会契約論』であった。

この両書をめぐる非難や弾圧の諸事件ののちも『山からの手紙』,『コルシカ憲法案』あるいは『ポーランド政府の考察』などでジュネーヴなどの政治改革や国家創設の提言など実践的関心を維持し続けた。晩年の『告白』などでは自己の内面分析と人間の存在を問う思想をも追求した。

　ルソーの思想はその関心とともに発展しつづけたものであるが,それはまた人間と道徳の探求から文化や社会の批判と分析そして政治の理論まで深さと広さを併せもつものであった。彼は人間の解放と自由の実現を単なる道徳や批評にとどめるのではなく,社会や政治のあり方をも含めた全体的なもののなかで解決しようとした。『新エロイーズ』では人間の家庭における解放と幸福のあり方を描き,『エミール』では人間性の教育と発展を「子どもの発見」を通して追求した。そして『社会契約論』は国家レベルの人間の共同的あり方を自由と平等の実現を原理として探求した。ルソーにおいては個の追求と実現が政治と社会のあり方と密接に結合しており,自己の矛盾や不幸の解決が政治的共同体の探求と不可分であった。

　ルソーが生き,そして苦しんだ近代社会は,その文化や科学にもかかわらず,むしろそれゆえにかえって人間の真の幸福を損ない,不幸と貧困を招いている。人々は真の自己を失い外見や虚栄の生活に浸るようになった。古代社会においてギリシア人が素朴な生活とそれと同時に祖国共同体への愛や平等の有徳な生き方を示したのに比べて,商業や国家体制の巨大化や絶対主義の下で現代人はかえって不平等と利己的な生活を作り上げ,むしろ不道徳で不幸な状態に落ち入っている。真の政治や真の道徳は華やかな文明や学問,サロン文化や消費生活のために失われている。

　この問題意識から普遍的かつ哲学的に歴史と現実の意味と価値を探求したのが『人間不平等起源論』であった。そこでは人間の自然状態から現代社会の専制状態までの発達が社会や文明の反面でいかに真の自由と人間の道徳性の喪失をもたらしたかが論証される。富や権力における不平等はとりもなおさず人間の真の本質である自由と「資格」の喪失であり,人間の「完成能力」はその幸福を否定し道徳性を腐敗させている。

　近代思想の発展はこのようななかで人間の解放に貢献するかのように見えた

II 近代

が，実は社会の不平等や政治の専制化，国際政治での征服や戦争を正当化しあるいは強化しているともいえる。国内政治の腐敗や圧制は対外的な戦争政策や征服を進めるためであり，国際間の戦争は国内政治の専制と抑圧をより過酷なものとすることになる。したがって国家の政治体制のあるべき姿を正すことはとりもなおさず，国際間の戦争と支配者間の対立を廃止することになるはずである。

そのためには今一度社会契約の真の意味と根拠を明らかにしなければならない。この契約は人間が市民として共同体に生きるという主体の確立，道徳的再生の誓約である。それにともなう課題は主権者人民（市民）による一般意思の正しい形成，その限界と維持の方法を明らかにすること，主権者と政府の相違を明確にするとともに政府をその悪弊と堕落から防ぐことである。また人民主権を維持するための投票や集会のあり方，政治制度を提案する立法者，政治体制の条件に必要な市民宗教の政治文化も重要であろう。

ルソーとの対話

Q 「政治社会はいかにして発生したのだろうか，そしてそれは現実にはどのような役割を果しているのだろうか？」

A 「ある土地に囲いをして『これはおれのものだ』と宣言することを思いつき，それをそのまま信じるほどおめでたい人々を見つけた最初の者が，政治社会（国家）の真の創立者であった。杭を引き抜きあるいは溝を埋めながら『こんないかさま師の言うことなんか聞かないように気をつけろ。果実は万人のものでもあり，土地はだれのものでもないことを忘れるなら，それこそ君たちの身の破滅だぞ！』とその同胞たちに向かって叫んだ者があったとしたら，その人は，いかに多くの犯罪と戦争と殺人とを，またいかに多くの悲惨と恐怖とを人類に免れさせてやれたことであろう？」

（『人間不平等起源論』本田喜代治・平岡昇訳，岩波文庫，1972年，85頁）

▶政治社会の発生の根拠は所有権の発生に集約される。最初の「社会」の最も自然的なものが家族であり，その家族の家が唯一の「一種の所有」であったのに対し，「冶金

と農業」（鉄と小麦）に象徴される技術の発明が他人の援助である労働と私有をひいては奴隷制と貧困を成立させたのである。それは大きな革命であった。本来人間は相互に独立であって自分とその家族のための仕事に専念していた限り，人間の相互依存は発生することはなく自由で独立の状態での交流にとどまっていた。

　人間の相互依存としての他人のための労働と土地の耕作はここに私有の必要を生み出し，これをめぐる対立と抗争が必然化することになった。人間の自然的な**自己愛**は利己心へと変質し，**憐憫の情**は，社会的存在となった人間の相互の対立や紛争のなかで弱体化してしまった。この抗争と不安定を克服するために一部の富者が構想し提案したのが自然法の内容とは異なる「別種の制度」である国家である。それは富者と貧者の区別を制度化し，支配と隷従の体制を固定化するためであった。しかしこの「偽の社会契約」（統治契約）に基づく政治社会もそれ自体の矛盾を深化させ，ついには専制状態に移行し新たな力と力の状態（第二の自然状態）をつくりだす。

Q　「自由とは何か，奴隷制は認められるか，戦争は奴隷権を創造するのか？」

A　「自分の自由の放棄，それは人間たる資格，人類の権利ならびに義務をさえ放棄することである。何びとにせよ，すべてを放棄する人には，どんなつぐないも与えられない。こうした放棄は，人間の本性と相いれない。そして，意志から自由を全くうばい去ることは，おこないから道徳性を全くうばい去ることである。要するに，約束するとき，一方に絶対の権威をあたえ，他方に無制限の服従を強いるのは，空虚な矛盾した約束なのだ。……

　グロチウス［Hugo Grotius: 1583-1645］やその他の人々は，**ドレイ権**などと称するものの，いま一つ別の起源を戦争からひき出す。彼らによると，勝った者は負けた者を殺す権利をもっているのだから，負けた者は，自由を代償として自分の生命を買いもどすことができる。つまり，これはどちらの側にもとくになるのだから，いよいよもって正当な約束だというのである。

　しかし負けた者を殺す権利などというものが，決して戦争状態からでてくるものでないことは，明らかだ。……彼らは自然のままでは決して敵ではない。戦争が起こるのは物と物との関係からであって，人と人との関係からではない。戦争状態は，単純な個人と個人との関係からは起りえず，物と物との関係からのみ起りうるのだから，個人的戦争，すなわち人対人の戦争というものは，固

Ⅱ 近代

定した所有権のない自然状態においてもありえないし，すべてが法の権威の下にある社会状態においてもありえない。……

　だから戦争は人と人との関係でなくて，国家と国家の関係なのであり，そこにおいて個人は，人間としてでなく，市民としてでさえなく，ただ兵士としてまったく偶然にも敵となるのだ，祖国を構成するものとしてでなく祖国を守るものとして。……」

(『社会契約論』桑原武夫・前川貞次郎訳，岩波文庫，1954年，22〜25頁)

▶古代のアリストテレス（→13頁）の自然的奴隷と同じように近代の自然法思想においても専制政治の奴隷制を認める理論が現われた。それは絶対主義社会の理論的支柱であり，人間の自由と権利にとっての反対物である。それは一方では契約による自由の譲渡という理論であり，他方では国家間の戦争においては敗戦国の市民を奴隷にできるという理論である。

　前者の服従の契約によって人民が国王の臣民となるという奴隷制の論法は，契約の内容自体が無効であることから成立しえないものである。専制君主の約束する社会の安寧はよく検討すれば実は臣民の災いしかもたらしていないことが明らかである。自由を契約の相手に対して放棄する契約は人間の道徳性そのものを否定することである。

　後者の戦争の勝者が敗者に対して生殺与奪の権利を得てその代償として奴隷権を手に入れるということについては，戦争は国家間の法に基づく関係であり戦闘が終了すれば市民は一人の人間として尊重されるといわなければならない。戦争の継続というかぎりで人間は兵士としてのみ戦うのであって，この関係を離れればたちまちそこには人間と市民という存在が尊重される。

　奴隷制はこうして否定され，人間的自由と市民的自由の権利が確立されねばならない。国内の人間のあいだの不平等や専制政治は，国家間の政治からくるこのような支配隷属の関係と無縁ではない。いや両者は密接不可分に関連しているのであって，絶対君主が戦争を好み対外的征服を繰り返すのはそれが国内支配の維持と強化をも促すからである。

Q　「人間は自由で平等な存在であるがどうして現実には隷従と支配の下にあるのか，また支配している者は本当に自由なのだろうか？」

A　「人間は自由なものとして生まれた。しかもいたるところで鎖につながれている。自分が他人の主人であると思っているようなものも，実はその人々以上にドレイなのだ。どうしてこの変化が生じたのか。わたしは知らない。

ルソー

何がそれを正当なものとしうるか？　わたしはこの問題は解きうると信じる。」

(『同書』, 16頁)

▶人間は自由な存在であるが, 現実の社会を考察すると政治支配において, 労働において, 社会階級において, そして文化や宗教の世界においても相互の依存と従属と支配のなかにある。上に立っていると信じている主人や支配者（君主）が表面的には権威をもつように思えても実際にこの権威は下にある者の情念や意向に依存しおり, 彼らは真の自由な人間性を喪失しており, むしろ自らの不幸を知らないという点で二重に不幸な存在ともいえる。誤った社会契約, 虚偽の契約によって作られた社会関係を問い直し, 真の共同体である国家を形成しなければならない。

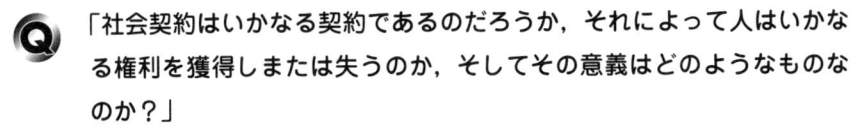

Q「社会契約はいかなる契約であるのだろうか, それによって人はいかなる権利を獲得しまたは失うのか, そしてその意義はどのようなものなのか？」

A「この条項は, 正しく理解すれば, すべてが次のただ一つの条項に帰着する。すなわち, 各構成員をそのすべての権利とともに, 共同体の全体にたいして, 全面的に譲渡することである。その理由は, 第一に, 各人は自分をすっかりあたえるのだから, すべての人にとって条件は等しい。また, すべての人にとって条件が等しい以上, 誰も他人の条件を重くすることに関心をもたないからである。

　要するに, 各人は自己をすべての人に与えて, しかも誰にも自己を与えない。そして, 自分が譲りわたすのと同じ権利を受けとらないような, いかなる構成員も存在しないのだから, 人は失うすべてのものと同じ価値のものを手に入れ, また所有しているものを保存するためのものより多くの力を手に入れる。」

(『同書』, 30頁)

▶社会契約では各人は共同体と契約を行う。それはこれまでの社会の状態（専制であり不平等の支配）をあらためて, 平等と公正とからなる新しい政治社会を形成する。「各自はおのおのの身体とすべての力を共同のものとしての**一般意思**の最高の指導の下におき」, この新たな「精神的で集合的な団体」の表明する主権的意思によって市民の自由や権利を実現する。各人はその参加において自己のそれまでの力や所有を全面的に手放し, 平等で無条件の参加者として団体に加わる。しかしそれはむしろこの共

Ⅱ 近代

同体の決定とその力によってこれらを現実の権利としてより良くより確かな方法で保障する有利な交換であり，以前の状態より真に望ましい状況をもたらすためである。

用語解説

(1) **自己愛（amour de soi）** 人間をそれ自身の保存に向かわせる自然的感情で，理性と共感によって導かれ人間性と徳を創造する。出生とともに生まれ生きているかぎり去ることのない本源的，内在的で他に先立つ情念の源泉。社会的な情念である利己心（amour propre）と対比される。
(2) **憐憫の情（pitié）** 理性に先立つ原理で，ほかの存在が苦痛や死に苦しむのを見て自然的な嫌悪感を生じさせる共感の性向。自己愛とともに自然法の規範の基礎となるもので，人間を寛大さ，慈愛，優しさにむけて動かす原動力。
(3) **ドレイ権（奴隷制）** 人がその自由を主人に譲渡し「生ける道具」となること，あるいは捕虜が征服者にその生命の代償として隷従することなど。ルソーは自由の究極的な喪失をともなう制度を広くドレイ権ないし奴隷制として批判する。
(4) **一般意思** 個別的意思ないし選好の集合にとどまる全体意思と対比される主権者となる人民の意思。主権者としての意思として法律のなかに表現される。特殊意思（個別意思）や団体意思と区別される。

より深く学ぶために

〈基本文献〉

『ルソー』（世界の名著36） 平岡昇責任編集，中央公論社，1978年
『社会契約論』岩波書店，桑原武夫・前川貞次郎訳，岩波書店，1954年
『人間不平等起源論』本田喜代治・平岡昇共訳，1972年
『学問芸術論』前川貞次郎訳，岩波文庫，1968年
『エミール』今野一雄訳，岩波書店，1962-64年

〈入門・解説書〉

『ルソー 社会契約論入門』小笠原弘親ほか，有斐閣，1978年
『ルソー 著作と思想』吉澤 昇ほか，有斐閣，1979年
『ルソー』（人類の知的遺産40） 福田歓一，講談社，1986年

（田中節男）

アダム・スミス
(Adam Smith: 1723-1790)

生涯と思想

　アダム・スミスは1723年スコットランドのカーコーディに生まれる。1737年にグラスゴウ大学に入学。当時のグラスゴウは，1707年のイングランドとスコットランドの合邦によって開かれた植民地貿易によって経済的な発展をとげつつあり，グラスゴウ大学は，スコットランドで最も進取の気風にみちた大学であった。スミスはその大学を代表するハチスン（Francis Hutcheson: 1694-1746）を師と仰ぐことになる。

　スミスは，1740年にグラスゴウ大学を卒業し，オックスフォードのベリオル・カレッジに入学。そこはスコットランドの大学に比して学問的には停滞していた。スミスは，ヒューム（→105頁）の『人間本性論』を読んだということで教師たちに叱責されるし，またのちに『国富論』において，「教師はもはや教える素振りもしなくなった」と酷評する。1746年にカーコーディにもどる。48年から51年にかけてエディンバラで公開講義を行い，この講義の好評によって51年グラスゴウ大学の論理学教授に任命され，翌年には道徳哲学の教授に就任した。スミスの道徳哲学とは，「たんに個人としてだけでなく，家族，国家，大きな人類社会の一員として考えたばあいに，人間の幸福と完成とはなにか」を研究する学問であり，彼の講義は倫理学，法学および経済学を含むものであった。55年には，『エディンバラ評論』の創刊にくわわり，その第2号において，フランスで刊行中の『百科全書』，ヴォルテール（→102頁）『シナの孤児』などとともにルソー（→112頁）『人間不平等起源論』を注目すべきものとしてスミスみずから紹介している。スミスのルソーへのこの関心は，マキァヴェッリ（→44頁），ホッブズ（→69頁），マンデヴィル（Bernard Mandeville: 1670-1733）

II 近代

によって提起された「**利己心**」問題への関心を示すものである。

その問題へのスミス独自の解答は彼の最初の著作『道徳感情論』(1759) において示される。それは, 諸個人のもろもろの情念 (passion) とそれを動機とする諸行為が, とりわけ利己心 (self-interest) とそれにもとづく行為が, 社会の解体をもたらすのではなく, **同感** (sympathy) 作用を通して, 社会的調和を形成するというものであった。また, そこでは人間が, たんなる「生命の維持」(自己保存) のためではなく, 世間の注目と称賛をもとめて, 富と地位を追求する本性をもつものとして把握されている。

倫理学以外のスミスの講義内容の一端は, 学生の手になる二種類の法学講義ノートからうかがい知ることができる。その内容は「正義」論と「**生活行政**」論からなり, 前者の特徴は, 生活手段の獲得様式の差異から, 人類史の発展を狩猟, 牧畜, 農耕そして商業の四つの段階にわけ, その発展段階との関係において, 法と統治の歴史的な変化を考察するところにある。また後者は, やがて『国富論』の経済学として完成されることになる。

1764年に大学を辞職してバックルー侯爵の旅行つきそい教師として渡仏し, 多くの知識人と交流する。なかでも重農主義者ケネー (Francois Quesnay: 1694-1774) からは資本の蓄積と再生産の理論において影響をうける。66年に帰国。76年『国富論』を公刊し, 富＝貨幣観から貿易差額の獲得をめざす重商主義の政策と理論を批判し, 自然的自由の体制 (体系) を提唱する。富とは, 「年々消費され再生産される生活の必需品と便益品」であり, それは分業による生産力の増大によってもたらされる。商業社会としての文明社会は, 資本家, 地主, 労働者からなり, 各人の自由な経済活動は, 「価格の自動調節作用」(＝「神の見えざる手」) を通して, 資本, 土地および労働の最適な配分をもたらす。政府が市場に介入することは, 「私人の勤労を監督し, それをその社会の利益にもっともかなった使途にむかわせる」という「人間のどんな知恵」にも不可能なことを試みることであるだけでなく, もっとも有利と判断された使途に資本と勤労を投下する各人の「神聖な権利」を侵害するものでもあった。こうして, 政府の役割は, 司法, 国防, 公共事業の三つの機能に限定される。

1778年にスコットランド関税委員に任命され, 87年にはグラスゴウ大学の名

誉総長に選出される。この間スミスは二つの著書の改訂をかさね，89年には『国富論』第五版を出版し，『道徳感情論』の第六版を出版した90年にこの世を去る。スミスは，その死にさきだって，草稿類の大半を焼却するように命じたが，残された草稿は，1795年に『哲学的主題にかんする論文集』（『哲学論文集』）として出版された。それは，「哲学的研究を導き指導する諸原理―天文学の歴史によって例証される」，「模倣芸術論」および「外部感覚論」からなっている。

アダム・スミスとの対話

Q　「『自分のことしか考えない』，というのが人間の本性なのでしょうか？」

A　「人間がどんなに利己的なものと想定されうるにしても，あきらかにかれの本性のなかには，いくつかの原理があって，それらは，かれに他の人びととの運不運に関心をもたせ，かれらの幸福を，それを見るという快楽のほかにはなにも，かれはそれからひきださないのに，かれにとって必要なものとするのである。この種類に属するのは，哀れみまたは同情であって，それはわれわれが他の人々の悲惨を見たり，たいへんいきいきと心にえがかされたりするときには，それにたいして感じる情動である。（中略）この感情は，人間本性の他のすべての本源的情念と同様に，けっして有徳で人道的な人にかぎられているのではなく，ただそういう人びとは，おそらく，もっともするどい感受性をもって，それを感じるであろう。最大の悪人，社会の諸法のもっとも無情な侵犯者でさえも，まったくそれをもたないことはない。」

（『道徳感情論（上）』水田洋訳，岩波文庫，2003年，23〜24頁）

▶『道徳感情論』冒頭の一節である。人間は利己的な本性をもつと同時に，他人の喜怒哀楽に同感したいという本性をもつ。入学試験に失敗した友人の悲嘆をいくらかでも共有できない人は，自分の冷淡さを思うだろう。また，人間は他人から同感をえたいと思う本性ももつ。自分自身が試験に失敗したとき，もしも，自分の悲嘆に友人がついてきてくれないとしたら，強い衝撃をうけるだろう。双方の間で，感情のある程

度の共有が可能となるためには，双方の努力が必要である。試験に失敗したひと（当事者）は，想像のなかで相手（観察者）の立場にみずからをおき，相手がついてくることが可能な程度に，自分の悲嘆を抑制しなければならない。その感情がなまのままで表現されれば，観察者はついていくことはできないからである。他方，その相手（観察者）も，想像のなかで不合格の友人（当事者）の立場にみずからをおき，できるかぎりその友人の悲嘆についていこうと努力しなければならない。こうしてはじめて，その激しさが本来，同じレベルにはない当事者の感情と観察者の感情の間に，ある「協和」が実現する。この「協和」点は，感情の種類によって異なる。「憎悪」や「憤慨」という「非社会的情念」は極度に抑制されなければ，その「協和」点に到達できず，観察者の同感を期待できない。他方，「友情」や「尊敬」という「社会的情念」は，過度に表現される場合にも，全く同感を期待できないことはない。自分自身の私的な運不運を理由とした「悲嘆」と「歓喜」という「利己的情念」については，その「協和」点はそれら双方の情念の中間にある。またその「協和」点は観察者と当事者との関係によっても異なる。先の例で観察者が肉親であった場合，なまのまま悲嘆が表現されても同感はえられるだろう。しかしその観察者が，肉親や友人であるどころか，「見知らぬ人」であった場合には，同感がえられるためにはかなりの自己規制（self-command）を必要とする。この自己規制の徳は書斎に閉じこもっている人間にはみられない。それは「世間の雑踏」のなかで，「見知らぬ人」（＝特別の利害関係のない人，中立的な観察者）との交際のなかで形成される。そして中立的な観察者の「眼」を自己の胸なかに内面化し，自己規制の徳を身につけた人間の感情と行為は，つねに「**適宜性**」（propriety）をもち，「富と名誉と出世をめざす競争」においても，フェア・プレイ（＝正義）を侵犯することはない。

Q「『自分の欲することを人にしてあげる』（慈恵）ことと『自分にしてほしくないことを人に対してもしない』（正義）ことはどのように相違し，どちらが社会にとって必要なのですか？」

A「人間社会の全成員は，相互の援助を必要としているし，同様に相互の侵害にさらされている。その必要な援助が，愛情から，感謝から，友情と尊敬から，相互に提供されるばあいは，その社会は繁栄し，そして幸福である。（中略）しかし，必要な援助が，そのような寛容で，利害関心のない諸動機から提供されないにしても，また，その社会のさまざまな成員のあいだに，相互の愛情と愛着がないにしても，その社会は，幸福さと快適さは劣るけれども，必然的に解体することはないだろう。社会は，さまざまな人々のあいだで，さ

アダム・スミス

まざまな商人のあいだでのように，それの効用についての感覚から，相互の愛情または愛着がなにもなくても，存立しうる。(中略) 社会は，しかしながら，たがいに害をあたえ侵害しようと，いつでもまちかまえている人びとのあいだには，存立しえない。(中略) だから，慈恵は正義よりも，社会の存続にとって，不可欠ではない。社会は慈恵なしにも，もっとも気持ちのいい状態においてではないとはいえ，存立しうるが，不正義の横行は，まったくそれを破壊するにちがいない。」

(『同書』, 223～224頁)

▶スミスの言う正義とは，「隣人たちの，身柄や財産や評判のいずれかを，侵犯することをひかえる」ことであり，それは「静座し，なにもしないでいる」ことによって達成される「消極的な徳」である。しかし正義は社会を支える「大黒柱」であり，それが侵害されたときには社会は存立しない。したがって正義は法によって強制されうる。借金した人は，法によって返済を強制されるように。それに対して，慈恵は，感謝や友情や尊敬の念から，人に対して積極的に善を行うことであるが，それがなくとも社会は存立する。それは「社会の装飾品」であり，法によって強制できず，その違反を法によって処罰もできない。苦境にある恩人に援助の手をさしのべなかった人間を，「恩知らず」として非難できるとしても，法によって処罰できないように。

Q 「本来，人々の称賛は，『富と地位』にではなく，『知恵と美徳』に対してあたえられるべきではないでしょうか？」

A 「富裕な人びと，有力な人びとに感嘆し，ほとんど崇拝し，そして，貧乏でいやしい状態にある人びとを，軽蔑し，すくなくとも無視するという，この性向は，(中略) われわれの道徳諸感情の腐敗の，大きな，そしてもっとも普遍的な，原因である。富と地位とは，しばしば英知と徳だけにふさわしい尊敬と感嘆をもって見つめられ，悪徳と愚行だけが固有の対象であるあの軽蔑が，しばしば不当に貧困と弱さにあたえられる，ということは，あらゆる時代の道徳学者たちの，不満であった。(中略) 中流および下流の，生活上の地位においては，徳への道と財産への道，少なくともそういう地位にある人びとが獲得することが期待しても妥当であるような財産への道は，幸福なことに，たいていのばあいにはほとんど同一である。すべての中流および下流の専門職において

Ⅱ 近代

は，真実で堅固な専門職の諸能力が，慎慮，正義，不動，節制の行動と結合すれば，成功しそこなうことは，めったにありえない。」

(『同書』, 163～166頁)

▶人間は貧困にある人々よりも富裕な人々に同感する傾向をもつために，単に生活の糧をえるためではなく，世間での注目・称賛をもとめて，「富と地位」をえようと競争する。本来「知恵と美徳」にあたえられるべき称賛が，「富と地位」にあたえられることは「道徳諸感情の腐敗の原因」ではあるが，「中流ならびに下流の階級」においては，その成功は，「かれらの隣人と同輩との好意と好評」と「かなり規則正しい行動」とに依存するために，「財産への道」と「徳への道」は一致する。さらに「富と地位」をもとめる競争は，富裕な人々の生活状態の快適さと便利さについての幻想があるために，拍車をかけられる。スミスはこれを「自然の欺瞞」とよんだが，人間がこのように自然によってだまされていることはよいことだと言う。というのは，その「欺瞞」こそが，「人類の勤労をかきたて，継続的に運動させ」，人類に文明をもたらしたものであるからである。

Q 「文明社会とはどのような社会でしょうか？」

A 「文明的で繁栄している社会の，もっともふつうの工匠または日雇労働者の家財類をみれば，彼にこの家財類を獲得させるために勤労の一部分を，たとえ小さな一部分にせよ，費やした人びとの数は，はかりしれないことがわかるだろう。たとえば，日雇労働者の身体をおおう毛織の上衣は，たとえ粗末で手ざわりの荒いものにみえようとも，多数の職人の結合労働の産物である。(中略)たしかに，地位の高い人びとの法外な奢侈にくらべれば，彼の家財道具は疑いなく極度に単純容易にみえるにちがいないが，それでも，ヨーロッパの王侯の家財道具が勤勉で倹約な農夫のそれを超えている度合は，かならずしも後者の家財道具が何万もの裸の未開人の生命と自由との絶対的支配者であるアフリカの多くの王のそれを超えているほどではないということは，おそらく，真実だろう。」

(『国富論 1』水田洋監訳・杉山忠平訳, 岩波文庫, 34～36頁)

▶文明社会とは，狩猟，牧畜，農耕，商業の発展段階のうち，最後の商業段階を意味す

る。その社会は，分業が社会に浸透し，最下層の労働者の質素な上衣でさえも多数の労働の結合の産物である。この分業によって，文明社会の最下層の人々でさえも，豊かな生活が可能となる。文明社会における分業による生産力の発展のメカニズムの解明，これが『国富論』の課題である。

用語解説

(1) **「利己心」問題**　人間の本性が利己的なものであることを認めたうえで，そのような人間が一定の秩序のもとで生活することがいかに可能か，という問題。マキァヴェッリは「政治」によってはじめて可能であるとし，ホッブズは「リヴァイアサン」を必要とした。またマンデヴィルは，利己心という「私悪」があるからこそ「公共善」が促進されるとした。
(2) **同感**　他人の喜怒哀楽の感情についていこうとする性向・能力。他人の不幸に対して感じる同情（compassion）とは異なる。
(3) **適宜性**　「中立的観察者」が同感できる程度に抑制された感情と行為の性質。
(4) **生活行政**　原語は Police。スミスによれば，「清潔，安寧，低廉，または豊富」に関連する政府の規制を意味する。「清潔」とは街路からゴミを除去する適切な方法，「安寧」とは都市の安全を維持する方法に関する規制を意味する。「低廉，または豊富」は，安価で豊かな生活資料を獲得する方法に関するもので，それが「生活行政」の重要な主題であるという。

より深く学ぶために

〈基本文献〉

『国富論（Ⅰ～Ⅲ）』大河内一男監訳，中公文庫，1978年
『国富論（1～4）』水田洋監訳・杉山忠平訳，岩波文庫，2000～2001年
『道徳感情論（上・下）』水田洋訳，岩波文庫，2003年
『アダム・スミス　グラスゴウ大学講義（復刻版）』高島善哉・水田洋訳，日本評論社，1989年
『アダム・スミス　修辞学・文学講義』水田洋ほか訳，名古屋大学出版会，2004年
『アダム・スミス　哲学論文集』水田洋ほか訳，名古屋大学出版会，1993年

〈入門・解説書〉

『アダム・スミス――自由主義とは何か――』水田洋，講談社学術文庫，1997年

（村松茂美）

II 近代

> [COLUMN]
>
> ### マルサス（Thomas Robert Malthus: 1766-1834）
>
> 　地方地主であり，ルソー（→112頁）の崇拝者ダニエル・マルサスの次男として，ロンドン近郊に生まれる。1784年ケンブリッジ大学のジーザス・カレッジに入学，88年に卒業後，教会副司祭職につく。1805年，東インド会社大学の歴史および経済学の教授となる。主著『人口論』（1798年），『経済学原理』（1820年）。
>
> 　自然科学の発展とフランス革命の勃発。マルサスはこの人類史上の大事件を直視しながら問題を次のように提起する。
>
> 「話はこうだ，今や一大問題が起こっている，それは，人類は，これからさき，際涯もなく，これまで考えられなかったような改善の方向を，加速度をもって進んで行くものだろうか。それともまた，幸福と窮乏との間を往ったり来たりするだけで，いろいろの努力を重ねても，その宿望の目標にはいつまでも，及ばないというのが運命なのか。」（『人口の原理』高野・大内訳，岩波文庫，1935年，23～24頁）
>
> 　はたして人類は完全さにむかって無限に進歩していくのか，この問いに肯定的に答えるのは，無政府主義者ゴドウィン（William Godwin: 1756-1836）であった。彼は，人類は無限に進歩し，やがて専制と私有財産制度が廃止され，労働時間は短縮され，人間の平等は実現され，博愛の精神が利己心にとってかわる，と主張する。マルサスは，ゴドウィンのこの理想社会が実現されたとしたら，どのような事態が生じるかを問題とする。その理想社会では，生活の糧をもとめてあくせくするということはないのだから，人口は急速に増大する。しかし食糧の生産は人口増加と歩調をあわせて増大しないために，ただちに食糧不足が発生する。そうなれば，博愛の精神をもって不足した食糧を分け合うということもなくなり，私有財産制度が復活し，利己心も「住みなれた王国を回復」する。
>
> 　このような事態におちいるのは，人類は逃れられない三つの「自然法」の支配のもとにおかれているからである。それは，第一，食物は，人類の存在に必要であること。第二，両性間の情欲は，必ずあり，不変であること。第三，人口は，制限されなければ，幾何級数的に増加するのに対し，生活資料は算術級数的にしか増加しないこと。したがって，「貧困」と「悪徳」は人類につきものなのであり，その「悪徳」と「貧困」が人口の抑制作用をもっているのである。しかしマルサスは人類社会をペシミスティックにながめ，ただ傍観しているのではない。理想のみを主張するのではなく，現行制度の改革の重要性を力説する。このマルサスの態度は，やがて穀物法をめぐってリカードゥ（David Ricardo: 1772-1823）との論争に身を投じさせることになる。
>
> 　　　　　　　　　　　　　　　　　　　　　　　　　　　　　　　　（村松茂美）

バーク

(Edmund Burke: 1729-1797)

生涯と思想

　アイルランドのダブリンで生まれ，ロッキンガム首相の私設秘書になったのをきっかけに，ウィッグ党に属する政治家として一生をすごした。だから彼は18世紀の大事件であるアメリカ独立，フランス革命に立ち会ったことになる。特に有名なのは，彼がフランス革命を次のようにきびしく批判したことである。
　「あらゆる情況を考えあわせると，フランス革命は，これまで世界でおこったもっとも驚愕すべき事件です。もっともおどろくべきものごとは，おおくのばあい，もっとも背理的なばかげた手段によって，もっともばかげたやりかたで，そして，あきらかにもっとも軽蔑すべき道具によって，もたらされます。」（『フランス革命についての省察』水田洋訳，中央公論新社，62頁）。というのは，フランスでは民衆がきわめて短期間のうちに君主政体の停止，教会や貴族の財産の没収，法秩序の破壊などを行い，経済秩序までが混迷したからである。
　ただし，バークはたんなる頑迷な保守反動というわけではない。彼が最も大事にしたのは伝統や慣習の重み，ということであった。特に重要なのは「**時効**」の概念である。バークによれば，ひとたび時効の原理が動揺させられるなら法と慣習，財産の秩序がくつがえってしまう。時効がいわば慣習に基づく権利である以上，それを生かすことにこそ知恵の目的がある。
　もちろん彼は伝統や慣習のなかに好ましくない面もふくまれていることを熟知していたが，しかし，まずはそれらをまぎれもない現実として謙虚に受けとめ，そのなかに分け入って先祖たちの叡智を探り出すことに全力をあげた。だからこそ彼は，本国イギリス政府による現地無視の植民地政策にははっきりと抗議し，アメリカやアイルランドを擁護したのである。

Ⅱ 近代

バークとの対話

Q「国会議員は地元住民の利害を代表するものなのか？」

A「私は諸君の指図に従わなかった。その通り。私は真理と自然の指図に服従することにより，私自身の持前の堅固な志操で諸君の見解に抗しつつ，諸君の権益を守り抜いてきた。諸君にふさわしい代表は，確固たる信念の持主でなければならない。なるほど私は諸君の意見を尊重しなければならないが，しかしその意見とは，諸君や私が今後5年間にわたって持たなければならない意見なのである。私にとって尊重すべきものは，断じてその時代の民衆の向背ではなかった。」

(「ブリストルの選挙に臨んでの演説」『バーク政治経済論集』中野好之訳，法政大学出版局，403頁)

▶これは1780年9月，議会選挙でバークが地元支持者に対し，候補者としての指名を受諾することを表明した演説の一部。バークにとって国会議員の役割とは，あくまで国民全体の代表として国家の運営にあたることであって，必ずしも地元住民の意向に従うことではなかった。彼がいいたいのはこうだ。「私は皆さんの意見に謙虚に耳を傾けよう。だが私が最終的に自分の政策を決める際には，国家的な見地にたち，『真理と自然の指図に服従』する道を選びたい。またそのことが，究極的には皆さんの利益を守ることにつながるのだ」と。ここには「真の政治家とは何か」ということについてバークの崇高な政治哲学が表明されている。さて，日本の政治家はどうだろうか？

Q「理性ある人間にとって先入見にとらわれるのはよくないことではないか？」

A「あなたがおわかりになるように，わたくしは，この啓蒙の時代においてつぎのことを告白するほど，大胆なのである。すなわち，われわれが一般に，教育されたのではない感情の持ち主であること，われわれが，自分たちのふるい**先入見**をすべてなげすてるかわりに，それをたいへんだいじにしていること，さらに恥ずかしいことには，それらが先入見であるがゆえにだいじにしているということ，それらが永続し普及すればするほど，われわれはそれらをだいじにすることを，わたくしは告白する。」

(「フランス革命についての省察」『バーク・マルサス』水田洋訳，中央公論新社，155〜156頁）

▶ここでの「先入見」は，好き嫌いのような一時的感情に基づく偏見を指すのではなく，文化や伝統のなかで形づくられてきた考え方を意味している。だから人間は根本的に先入見から自由ではないし，自由になる必要もない。バークは上の文章に続いて，「先入見の衣を投げ捨ててはだかの理性だけを残すよりは，理性とともに先入見を持続するほうがかしこいのだ」と述べている。

用語解説

(1) **時効 [prescription]**　「すでに書きこまれているもの」という意味からきており，慣習に基づいてすでに権利として定着しているものごとをいう。たとえば土地所有の発端は略奪だったかもしれないが，長い時間の流れのなかで聖化され，合法化されている。だから歴史の発端にまでさかのぼって時効を無視するとなれば，現在のすべての秩序が崩壊してしまう，とバークはみる。
(2) **先入見 [prejudice]**　「すでに判断されたもの」という意味から，慣習 [habit] のなかに埋めこまれている観念を指す。habit には「衣装」の意味がある。ただし「バークとの対話」で触れたが，バークの場合，たとえば人種差別のような理性を欠いた一時的感情による偏見は認めていない。

より深く学ぶために

〈基本文献〉

『フランス革命についての省察』中野好之訳，岩波文庫，2000年

「フランス革命についての省察」（『バーク・マルサス』（世界の名著41）所収）水田洋訳，中央公論新社，1999年

『バーク政治経済論集』中野好之編訳，法政大学出版局，2000年

〈入門・解説書〉

『イギリス精神の源流――モラリストの系譜』バジル・ウィリー，樋口欣三ほか訳，創元社，1980年

『バーク政治思想の展開』岸本広司，御茶の水書房，2000年

（嵯峨一郎）

II 近代

カント
(Immanuel Kant: 1724-1804)

生涯と思想

　イマヌエル・カントは1724年，馬具職人の親方の四男として，当時の東プロイセンの首都ケーニヒスベルクで生まれた。プレーゲル川の河口に位置したこの街は，彼自身によって「世間知」や「人間知」の涵養に恰好の所と認められたように，人と物資の集散盛んな国際都市として栄えていた。カントは信仰熱心な母親の勧めにより，八歳でこの街の敬虔派（ピエティスムス）の学校フリードリヒ学院に入学し，ケーニヒスベルク大学で学んだのち，この大学の私講師，教授，総長を務め，亡くなるまで，この地を離れることなく過ごした。フリードリヒ学院時代のカントは，ラテン語とラテン作家に打ち込んだ。大学入学後，教師クヌッツェンにより哲学や論理学のほか，とりわけニュートン物理学の世界に目が開かれた。1746年，力学の諸体系の調停を試みた『活力測定考』を書いて大学を卒業する。この論文はカントの処女作として1749年に出版された。その後，家庭教師をして生計を立てていたカントは，1754年から55年にかけて『天界の一般自然史と理論』（1755）を含む一連の自然科学的論文を発表して，ケーニヒスベルク大学私講師に就く。私講師は大学では無給の教員として，学生の直接の聴講料だけが頼りであったので，やむなく講義の負担は大きくなったが，さまざまな事情でカントはこの地位に十五年間とどまった。しかし，その間，1756年より晩年に至るまで聴講者を楽しませた「自然地理学」の講義を行い，ハーマンやランベルト，メンデルスゾーンらの学者と文通し，出版されて間もないルソー（→112頁）の『エミール』を感激して読んだ。われわれはこのころのカントのはつらつとした講義ぶりをヘルダーの回想に読むことができる。『神の存在の唯一可能な証明根拠』，『負量の概念』（1763），

『美と崇高の感情にかんする観察』、『自然神学と道徳の諸原則の判明性』(1764)、『視霊者の夢』(1766)などを出版するかたわら、市の参事官や商人や軍人など市井の友人たちと交遊し、食事や会話を楽しむ余裕もあった。1770年、正教授に就任し、『可感界と可想界の形式と原理』を発表する。この著作は後年の『純粋理性批判』につながるいくつかの重要な着想を含んでいた。その後の11年間におよぶ沈黙をへて、ようやく『純粋理性批判』(1781)が出版される。これ以降、堰を切って「批判期」の著作の出版が相次ぐ。『プロレゴメナ』(1783)、『一般歴史考』『啓蒙とは何か』(1784)、『道徳形而上学の基礎づけ』(1785)、『人類の憶測的起源』『自然科学の形而上学的原理』(1786)、『純粋理性批判』第二版(1787)、『実践理性批判』(1788)、『判断力批判』(1790)、『たんなる理性の限界内における宗教』(1793)などである。その後も政治や法学に関する著書を出版し、新たにみずからの哲学体系を基礎づけるための著作の準備(『オプス・ポストゥムム』)を行うが、老齢による衰えは著しく、1804年、80歳の生涯を終え、大学墓地に埋葬された。

　カントの哲学は『純粋理性批判』に始まる批判哲学に集大成される。しかしその発端は1770年の「教授就任論文」にさかのぼる。正教授に就任して時代の主要な思想と対決し、彼の哲学的発展の頂点に達したとみられたその論文が、実はカントの哲学の新たな転換点なのであった。この論文においてカントは、「可感界」という現象世界の形式を時間と空間に見いだし、これらを感性の主観的原理とする一方で、「可想界」は神という共通の原因によって諸実体が結ばれている物自体の世界として、その「現れ」である「可感界」に先立って実在すると説き、その認識原理を悟性に置いた。言い換えれば、感性的に与えられるものに先立つ物自体の知が承認されているわけである。ここに認識批判上の問題が見いだされることは明らかである。私たちはいかにして物を現象としてではなく、それ自体として知ることができようか。物自体を既知の所与である対象とすることはもはやできまい。いまや対象概念そのものの意味と内容とが問われねばならない。カントはこの思考のコペルニクス的転回を哲学のすべての領域で遂行した。かくして批判哲学の成果は、「私は何を知ることができるか」、「私は何をなすべきか」、そして「私は何を望んでよいか」に対する応答

の，新たな展望のうちに見いだされうる。

カントとの対話

Q 「理性を批判する必要があるの？」

A 「私はこの純粋理性批判を，書物や体系の批判とは解さずに，理性があらゆる経験からは独立にそこに到達しようと努力するであろう全認識に関する理性能力一般の批判と解する。したがって，それは，形而上学一般の可能性あるいは不可能性を決定すること，そして，形而上学の源泉と範囲と限界を規定すること，しかし，一切を原理に基づいて規定することである。」

(「純粋理性批判　上」『カント全集4』有福孝岳訳，岩波書店，17〜18頁)

▶ 私たちの理性は，経験にその起源をもたないにもかかわらず，経験において使用され，経験のさまざまな認識を真か偽いずれかの客観的な認識たらしめる諸概念ないしは諸原則を有している。この経験において有効な概念や原則を，人間の理性は経験の限界を越えて使用しながら，その誤謬に気づかない。なぜなら，経験の埒外には，その使用の誤りを判定する試金石の経験そのものがないからである。そこはまさに理性の主張と反論が果てしない抗争を繰り広げる戦場である。これこそ形而上学の現状であり，まさに理性能力そのものの批判と自己認識とが求められる理由である。

Q 「経験的な認識は客観的でありうるの？」

A 「空間と時間のうちにある諸物は，それらが諸知覚（感覚を伴った諸表象）であるかぎりでのみ，したがって経験的表象によってのみ与えられる。だから，諸純粋悟性概念は，それらが（数学におけるように）アプリオリな諸直観に適用される場合ですら，アプリオリな諸直観が，したがってまたア・プリオリな諸直観を介して純粋悟性概念も経験的諸直観に適用されうるかぎりにおいてのみ，認識を供給するのである。したがって，諸カテゴリーは，経験的直観への諸カテゴリーの可能な適用によってのみ以外には，直観を介して諸物についてのいかなる認識をもわれわれに提供しないのである。すなわち，

諸カテゴリーは，経験的認識の可能性のためにのみ役立つのである。しかしこの経験的認識は経験と呼ばれる。したがって，諸カテゴリーは，諸物が可能的経験の諸対象として想定されるかぎりにおいてのみ以外には，諸物の認識のために用いられないのである。」

(『同書』216〜217頁)

▶私たちの経験的認識はその原初的な形において，「直観」と「概念」との結びつきにより成立する。直観の形式が時間と空間であり，概念の形式は思考の形式であるカテゴリー（純粋悟性概念）である。これらの形式は，経験の可能性にかかわる。たとえば「これはバラである」という経験的認識では，私たちの「感性に与えられたもの」を「バラ」という経験的概念によって規定する。そしてまたそれが経験的認識である以上は，その認識は真か偽かであらねばならない。では，私たちがかような認識を真か偽かである経験的認識として獲得することのできる条件は何であろうか。それはこの直観を契機として私たちが認識をつくり出す際に，この経験的認識がそれとの関係で可能的には真とも偽ともなりうる対象を，実はすでに超越論的客観として打ち立てていることである。そのアプリオリな構造を客観性の根拠として持ち込んでいることこそ，経験に先がけての感性へのカテゴリーの適用であり，経験の可能性の条件である。カテゴリーはこうして，かの超越論的客観の具体化としての経験的客観の認識のために役立つのであり，その感性化なしには有効な認識の条件たりえない。このことを明らかにしてようやく理性の自己認識への道筋が見いだされる。

Q 「私はどのように行動するべきなの？」

A 「もしかれの君主が，おなじように即刻の死刑という威嚇の下に，ある誠実な人物にたいする偽証をかれに要求し，そのいつわりの口実を理由にその人物を亡きものにしたいと思っているとしたら，はたしてかれは，どれほど自分の命をいとおしむ気持ちが大きくても，その気持ちをよく克服することが可能であると思うだろうか。かれがそれをするかしないかは，おそらくかれもあえて確言はできないことだろう。それでも，それが可能であることは，かれもためらうことなく認めるにちがいない。かれは，こうして，そのことをなすべきであるとかれが意識するがゆえに，それをなすことができる，と判断するのであり，もし道徳法則がなければ知られないままにとどまったであろう

II　近代

自由を，みずからのうちに認識するにいたるのである。」

(「実践理性批判」『カント全集7』坂部恵・伊古田理訳，岩波書店，164～165頁)

▶自由による因果性は理論的には可能である（超越論的自由）と想定されるとしても，人間の意志が現実にそうした因果性でありうることは，いかなる経験によっても証明されえないであろう。すなわち，意志が可能的に自由でありうることは，それが現実的にも自由でありうることを証明するものではない。しかし，機会があって現実に**道徳法則**が「なすべし」と迫りくるの（定言命法）を意識する人間は，まさに「なしうる」として，その事実において意志が現実に自由の因果性でありうることを認識する。道徳法則の意識は人間が自由であることの認識根拠である。

Q 「自然は神の意図によって創造されたといえるの？」

A 「われわれは，自然のたんに機械的な諸原理にしたがってけっして十分に有機的存在者とその内的可能性を知ることはできず，まして説明することはできない。このことはまったく確実である。しかもこれは，いつかニュートンのようなひとが現れて，一本の草の茎の産出だけでも，どのような意図によっても秩序づけられたのではないような自然諸法則にしたがって把握させるであろうという見込みを立てたり，こうした希望を抱いたりすることだけでも，人間にとっては不合理である，とためらわずに言うことができるほど確実である。むしろこうした洞察は，人間にはまったく拒まれていなければならないのである。しかしこの場合でも，われわれは，われわれに既知の自然の普遍的諸法則の種別化における自然の原理にまで達するならば，自然のうちにも有機的存在者の産出の根底にある意図をおかずに（それゆえ，自然のたんなるメカニズムのうちに），有機的存在者の可能性の十分な根拠が隠されたままであることはまったくありえない，と判断すれば，これまた大胆にすぎるであろう。というのも，どこからわれわれは，このことを知ろうとするのであろうか。純粋理性の諸判断が問われるこの場では，蓋然性はまったく度外視される。——それゆえわれわれは，『意図にしたがって働く存在者が，世界原因として（したがって創始者として）われわれが正当にも自然目的と呼ぶものの根底に存しているかどうか』という命題に関しては，肯定的にも否定的にも，客観的に判

断することはまったくできない。」

（「判断力批判　下」『カント全集9』牧野英二訳，岩波書店，66～67頁）

▶自然の世界では「有機的存在者」が認められる。それは自然の因果作用の結果として生じたのではあるが，しかしその全体的統一を目的として因果作用が働いたと考えてはじめて理解されうるような存在者である。それゆえ「一本の草の茎」でさえ，人間の有限な悟性はそれをあたかも時計をつくり出すかのように，機械論的につくり出すことはできないであろう。アリストテレス（→13頁）をはじめとして，過去の多くの形而上学者たちは，この存在の事実性をもって，意図にしたがって知性的に作用する最高の世界原因（神）を証明する根拠としてきた。しかし，カントによれば「有機的存在者」という概念は一つの「理念」であり，私たちの悟性による自然理解の有限性を補うための，不可欠だが主観的な**反省的判断力**の原理にすぎない。したがってその概念でもって客観的な自然の創造者を証明することはできない。しかし，その概念は人間の自由と自然とを架橋し，神学の新たな基礎となることができる。

❓ 「人類の未来に希望はもてるの？」

🅐 「人類は，その自然目的としての文化に関してはたえず前進しているのだから，その存在の道徳的目的に関してもよりよいほうへ向かって前進しているのであって，また，その前進はたしかにときどきとぎれることはあってもしかしけっしてやむことはない。（中略）というのも，私は，私の生まれながらの義務をよりどころとしているからである。その義務とは，親が子を産み，その子が親となってまた子を産むという生殖連鎖のそれぞれの世代において，子孫たちがよりよいものとなるように子孫たちに働きかける義務（中略），そしてこの義務が生殖連鎖の世代から世代へと正しく受け継がれうるように子孫たちに働きかける義務である。（中略）このような希望に対しては，歴史に基づいて，まだまだたくさんの疑いが投げかけられるかもしれない。それらの疑いは，もしもそれに証明力があるのなら，無駄であるように見える仕事をやめるよう，私を動かすことができるだろう。しかし，たとえどんなにたくさんの疑いが投げかけられるとしても，それでもそのことが完全に確実だと証明できていないかぎり，わたしにはこの義務を，実行不可能なことをめざして努力する

Ⅱ 近代

なという利口の規則ととりかえたりすることはできない。」

(「理論では正しいかもしれないが実践の役には立たない，という通説について」『カント全集14』北尾宏之訳，岩波書店，216〜217頁)

▶人間の歴史は世界公民的社会の実現を未来の希望としてもちうるとともに、現在に生きる私たちを励まし、私たちの生きる意味や使命を見いださせる可能性である。カントの歴史哲学は実践哲学の一部である。道徳的な義務が世代間の倫理として内在化することにより、人間の歴史は単なる自然の展開を超えた自由の歴史として意味づけられうる。

用語解説

(1) **道徳法則**［moralisches Gesetz］　行為の道徳性を根拠づける客観的原理として、いつでもどこでもすべての理性的存在者に妥当する。衝動や傾向性とは独立に、理性の自己立法として私たちの意志の規定根拠をなす。私たちの意志にとっては端的に命令（「定言命法」）として意識される。
(2) **反省的判断力**［reflektierende Urteilskraft］　与えられた特殊に対して普遍を求める能力のことで、ここでは、与えられた自然の対象の反省それ自身のために、したがって主観的に目的概念をたてることを意味している。

より深く学ぶために

〈基本文献〉
『カント全集』全23巻・別巻1，岩波書店，1999年
〈入門・解説書〉
『カント』S・ケルナー，野本和幸訳，みすず書房，1977年
『カントの生涯と学説』E・カッシーラー，門脇・高橋・浜田監修，みすず書房，1986年
『カント事典』有福・坂部ほか編，弘文堂，1997年

（小泉尚樹）

ベンサム

(Jeremy Bentham: 1748-1832)

生涯と思想

　ロンドン大学ユニヴァーシティ・カレッジの一角に，正装したミイラが鎮座している。「最大多数の最大幸福」という言葉で知られるジェレミー・ベンサムのミイラである。名誉革命によって市民社会へ大きく前進したとはいえ，内部に大地主層を抱えて半封建的な要素を残していたイギリスは，18世紀末から19世紀中葉にかけて「改革の時代」を迎える。この改革の時代に，新たな原理に基づいて，民主主義的な改革の理論と見取り図とを提示したのが，孤高の法哲学者，ベンサムである。

　ベンサムは，1748年，ロンドンの裕福な法律家の家に生まれた。早熟であったベンサムに父親は「大法官」（司法官の最高位）の夢を託し，12歳のベンサムをオックスフォード大学へ入学させた。ベンサムはここで，彼の一生を決する人物と出合う。それは，当時イギリス法学界の重鎮であったブラックストーン（Sir William Blackstone: 1723-1780）である。ブラックストーン法学の核心を捉えようと，ベンサムは，ノートもとらず，ひたすら講義に聞き入った。

　イングランドの法は判例法であった。この判例法を，ブラックストーンは**自然法**思想によって賛美していた。しかし，この法によって治められる当時のイギリス社会は，「怠惰な年金取得者や，役に立たない役人の大群によって，国家が食い荒らされ」る状態にあった。このような矛盾に満ちた社会を，およそ科学的な実証に耐ええない自然権に基づいて肯定的に説明するブラックストーン自然法理論に，ベンサムは深い疑問を感じたのである。

　大学を出て，21歳で弁護士の資格を取ったベンサムであったが，ブラックストーンへの疑念が頭から離れず，大法官への夢どころか，弁護士の仕事も手に

II 近代

つかない。ついに彼は，大法官への夢をあきらめて，既存の法体系を革新する道へと分け入った。彼は5年余の歳月をかけてブラックストーン批判の構想をねり，1776年，その一部である『統治論断片』によって彗星のように世に出た。この著書でベンサムは，「**最大多数の最大幸福**こそが正しいこと間違っていることの基準である」という基本公理を，社会革新の基点に据えた。この年，スコットランドではアダム・スミス（→119頁）が『国富論』を出版した。イングランドにあってベンサムは，批判的法学によって，スミス同様に，社会科学の革新者をめざしたのである。

『統治論断片』から4年を経て，ベンサムの批判的法学は次第に体系を整え，1780年，全体系の基本原理をなす『道徳および立法の諸原理序説』が完成した（公刊は1789年）。彼は，苦痛を避け快楽を求めるという人間心理に基づく「功利性の原理」が，立法だけでなく行為一般の目的であり手段であると考えた。快楽は幸福であり，個人の幸福の総計が社会の幸福である。統治者は，個人の幸福と社会の幸福とを最大にするように法を制定しなければならない。彼は，功利性の原理を，人々に善行を奨励し非行を抑制するよう作用する「制裁」と組み合わせれば，社会の幸福と個人の幸福とを最大にしうると考えた。

『序説』に続いて法典作りを進めていたベンサムであるが，フランス革命の陰で，イギリスではベンサムへの反応は芳しくなかった。このベンサムの思想の独創性にいち早く着目したのは，スイス人のE. デュモンであった。デュモンはベンサムの草稿のフランス語訳を申し出，1802年，パリで『民事および刑事立法論』が出版された。このデュモン編の著作によって，ベンサムの名は，フランスだけでなく大陸諸国に大きく広まっていった。

ベンサムが行おうとしていた社会改革は，彼が構想した「**パノプティコン**」という一望監視監獄の構想によく表れている。それは常に監視されているかもしれないという制裁によって，しかも最小の費用で，囚人を更正させる施設である。ベンサムは，このパノプティコンを政府に提案したが，しかし，結局は採用されなかった。彼は，最大幸福の原理を阻んでいるのは特権的な利害にしがみついている支配者層であることを知り，法の改革とともに，政治制度の改革へと向かっていった。

1808年，ベンサムはジェームズ・ミルと知り合い，政治制度改革の実行力を確保した。ミルは，書斎の人であるベンサムの周囲に**哲学的急進派**とよばれる革新的な知識人を集め，ベンサム主義を世の中に広げ始めた。ベンサムやミルは，社会改革の進展を邪魔しているものは，貴族など利己的支配者層の「邪悪な利害」だ，と考えた。ベンサムは『議会改革問答』(1817)において，統治者に社会全体の利益追求を求め，主権者である国民は，自らの代表を「普通選挙，秘密投票，平等選挙区，一年議会」によって選ぶという案を提示し，議会改革運動を積極的に推進し始めた。また，1824年には，哲学的急進派の機関紙『ウエストミンスター・レビュー』も創刊された。こうしてイギリスに議会制度改革の機運が高まってきた1830年，ベンサムは最後の大作『憲法典』(第１巻)を公刊し，人民主権，代表制民主主義，貴族院廃止，男子普通選挙法などの民主主義的改革案を提示した。

　1832年，選挙法改正法が，支配者階級との長い闘争の結果成立した。ベンサムは，その知らせを聞いた直後，幸福のうちに死んだ。ベンサムの死体は，彼の遺言より，医学の進歩のために公開解剖に付され，その後，ロンドン大学に安置された。

ベンサムとの対話

Q　「精神（道徳）科学は，いかなる方法と原理に基づくべきなのであろうか？」

A　「自然界における発見と改良に照応するのは，道徳界における革新である。……おそらく，革新の基礎として最も良く役立つはずだと思われる考察のなかには，これまで不完全にしか気付かれなかったか，あるいはまったく気付かれることのなかった事実問題の考察であったために，提出される時には発見の名を帯びることができるように思われるものもある。つぎの基本公理，すなわち正邪の尺度は最大多数の最大幸福であるという公理の諸帰結はまだ，一定の方法と正確さとをもって展開されたことはないのである。」

(「統治論断片」永井訳，講談社，1982年，158頁)

II 近代

▶従来，正邪の判断基準は自然法に拠っていた。しかしベンサムにとって自然法は，不明瞭で無意味な言葉の羅列でしかなかった。彼は，自然科学において発見と改良が大いに進んでいる時代に，道徳界すなわち精神科学においても革新が必要であると考えた。法や政治の学問を，自然科学と同様の精密科学にすること，これがベンサムの生涯を貫く考え方である。では，自然法に代わる正邪の判断基準は何か。これを彼は，「最大多数の最大幸福」であるという。ベンサムにとって，社会構成員の義務や権利を生み出すのは法律である。ある法律が正しいか間違っているかは，その法律が社会の幸福を増進させるか減少させるかによって判断されるべきだ，とベンサムは考えた。

Q　「われわれが行動する基準，あるいは行動せねばならない基準は何だろうか？」

A　「自然は人類を苦痛と快楽という，二人の主権者の支配のもとにおいてきた。われわれが何をしなければならないかということを指示し，またわれわれが何をするであろうかということを決定するのは，ただ苦痛と快楽だけである。一方においては善悪の基準が，他方においては原因と結果の連鎖が，この二つの玉座につながれている。苦痛と快楽とは，われわれのするすべてのこと，われわれの言うすべてのこと，われわれの考えるすべてのことについて，われわれを支配している…。」

（「道徳および立法の諸原理序説」山下訳，中央公論社，1967年，81頁）

▶ベンサムによれば，人間の基本的な行動原理は快楽を求め苦痛を避けることである。快楽は善＝幸福であり，苦痛は悪＝不幸である。だから，人間は積極的に快を求め，苦痛を避けなければならない。なるほど，道徳家や宗教家は快楽を憎み，禁欲を道徳の規範としてきた。しかし，宗教家は死後の処罰を恐れて禁欲を求めるにすぎず，道徳家は肉体的な快楽は非難するが洗練された快楽を，たとえば高潔などと名称を変えて賛美する。この原理を攻撃する者は，この原理そのものから引出された理由に基づいて攻撃しているにすぎない。人間が快楽を求め，それを最大化することは，道徳的に正しい規範である。ベンサムはこれを「功利性の原理」とよぶ。

Q　「社会全体の幸福はどのようにして増進されるのだろうか？」

A　「社会とは，いわばその成員を構成すると考えられる個々の人々から形成される，擬制的な団体である。それでは社会の利益とはなんであろう

か。それは社会を構成している個々の成員の利益の総計にほかならない。

　個人の利益とは何かということを理解することなしに，社会の利益について語ることは無益である。あることが，ある個人の快楽の総計を増大させる傾向をもつ場合，……その個人の利益を促進する，またはその利益に役立つといわれるのである。」

(『同書』, 83頁)

▶ベンサムにとって重要なのは，社会全体の幸福の増進であり，これが「統治の唯一正しい目的」である。社会とは人間が頭のなかで考え出した擬制であるにすぎず，内実は，それを構成する人々の単なる総和である。だから，社会の幸福とは，社会構成員の幸福の総和である。そこで，快楽と苦痛の価値を比較して，それらの大小を決定することが重要となる。ベンサムは，人間にはそれぞれ，快楽や苦痛を感受する能力が平等に与えられていると考え，これを前提に，快楽や苦痛を測定するための，強度，持続性，確実性，遠近性，多産性，純粋性，範囲という七つの基準を設定する。彼は，この基準を基に，ある行為がもたらす快楽と苦痛の総計を計算し，そして快楽の総計と苦痛の総計とを比較すれば，その行為の善悪を判断しうるという。こうした諸個人の最大幸福をすべて総計すれば，社会の最大幸福となる。これはベンサムの「幸福計算」とよばれるものである。

Q 「立法者（統治者）の目的は何であり，それはどのように追求されるべきなのだろうか？」

A 「社会を構成する個々人の幸福，すなわち彼らの快楽と安全とが，立法者が考慮しなければならない目的であること，それこそ各個人が立法者に依存している限り，それに従って自分の行為を形成するようにさせられなければならない唯一の目的である……。しかしさせられなければならないことはさまざまであっても，人間がそのような行為をするようにさせられるのは，究極的にはただ苦痛または快楽によるのである。

　快楽と苦痛とがそれから流れだすことがつねである源泉には，四つの区別される源泉があり，……そのおのおのの源泉に属する快楽と苦痛とが，行為のなんらかの法則または基準に拘束力を与えることができるかぎり，それらはすべて制裁と名づけることができる。」

II 近代

(『同書』, 108頁)

▶諸個人は, 自分の幸福を最大化するように行動する。しかし, 諸個人の追求する幸福のすべてが社会にとっての幸福ではない。他人のものを盗み, 他人を傷つけることが個人の幸福でもありうる。そこで立法者＝統治者は, 個人の幸福を最大化しつつ, 同時に社会の幸福を最大化するという難問を抱える。しかし, 「快楽と苦痛とは, 立法者が仕事をするための手段である」。そこでベンサムは, 社会に有害な行為をなした者に対して, その行為によって得られる快楽よりももっと大きな苦痛を与えれば, 個人は, 自分の行為がもたらす快楽＝幸福が同時に社会にとって善であるように行為するはずだと考えた。彼は, この善行を奨励し苦痛を抑制する作用を「制裁」と名づけ, この制裁を自然的, 政治的（法律的）, 道徳的, 宗教的という四つに区分する。このなかで, 彼が最も重視するのは, 反社会的行為に刑罰を科して, 個人の快楽を社会の幸福に結びつける政治的制裁である。ベンサムは, この原理に基づいて, さまざまな法律の改革に取組んでいった。

用語解説

(1) **自然法[natural law]** 法は自然のうちに基礎をもつ, という考え方である。ベンサムが批判するブラックストーンは, イングランド法の基礎は, 創造主たる神の意思としての自然法であるといった。たとえばブラックストーンは, 財産は直系の子や孫のみが相続しうるのであり親や祖父母は相続できないという判例法を, 直系卑属のみが相続する自然の権利をもつ故だと説明する。しかしベンサムは, それは慣習であるにすぎず, あるべき根拠ではない, と批判する。

(2) **最大多数の最大幸福[the greatest happiness of the greatest number]** 快楽と苦痛とによって, すべての行為を評価する考え方であり, ベンサムはこれを「功利性の原理」とよぶ。この言葉自体はベンサムの発明ではなく, 彼はプリーストリーから借用したと述べているが, イタリアの思想家ベッカリーアが使っている。ベンサムの独創性は, この原理に科学的な基礎づけを与えて, 快楽と苦痛とを計算可能なものとして処理し, それを立法・統治の原理に適用したことである。しかしこのベンサムの考えには, 人間のさまざまな快楽や苦痛の間に質的な差異を認めない「量的快楽論」だという非難が起こった。

(3) **パノプティコン[Panopticon]** 当時は非人道的であった刑務所を, 人道的で効率的なものに作り変えようとベンサムが考案した円形の刑務所である。パノプティコンという言葉は, 「すべて」を意味するパンと, 「見る」を意味するオプティコンというギリシア語からベンサムが作った造語である。この刑務所は, 円形に並んだ囚人房の中心

に，ブラインド状のもので外からは見えないが内から見えるように工夫された監視所が設けられており，看守が効率的に囚人を見張れるようになっている。ベンサムはパノプティコンを，色々なところに応用できる「悪漢を正直者に，怠惰な人間を勤勉に矯正するための工場」とよんだ。パノプティコンのもう一つの特徴は，運営を民間に委託し，受刑者の授産労働によって刑務所の費用をまかない，請負人に利益が出るように考えられている点である。

(4) **哲学的急進派**［philosophic radicals］　19世紀初頭には色々な急進派が登場するが，そのなかで，ベンサム功利主義に共鳴し，その思想を実践に移そうと集まった知識者集団が哲学的急進派である。天才的な組織能力をもったジェームズ・ミルを中心に，法学者であるJ.オースティン，経済学者のD.リカードウ，歴史学者のG.グロートそれにジェームズ・ミルの子供のJ.S.ミル（→157頁）らがいた。この知識者集団は，保守的なトーリーや穏健的なホィッグといった既成政党とは異なる第3の政治勢力をなし，機関紙『ウエストミンスター・レビュー』によって，民主的な政治形態と自由主義的経済政策を要求した。

より深く学ぶために

〈基本文献〉

「統治論断片」（『ベンサム』（人類の知的遺産44）所収）永井義雄訳，講談社，1982年

「道徳および立法の諸原理序説」（『ベンサム　J.S.ミル』（世界の名著38［中公バックス版では49]）所収）山下重一訳，中央公論社，1967年

『民事および刑事立法論』E.デュモン編，長谷川正安訳，勁草書房，1998年

〈入門・解説書〉

『ベンサム』（Century Books 人と思想16）山田英世，清水書院，1967年

『ベンサム』（人類の知的遺産44）永井義雄，講談社，1982年

『ベンサムという男：法と欲望のかたち』土屋圭一郎，青土社，1993年

『ベンサム』J.R.ディンウィディ著，永井義雄・近藤加代子訳，日本経済評論社，1993年

『私のベンタム研究：ジェレミー・ベンタムと法律』長谷川正安，日本評論社，2000年

『ベンサム』（イギリス思想叢書7）永井義雄，研究社出版，2003年

(諸泉俊介)

II 近代

フィヒテ

(Johann Gottlieb Fichte: 1762-1814)

生涯と思想

　フィヒテの生涯を決定付けたのは，自由なる主体の自律性を説くカント哲学との出会いである。以来，フィヒテはカント哲学へ傾倒し，カント（→130頁）の徒として生涯を哲学に捧げる覚悟をもつに至る。1794年にイエナ大学に招聘され，主著『全知識学の基礎』を出版する。しかし1798年，無神論者との嫌疑がかけられ（「無神論論争」），翌年にはイエナを追われベルリンに移住することになる。それ以降フィヒテは一時期を除いてベルリンに留まり，その地で死を迎えた。

　フィヒテはカントから受け継いだ自由なる主体の自律性を，純粋に自己自身を定立する無限な働きである**「事行」**＝**「絶対的自我」**として捉え，自らの哲学の根底に置く。そしてこの絶対的自我を根本原理として，カントが並置した理論理性と実践理性を実践理性の優位において統一し，もって経験の基礎を解明することを哲学の課題とした。これがフィヒテの**「知識学」**である。絶対的自我は，「非我」（物自体）によってその働きを制限される人間の有限的自我そのものではない。しかし絶対的自我は，こうした有限的自我を成立せしめる根拠としての自我である。それと同時に絶対的自我は，有限的自我がその実現に向けて努力すべき理念でもある。つまり有限的自我は，非我を克服し純粋に自己自身を定立すべきであるとされる。フィヒテは，絶対的自我を理念としてめざす自我の実践的働きによって，一切の経験が可能になると考えた。

　しかし無神論論争を一つの契機として，フィヒテは自我の有限性の自覚を深めるとともに次第に宗教的神秘主義的傾向を強めていき，自我を絶対視し根本原理とするのではなく，自我の根底に「絶対者」（神）を置くという考えに達する。自我の哲学（前期思想）から絶対者の哲学（後期思想）への移行である。

自我は絶対者の「像」として捉え直され，自我の自己滅却による絶対者との合一が「浄福なる生」として自我の最高の境地とされる。

なお，前期後期を貫くフィヒテ哲学の特徴として，社会的・政治的問題に対する積極的なコミットメントを挙げることができる。とりわけ，1808年，ナポレオンによるベルリン占領下で，国民教育に基づくドイツの再興を訴えた『ドイツ国民に告ぐ』は有名である。

フィヒテとの対話

Q　「『私は私である』とは自明なのだろうか？」

A　「自我は，いままでほぼ一般的に考えられていたようにたんなる主観と考えられてはならず，……主観―客観と考えられねばならない。」

（「知識学の新叙述の試み」『フィヒテ全集7』千田義光訳，哲書房，1999年，484頁）

▶主客二元論とは，思考する自我である主観と思考が向けられるものである客観とを分ける考え方を意味する。しかしながら自我が自我自身を考える場合，主観と客観とが一致する。こうした自己反省的関係，つまり「私（主観としての自我）は私（客観としての自我）である」という自己意識を不可疑とし，これを根本原理としたのがデカルト以来の近代哲学である。しかしこのように，自我を「主観」の側に限定し，後から反省によって自我を意識するようになる，とする自己意識の説明は循環に陥る。なぜなら，自我が自我自身を客観化することが可能であるには，予めなんらかの自己知を，それゆえ自己意識を前提するからである。そこでフィヒテは，自我を「主観―客観」として，換言すれば主客の二元的相対関係に先立って成立する絶対的自我，事行として捉える。自我と自己意識の働きを等値するのである。「私は私である」とは，フィヒテをまってはじめて正当性をもって自明視しうる命題になったといえるだろう。

Q　「人はひとりで生きられるのだろうか？」

A　「人間（したがってすべての有限な存在者一般）は，人間たちのあいだでのみひとりの人間となる。」

（「知識学の原理による自然法の基礎」『フィヒテ全集6』藤澤賢一郎訳，哲書房，1995年，54頁）

Ⅱ　近　代

▶人間の有限的自我は非我によってその働きを制限される。するとフィヒテによれば，一方で，非我が自我の働きを制限するものとして自我の働きに先立って定立されているが，他方で，非我の定立も自我の働きに媒介されたものである以上，自我の働きが非我の定立に先行する。つまり，自我は非我によって規定されると同時に非我を規定するという矛盾を含むことが示され，自我自体が不可能になる。この矛盾を解消するには，自我を自己規定へと規定するような非我が求められる。そうした非我を，フィヒテは「自己規定せよ」と自我を促す他者からの働きかけに見いだす。フィヒテはこのようにして他者の存在を自我の存立条件として演繹し，人間は根源的に間主観的であることを示したのである。

用語解説

知識学［Wissenschaftslehre］　フィヒテは自らの哲学を，「知の知」，「学一般の学」という意味で知識学と呼んだ。それは，経験（知一般および知の体系としての学）の根源を探り，その可能性を基礎付けるという試みである。前期には絶対的自我がその原理とされるが，後期になると絶対者が考察の中心に置かれる。

事行［Tathandlung］　フィヒテ前期思想の根本原理。「自我は根源的に端的に自己自身の存在を定立する」という絶対的自我のあり方を表す。自我は自我として存在するという「事実（Tat）」であると同時に，自己を定立する「行為（Handlung）」でもある。そこにおいては定立する自我（主観）と定立される自我（客観）とが一つである。

より深く学ぶために

〈基本文献〉

『フィヒテ全集』全20巻，ラインハルト・ラウト他編集，哲書房，1995年〜

『フィヒテ　シェリング』（世界の名著　続9），岩崎武雄責任編集，中央公論，1974年

『浄福なる生への導き』，高橋亘訳，平凡社ライブラリー，2000年

『ドイツ国民に告ぐ』（西洋の教育思想　12），石原達二訳，玉川大学出版部，1999年

〈入門・解説書〉

『フィヒテ』（Century Books 人と思想90），福吉勝男，清水書院，1990年

『イエナの悲劇―カント，ゲーテ，シラーとフィヒテをめぐるドイツ哲学の旅』（丸善ブックス092），石崎宏平，丸善，2001年

（中村修一）

ヘーゲル

(Georg Wilhelm Friedrich Hegel: 1770–1831)

生涯と思想

　ヘーゲルは，近代が形成されていく彼の時代を，「われわれの時代は，誕生と新たな時期への移行の時代である。精神はこれまで存在し，考えてきた世界と手を切り，それを過去のうちに沈み込ませ，自らの改造に取りかかっている」(『精神現象学』序文) と評している。

　ヘーゲルは，1770年8月27日ドイツのシュトットガルトに生まれた。同年にベートーベンが，前年にナポレオンが生まれている。

　1788年チュービンゲン大学神学科に入学。キリスト教の歴史の研究に取り組む。1789年7月フランス革命が勃発。この革命を歓迎して彼は，友人たちとともに自由の樹を植え，その理想に熱狂した。しかし，革命が掲げた自由という理想がジャコバン派による恐怖政治という事実を生み出したことにより，彼は，理想と事実に対して幻滅するとともに，人間は歴史に拘束されて歴史を作るという現実を自覚する。1793年大学の課程を修了したヘーゲルは，教授資格試験に備えて，俸給と自由な時間が確保できる住み込みの家庭教師となる。

　1801年，教授資格請求論文『惑星軌道論』で教授資格を得て，イェーナ大学の無給の私講師になる。神学校時代の友人との共同編集による『哲学批判雑誌』(1802-03) を発行し，これに論争的論文を発表した。

　1806年10月13日ナポレオンが，イェーナを占領し，翌14日にはその郊外でプロイセン軍を撃破した。この状況下で，最初の主著『精神現象学』(1805-06執筆，07発行) を執筆した。このときナポレオンを目撃したヘーゲルは「私は，皇帝，この世界精神が町を通って陣地視察のために馬を進めるのを見た」と感動を記している。しかし，この占領によって大学が閉鎖され，失業した。その

II 近代

後，21ヵ月に及び『バンベルク新聞』の編集者を務める。1808年，ニュルンベルクのギムナジウムの校長に就任。41才の時，当地の貴族の娘マリー20才と結婚。当地における8年間は，彼の哲学的思索にとって実り多いものであった。この時代に，『論理学』（普通『大論理学』といわれる。1812, 13, 16）を出版し，論理学を体系の第1部とする彼の体系が構想される。1816年ハイデルベルク大学の教授になる。2年間の在任中に『エンチュクロペディー』(1817) を出版し，彼の思索が体系という形で姿を現した。

1817年プロイセンのハルデンベルク内閣の文相からベルリン大学哲学部に招聘され，教授に就任する。プロイセンは，イェーナでの敗北後，国民の自由を制限した形で認めながら統一したドイツ国家を近代国家として建設しようとした。しかし，1822年ハルデンベルクの死により，絶対王政を支持する復古派が台頭する。復古派は，自由主義的なものを抑圧した。このような状況下で，知識人，特に学生たちの間で自由主義的な運動が生まれた。彼は学生たちをかばいつつも，具体的成果をあげることのないこの運動には批判的であった。彼は，当初ベルリンにおける改革への期待があった。しかし，復古派により嫌疑を受け，監視された。その状況下で，『法哲学要綱』(1820) が出版された。

1831年夏コレラが蔓延。ヘーゲル一家はベルリンを一時離れ，晩秋に冬学期のためにベルリンに戻ってきた。11月11日ヘーゲルは元気に講義を始めたが，13日慢性胃炎の急激な悪化により胃痛を覚え嘔吐した。そして翌14日，享年61才で永眠した。葬儀には，多くの学生たちが，警察やコレラの脅威にもかかわらず参集した。彼の死後，大学での講義が，遺稿や弟子たちのノートに基づき，弟子たちの手によって編纂・出版された。この出版による全集に基づいて，ヘーゲルは，完結した体系の完成者とみなされていたが，近年，ヘーゲルの遺稿や講義録の出版，研究が進むとともに，ヘーゲルの思索の躍動性が認められてきている。

ヘーゲルは，家庭教師時代のキリスト教の歴史的研究を通じて，人間が自分自身において内的に統一した自由な主体となる方策を求めていた。当初それを，愛に基づくイエスへの信仰による道徳性の実現に求めていた。しかし，単なる信仰がこれを実現できるものでないことはキリスト教の歴史が示していること，

さらに道徳性自身が人間に分裂をもたらすものであることの認識に到達する。人間の統一をもたらすものは、「生の認識」である。というのも、生あるものにおいては、その部分は全体と同一の一なるものであり、生は、それを認識する者を分肢とする全体であるから。しかし、その生の構造（「**無限性**」といわれる。）は、すでに確立している知識にとっては、神秘であり不合理ですらある。したがって、生の認識は、それが知である地平をそれ自身によって拓かねばならない。ここに彼の哲学的営為が始まる。

生は真理または絶対者（主体と客体を包含する一なるもの）ともいわれる。絶対者は、**現実**や現象の背後に超絶してあるではなく、現実のうちに自らを展開するのである。知の地平を拓きつつ遂行される認識は、その絶対者が自らを展開する様を明らかにするとともに、自らの真理性を示しつつ遂行されねばならず、それは**弁証法**的体系という形をとらざるをえない。

ヘーゲルとの対話

Q　「『知とは何か』と問うことは、無意味ではないだろうか？」

A　「ところで我々は知が真であるかどうかを探求しているのであるが、そうであるとすると、我々は知が自体的に何であるかを探求しているように見える。しかし、かく探求するときには、知は我々の対象であり、知は我々に対してある。そこで、……我々が知の実在であると主張するものは、知の真ではなくて、それについての我々の知であるにすぎぬであろう。」

（「精神の現象学　上巻」『ヘーゲル全集第4巻』金子武蔵訳, 岩波書店, 1979年, 86頁）

「意識がある対象について知ることまたは対象の意識に対する存在は今ひとつの別の契機であるという区別がすでに具わっているが、この現にある区別に基づいて吟味は行われるのである。ところで若しこの比較にさいして両方の契機が一致しないときには、対象に適合したものとする為に、意識は己の知［だけ］を変えなくてはならないように見えるけれども、しかし知が変わると、じ

II 近代

っさいには対象自身もまた意識にとって変わるのである。」

(「精神の現象学　上巻」『ヘーゲル全集第4巻』金子武蔵訳，岩波書店，1979年，88頁)

▶諸学問は，知としてすでに認められ確立している。たとえば，解剖学は，それ自身の体系と方法により知として認められている。「知とは何か」という問がすでに知として認められている知についての問であるとするならば，この問は，たとえば「解剖学とは何か」という問になる。こう問うているとき，それは「解剖学とは何か」を〈知〉ろうとしているのである。しかし，このとき〈知〉は，知として認められてはいない。解剖学は知として認められ，解剖学者の大脳についての知識は解剖学に属するとしても，解剖学についての知識は解剖学に属するのではない。そうであれば，すでに知として認められている知について，「知とは何か」を問うことは無意味である。〈知〉が，何をやっているのか知られないままであるから。

「知とは何か」と問うことは知ろうとしているのであるから，もろもろの知の形態が，はたして自分が求めている知なのかという吟味にならざるを得ない。そして当の知の形態が自分が求めている知でないならば，いかなる点で自分が求める知ではないのかを明らかにし，その欠陥を克服した次なる知の形態の吟味へと向かわなければならない。しかし，そのとき吟味される知の形態だけが変わるわけではない。知の形態は，諸々の学問がその対象領域によって区別されるように，その対象性の水準が対応しているのであるから。

Q　「何を知ろうとしているのか？」

A　「真理と言えば，人はまず第一に，あるものがどういう風にあるかを知ることだと思っている。しかしこれは単に意識との関係における真理にすぎず，言いかえれば，形式的な真理，単なる正しさにすぎない。より深い意味における真理は，しかし，客観が概念と同一であることである。例えば真の国家，真の芸術作品といわれる場合，そこで問題になっているのは，こうしたより深い意味での真理である。それらは，それらがあるべきものである場合，すなわちそれらの実在がそれらの概念に一致している場合，真である。……概念と実在との同一を全く欠くときは，何ものも存立することはできない。悪しきものおよび真実でないものさえその実在が何らかの点でその概念に適合している限りにおいてのみ存在する。」

ヘーゲル

(『小論理学　下巻』松村一人訳，岩波文庫，1952年，209-210頁)

「私が私の哲学的努力のうちでこれまで目ざしてきたものは，そして今なお目ざしているものは，真理の学的認識である。」

(『小論理学　上巻』松村一人訳，岩波文庫，1951年，25頁)

▶「単なる正しさ」とは，たとえば，「このペンは黒い」という文は真であるとか偽であるとか言うとき問題になっているものである。正しさが問題になっているとき，「ペン」という概念（或いは言語による世界の分節化）は主観的であり，実在は客観的なものとみなしている。しかし，「ペン」という概念抜きに，「ペン」という概念の対象は存在することができない。「この部屋に存在するものはいくつあるか」という問はナンセンスである。存在するものは，「この部屋にペンはいくつあるか」という仕方でしか数えることはできない。したがって，存在するものは，その概念（あるべきところのもの）と実在（さまざまな述語で語られるもの。色，形などの質）が一致している限りにおいて存在しているのである。「概念と実在の一致」は，したがって，この存在するものが当のものとして存在する必要条件である。この一致をヘーゲルは，「真理」という。

　この真理を知ること，これが哲学の課題である。この真理のもとで，現実を認識すること，いわばことの真実を知ることが哲学である。

Q　「現実の厚さを構成するものは何なのか？」

A　「知性は単に世界をあるがままに受け取ろうとするにすぎないが，意志はこれに反して世界をそのあるべき姿に変えようとする。……もし世界があるべき姿をもっているとすれば，意志の活動はなくなるのであり，したがって意志はそれ自身，自己の目的が実現されないことをも要求するものである。これは意志の有限性を正しく言いあらわしている。しかしこうした有限性のもとに立ちどまることは許されない。意志の過程そのものが，こうした有限性およびそのうちに含まれている矛盾を揚棄する。矛盾の解決は，意志がその結果のうちで認識作用の前提へ帰り，かくして理論的理念と実践的理念とが統一されることにある。意志は，目的が自分自身のものであることを知り，知性は世界が現実的な概念であることを知る。これが理性的認識の真の態度である。」

II 近代

(『小論理学 下巻』松村一人訳，岩波文庫，1952年，236-237頁)

▶意志は行為によってその目的を実現する。しかし，意志が主観性という有限性のうちにとどまるならば，フランス革命の自由の理想が，ジャコバン派の恐怖政治をもたらしたように，意志は自らを裏切ることになる。したがって，意志が意志である限り，その有限性にとどまることはできない。意志の目的は，客観へと現実化されるべきものである。その現実化は，知性の前提である「あるがまま」に依存している。なぜなら，われわれがただ動作するだけで目的を実現できるのは，「あるがまま」の世界における因果性によってであるから。しかしその「あるがまま」は，意志の目的ではない。目的の現実化とは，目的ではないこの「あるがまま」を否定し，かつ目的の主観性を否定し，「あるべき姿」を新たな「あるがまま」として実現することである。このとき，意志はその活動をやめる。

こうして知性の対象となった現実の厚さを構成するものは，自由を本質とする意志の活動によって実現された歴史である。

用語解説

(1) **現実** 実在するものは，そのあるべきものという側面からみれば概念であり，現に存在するという側面からみれば現実である。したがって，現実とは，概念に裏打ちされた実在であり，現実的なもののうちには，そのあるべき姿が内在している。したがって，現実は，自然法則やわれわれの実践よって必然的に存在するのである。

(2) **無限性** 「どこまで行ってもその終局に到達しない」という意味での無限は「悪無限」である。無限とは，関係の内在性を意味し，「区別でない区別」という構造をしている。たとえば，自己意識とは，「私が私を知る」ということである。そこにおいて，主客の区別がなければ知は成立しないが，知の主体としての私も，知の客体としての私も，「私が私を知る」という在り方をしている当の同一の私である。一般的にいえば，有限なものは他との区別において有限であり，区別の項として存在する。そうである限り有限なものは，他との区別という関係を内在しており，その関係こそがその有限なものの実質であることになる。

(3) **弁証法** 原語 dialektik は，ギリシア時代の対話・問答に由来する言葉である。同一のテーマについて，ある主張がなされ，他方で対立する主張がなさた場合，それぞれの主張の根拠を提示し，その妥当性をお互いに吟味することによって，そのテーマに関する対話が始まる。その対話によって，それぞれの主張の含意，対立の起源及び共通する地盤が明らかになる。このような方法を，自らの思索の方法としたものである。すなわち，ある概念や事態のその成り立ち及びそれらが成立する地盤を明らかにして

いくという認識の方法である。

より深く学ぶために

〈基本文献〉

『ヘーゲル全集』（全20巻32分冊），岩波書店，1994年〜

『ヘーゲル初期神学論集』H.ノール編，久野昭・中野肇他訳，以文社，（Ⅰ）1973年，（Ⅱ）1974年

『精神現象学』長谷川宏訳，作品社，1998年

『法哲学講義』長谷川宏訳，作品社，2000年

『哲学史講義』長谷川宏訳，河出書房新社，（上，中）1992年，（下）1993年

『小論理学』松村一人訳，岩波文庫，（上）1951年，（下）1952年

『哲学入門』武市健人訳，岩波文庫，1952年

〈入門・解説書〉

『ヘーゲル伝』J.ドント，飯塚勝久訳，未来社，2001年

『ヘーゲルを読む』長谷川宏，河出書房新社，1995年

『ヘーゲル哲学のコンテクスト』D.ヘンリッヒ，中野肇監訳，晢書房，1987年

（末吉康幸）

II 近代

オウエン

(Robert Owen: 1771-1858)

生涯と思想

　イギリスの北ウェールズ，モントゴメリーシャーのニュータウンに生まれた。幼い頃から大変な読書家で，7歳にして早くも小学校を卒業し，その学校の助手兼助教師になった。10歳でロンドンに出て店員奉公になり，ほぼ10年間の修行をへてマンチェスターに移り自ら工場経営に乗り出すことになった。

　特に重要なのは，27歳の時にスコットランドのニュー・ラナアック紡績会社を買い取り，その総支配人になったことである。ここでの「実験」は30年近くにもおよぶが，それはオウエンの思想が成熟する時期でもあった。彼は生産管理の合理化，労働時間の短縮，福祉施設の充実などを行うとともに，「性格形成新学院」を設立して子どもたちの教育にも力を入れた。保育園・幼稚園の誕生である。当時の労働者たちの無秩序や犯罪は環境の悪さの産物であり，したがって何よりも環境を整え，とりわけ子どもたちに良い教育を施すことが決定的に大事だとオウエンは考えた（これが後にも触れる「性格形成論」である）。

　しかしニュー・ラナアックでの合資者との争いに嫌気がさして渡米，インディアナに「ニュー・ハーモニー協同体」を設立するが，わずか2年で失敗に終わっている。といっても，帰国したオウエンの活動はむしろ多彩をきわめ，労働運動や協同組合運動にもたずさわり，さらに私有財産制，宗教，婚姻制度への批判を強めるようになった。こうした活動は晩年まで続き，帰郷して生涯を閉じている。なお80歳を過ぎてから彼は心霊論に改宗したといわれている。

オウエンとの対話

オウエン

Q　「人間は自分の性格に対して責任をもつべきではないか？」

A　「各個人は自分で自分の性格を形成するという想定，そしてそれゆえに，各個人は自分のすべての感情や習慣に対して責任があり，その結果，ある感情や習慣をもてば褒賞を受け，他の感情や習慣をもてば罰せられるという想定の上に行動することが，最古の時代から世のならいであった。人間の間に樹立されたあらゆる制度は，このような誤った諸原理の上に築かれたものであった。しかしながら，そうした諸原理は，公平な検討にさらされた時は，単に支持されないというだけでなく，すべての経験，われわれの判断力の証明するところと，真っ向から対立することがわかるであろう。」

（「社会にかんする新見解」（『オウエン　サン・シモン　フーリエ』，白井厚訳，中央公論社，144頁）

Q　「では人間の性格がゆがんでしまう原因は何なのか。どうしたら正せるのだろうか？」

A　「現に罪を犯しているような性格においても，その責任は明らかに個人にはなく，個人をしつけてきた制度の欠陥からくる。人間性のなかに犯罪を生み出す傾向のあるような環境を除去せよ。そうすれば，犯罪は生まれないであろう。この環境を，秩序，規律，節制，勤勉の習慣を形成すると考えられるような環境と置き換えよ。そうすれば，これらの長所は形成されるだろう。公平と正義の手段を採用せよ。そうすれば，君はたちどころに下層階級の全面的な信頼を得るであろう。一貫して変わることなき親切という原理にもとづいて，体系的に行動せよ。しかも，犯罪が直接社会に害を及ぼすことを規制する手段を——できるだけ厳しくならないように——用い続けよ。そうすれば，現在大人たちの間に存在する犯罪すらもまた，次第に消滅するであろう。」

（「社会にかんする新見解」『同書』，129頁）

▶この「社会にかんする新見解」には「性格形成論」というサブタイトルがつけられており，オウエン思想の根幹をなす。むろんオウエンは人間の生まれつきの資質を認めるが，性格の形成にとって環境こそが決定的な役割をなすと強調する。だから環境を改善すれば人間の性格は正され，犯罪もなくなるはずだということになる。今日か

Ⅱ 近 代

らみればやや一面的な考えのように聞こえるが，当時は産業革命を背景に都市の貧困と荒廃が急激に進んでいたことを考慮する必要がある。

Q 「近代の個人主義思想には何か問題はあるのだろうか？」

A 「しかし，自由な主体と責任という信念の必然的帰結の一つは，人類を個別化することであったし――利己心を作りだすことであって，この利己心から直接に，分裂と不幸との豊かな源泉である私的所有の制度が生じたのである。私的所有は，条件の不平等――多数のものを犠牲にして少数のものを益するよう意図した排他的諸制度を，生みだした。ここから，一方における虚栄，高慢，贅沢および圧制が，また他方での貧困と堕落が生じた。ここから，嫉妬，憎悪，不正取引，不誠実，詐欺，強盗，殺人，および非常に大きな不正を隠蔽する法体系，すなわち人為的正義の体系が生じたのである。」

(「社会制度論」『同書』，永井義雄訳，228頁)

▶オウエンは近代の産業社会，個人主義思想に反対し，協同社会を対置する。私有財産制をも否定するほどの徹底ぶりである。そして彼の思想は，お互いに顔の見える規模の，生活と生産を結合させた地域社会づくりへと具体化する。この「実験」はフーリエ，マルクス（→170頁）とエンゲルスにも多大な影響を与えたばかりか，今日の協同組合運動の先駆けと位置づけられている。

より深く学ぶために

〈基本文献〉

「社会にかんする新見解」「社会制度論」(『オウエン　サン・シモン　フーリエ』(世界の名著　続8) 所収)，五島茂ほか編，中央公論社，1975年)
『新社会観』楊井克己訳，岩波文庫，1954年
『オウエン自叙伝』五島茂訳，岩波文庫，1961年

〈入門・解説書〉

『空想から科学へ：社会主義の発展』F. エンゲルス，大内兵衛訳，岩波文庫，1946年
『ロバアト・オウエンと近代社会主義』永井義雄，ミネルヴァ書房，1993年

(嵯峨一郎)

ミル

(John Stuart Mill: 1806-1873)

生涯と思想

　18世紀末から19世紀初頭にかけてのヨーロッパでは，産業革命とフランス革命という「二重革命」の嵐が巻き起こった。それまで社会に安定を与えていた支配構造は腐敗の色を強め，産業家や労働者たちは，政治・経済制度の改革を声高に叫び始める。こうした時代にミルは，政治・教育学者であるジェームズ・ミルの長男として，ロンドンに生まれた。

　父ミルは，ミルに英才教育を授けた。J. ベンサム（→137頁）と親交の深かった父ミルは，功利主義思想をもとに「哲学的急進派」というグループを形成し，貴族制を批判して民主的な政治制度を求める社会改革運動を推進していた。父ミルは，グループの優れた後継者を育てようと，3歳のミルに自ら高度な教育を施した。彼は，語学，自然科学，哲学，社会科学などの広範な知識を学び，16歳のころには，ベンサムに心酔してひとかどの功利主義者へと成長した。ミルは，社会を批判する論文を積極的に書き，街頭運動を行って警察に検束されることもあった。父の理想を懸命に追求するミルに，父ミルは喜び，ミルも幸福であった。

　しかし，この哲学的急進派のロボットであるミルを，「精神の危機」が襲った。20歳になったミルは，「お前の待望する制度や思想の変革がすべて達成できたとして，それはお前の幸福か」と自問してみた。この時ミルは，はっきり，違うと感じた。ミルが信じたベンサム功利主義は，統治者の求める「最大多数の最大幸福」原理と，一般の人々が行動する「自己快楽最大化」原理とに基づく。父ミルは，**観念連合**心理学によって，この二つを繋いだ。すなわち，統治者は社会の最大幸福を実現するための道筋をつくり，民衆の行動に報償＝快と

II 近代

懲罰＝苦痛を与えることで，民衆の快楽を最大にするとともに，社会の幸福を実現する。だが，一般の民衆は社会の幸福にとっての善悪に関知しない。同じ関係は，父ミルとミルとの間にも存在する。ミルが感じていた幸福は，父ミルに誉められるという幸福だったのであり，自分で目的を設定し追求する幸福ではなかった。ミルは，統治者である父ミルの支配に服する民衆の一人であった。だとすれば，ベンサムの功利主義は，力を蓄えつつある民衆，特に労働者が物事について自分で考える知性を無視している。ミルが精神の危機で感じたのは，ベンサム功利主義へのこうした疑念であった。

　精神の危機によって，父ミルらの思想に疑問を感じたミルは，自分自身の社会思想を生み出そうと，イギリス内外のさまざまな思想に立ち向かった。こうした思想は，18世紀の古い思想をひっくり返した19世紀の斬新な思想であり，社会の中心が民衆に移っていくことを歴史的に当然の事態と捉えるものであった。ミルはまた，人妻であったハリエット・テーラーとの大恋愛に陥り，労働者や女性に同情心の厚い彼女とともに，社会主義の考え方にも接近した。しかし彼は，こうした思想に賛意をあらわしつつも，そこには民衆の知性の発展という点で問題があることも見逃さなかった。たとえば**サン＝シモン主義**が提唱する産業社会は，科学的精神をもった産業家が社会の中心となって，民衆を組織する。民主的な社会であるから，民衆は社会から知性を抑圧される危険はないように思える。しかし，トクヴィルが教えるように，民主的な社会であっても，そこには「**多数者の専制**」が存在し，民衆は慣習に隷属する。ミルは，民主主義がすでに社会の大勢であるとしても，社会が健全であるためには，民衆が自らの知性によって，より良い統治能力者やより良い生産組織を選び出し，それを利用していかねばならないが，そのためには何よりも，民衆の知性の向上とそのための自由とが実現されなければならない，と考えた。

　このようにしてミルは，十数年を要して，自分自身の社会思想を打ち立てた。ミルの課題は「個人の行動における最大限の自由を，地球上の原料の共有，および，共同の労働の利益への万人の平等な参加ということと，どのようにして一致させるか」であった。1843年，ミルはまず，自ら考え抜いた思想の哲学的側面を，『論理学体系』によって世に問うた。この著書は，諸科学を演繹法と帰

納法との組み合わせという観点から整理したものであるが，この著書では，「自由と必然」というテーマで，民衆の知性の自主的発展を拒む「**環境説**」に決着を与えた。さらに1848年には，自らの新しい思想を経済分野で応用した，これも大著である『経済学原理』を出版した。ミルはこの著書で，われわれが利用しうる市場経済法則とはどのような性質のものであり，また私有制に基づく社会の発展はどのような方向に向かっているかを検討し，結局この社会は，労働者どうしが結合して生産を営む協働組合を実現させうる環境を生み，このなかで労働者の知性が育まれうることを明らかにした。

　ミルにとってこの二つの大著は基本原理であって，この原理は各論に分けてさらに精緻化されなければならなかった。しかしミルには，父ミルから受け継いだ肺病という持病があった。ミルは仕事を急いだ。幸い，1857年にはミルが重役を務めていた東インド会社が廃止され，ミルは1500ポンドの年金をもらって自由の身となった。彼は矢継ぎ早に，人間にとって真の自由の意義を説き（『自由論』1859），公正で効率的で国民の精神を向上させる自由な統治を説き（『代議政治論』1861），そして自らの功利主義思想を説いた（『功利主義論』1863）。人々に理解し易く叙述されたミルの著作は人々の心を捉え，たとえば彼の『経済学原理』は，19世紀中葉のイギリスで経済学の教科書となった。また，ミルが，自分の書いた著書のなかでは最も長く読まれるだろうと予測した『自由論』は，実際，自由主義の古典として現代に至るまで，多くの人々に読み継がれている。

　ミルは，生涯をかけて愛したハリエットと，彼女の夫が死んだ後の1851年，正式に結ばれた。しかし二人の幸福も長くは続かず，1858年，ハリエットは避寒に訪れた南フランスのアヴィニョンで急逝し，当地に葬られた。ミルはハリエットの墓地の近くに家を求めて，ハリエットの愛娘と一緒に暮した。ミルは，1865年には国会議員となり，国政の場で，ことに婦人参政権運動に活躍したが，晩年はアヴィニョンで，後に昆虫学者として名を成すファーブルと野山を歩き回り，大好きな自然に親しんで暮した。1873年，ミルは，「これで仕事は終わった」と言い残してこの世を去り，愛妻のそばで永遠の眠りについた。

II 近代

ミルとの対話

Q　「人間にとって最も重要な幸福とは，一体何であろうか？」

A　「感受能力の低い者は，それを十分満足させる機会にもっとも恵まれているが，豊かな天分をもつ者は，いつも，自分の求めうる幸福が，この世では不完全なものでしかないと感じるであろうことはいうまでもない。しかしこういう人も，不完全さが忍べるものであるかぎり，忍ぶことを習得できる。そして，不完全だからといって，不完全さをまるで意識しない人間を羨んだりしないだろう。……

　満足した豚であるより，不満足な人間であるほうがよく，満足した馬鹿であるより不満足なソクラテスであるほうがよい。」

（「功利主義論」（『ベンサム J. S. ミル』（世界の名著38）所収）伊原吉之助訳，中央公論社，1967年，470頁）

　▶ミルにとって，社会の究極的な目的は，ベンサムと同様に，幸福である。しかしミルは，個人の幸福が計算可能な量的快楽だとは考えない。人間の幸福は多様であり，動物的な快楽に基づく低級な幸福もあれば，精神的な快楽に基づく高級な幸福もある。ミルは，人間にとって重要なのは精神的な幸福だと考える。なぜなら，動物的幸福は手に入れば終わるが，精神的幸福は尽きることがないからである。だから，高級な感受能力をもつ者は常に不満足な状態にあろうが，しかし知的・道徳的向上と結びついた精神的幸福を求める人間は不満足であれとミルは言う。ミルは，ベンサムの量的快楽主義を捨てて質的快楽主義へと向かい，人間の幸福を人間性の発展という高尚な快楽に求めた。

Q　「人間にとって必要な自由とは，いかなるものであるべきだろうか？」

A　「人類がその成員のいずれか一人の行動の自由に，個人的にせよ集団的にせよ，干渉することが，むしろ正当な根拠をもつとされる唯一の目的は，自己防衛（self-protection）であるということにある。また，文明社会のどの成員に対してにせよ，彼の意思に反して権力を行使しても正当とされるための唯一の目的は，他の成員に及ぶ害の防止にあるというにある。人類の構成員

の一人の単に自己自身だけの物質的または精神的な幸福は，充分にして正当な根拠ではない。ある行為をなすこと，または差し控えることが，彼のためになるとか，あるいはそれが彼を幸福にするであろうとか，あるいはまた，それが他の人の目から見て賢明であり或いは正しいことでさえもあるとか，という理由で，このような行為をしたり，差し控えたりするように，強制することは，決して正当ではありえない。」

(『自由論』塩尻・木村訳，岩波文庫，1971年，24頁)

▶ミルにとって最も大切なことは，人間の精神的な発展とそれによってもたらされる幸福であった。人間の幸福は，自ら人生の目的を設定し，手段を選んで，その目的を追求するところにある。だから，ミルにとって望ましい人間性は，自主的や創造性である。こうした性格を備えた人間が社会に増えれば，そうした社会は幸福な社会に近づいているに違いないとミルは考えた。そこで，自主性や創造性をもたらす最も重要な条件が，自由ということになる。ミルは，人間は「その人の個人性が，他のいかなる個人からも束縛されず，また公衆全体からも束縛されず，君臨支配しなければならぬ領域が…塹壕をもって囲まれている」という。ミルは，人間は，他人に直接危害が及ばない限り，他の誰からも強制されないという自由をもつべきであり，たとえ他人からの指図が，本人のための，賢い，正しい内容のものであったとしても，それは決して強制されてはならない，と主張するのである。

Q　「人間にとっては，どのような環境が最善なのであろうか？」

A　「人間のための食糧を栽培しうる土地は一段歩も捨てずに耕作されており，花の咲く未墾地や天然の牧場はすべてすき起こされ，人間が使用するために飼われている鳥や獣以外のそれは人間と食物を争う敵として根絶され，生垣や余分の樹木はすべて引き抜かれ，野生の灌木や野の花が農業改良の名において雑草として根絶されることなしに育ちうる土地がほとんど残されていない——このような世界を想像することは，決して大きな満足を与えるものではない。もしも地球に対しその楽しさの大部分のものを与えているもろもろの事物を，富と人口との無限なる増加が地球からことごとく取り除いてしまい，そのために地球がその楽しさの大部分を失ってしまわなければならぬとすれば，

II 近代

しかもその目的がただ単に地球をしてより大なる人口——しかし決してよりすぐれた，あるいはより幸福な人口ではない——を養うことを得しめることだけであるとすれば，私は後世の人たちのために切望する，彼らが，必要に強いられて停止状態にはいるはるかまえに，自ら好んで停止状態にはいることを。」

(『経済学原理』(四) 末永訳，岩波文庫，1961年，108〜109頁)

▶経済学は，富について考える学問である。しかし，経済社会の発展と共に，確かに社会は物質的に豊かになってはいくが，その代わりに，自然は破壊され，環境は悪化していく。こうしたことは，ミルにとって耐えがたいことであった。なぜなら，ミルにとって最も重要なことは社会の幸福とそれを近似的にもたらす人間性の発展であり，人間性の発展のためには，孤独になって思索するための自然が何よりも重要である。そこでミルは，経済社会の運動法則とその行き着く先を分析したうえで，経済社会はすでに十分な物質的豊かさを実現しているのであるから，経済成長を追及しない「停止状態」を選択すべきである，という。しかし，この停止＝定常状態は，資本にとって活動の動機となる利潤がない状態であるので，資本による労働者の雇用を中心とした経済社会は成立しえない。そこでミルは，労働者がお互いに協力してつくる協働組合（アソシエーション）の形成を提案する。協働組合では，労働者が誰からも強制されることなく自由に結びつき，人間どうしの協力の仕方や経営の仕方を学び，知的能力を高めて，自主的で創造的な人間へと変化していける，とミルは考えた。

用語解説

(1) **観念連合** [association of ideas]　ある観念を知覚することで，別の観念が連想され，それによって高度な観念が形成されるとする考え方である。たとえば，子どもが別の子どもを叩いた時に，お母さんがその子を叱るという行為を必ず繰り返せば，他人を叩くという観念と叱られるのは苦痛だという観念とが連合して，人を叩くことは苦痛＝悪であるという観念が形成される。ベンサム功利主義でいえば，個人の快楽を追及する行為は，刑罰などの制裁を通じて，社会的善へと修正することが可能となる。

(2) **環境説** [doctrine of circumstances]　人間の性格は，その人自身の意思と努力ではなく，環境と教育とによって形成されるという考え方。ベンサム功利主義の影響を受けたロバート・オウエン（→154頁）が「性格形成の理論」として打ち出した。自己の意思による人間性の改善を求めるミルは，この宿命論的な考え方に強く反発する。ミルは，人間が頑迷な習慣に縛られていなければ，人間は，必要な手段を考慮しつつ，自分自身を別の環境の下に置くことができるし，そうすることで，やろうという意思が

あれば，自分自身の性格を形成することができると考え，そのうえで，社会科学の目的は，人間や社会の発展・向上のために環境改善の方法を解明することにあると主張する。

(3) **サン=シモン主義**［Saint-Simonisme］　フランスのサン=シモンの思想を中心に集まった人々の考え。彼らは，科学・技術に精通した産業者が統治する科学的・産業主義的社会体制を構築し，私的所有や相続を廃止した社会主義社会をめざした。ミルはこのサン=シモン主義に一時影響を受けたが，『経済学原理』では，この考えは「集団の指導者の絶対専制を必要とし」，「少数の指導者とすべての被指導者との間にはなはだしい学識と知能との隔たりがある」場合にのみ実現可能なものだ，という批判を加えた。

(4) **多数者の専制**［**tyranny of majority**］　イギリスでは，ロック（→88頁）以来，貴族による少数者の専制が問題であり，ベンサムらの哲学的急進派も貴族の専制と闘ってきた。しかし選挙法改正などによる民主主義の拡大によって，今度は，世間で多数を占める者が，数を利用して少数者の個性と自由を抑圧する事態が発生する。これが多数者の専制であり，民主主義の負の側面である。この考えをミルにもたらしたのはトクヴィルであり，彼は，民主主義国家であるアメリカが，最大多数の意見である世論に支配されていることを指摘した。

より深く学ぶために

〈基本文献〉

『ミル自伝』朱牟田夏雄訳，岩波文庫，1960年
『論理学体系』全6巻，大関将一訳，春秋社，1949～1959年
『経済学原理』全5冊，末永茂喜訳，岩波文庫，1959～1963年
『自由論』塩尻公明・木村健康訳，岩波文庫，1971年
『代議制統治論』水田洋訳，岩波文庫，1997年
「功利主義論」（『ベンサム・J. S. ミル』〔世界の名著38［中公バックス版では49］所収〕伊原吉之助訳，中央公論社，1967年

〈入門・解説書〉

『J. S. ミル』（Century Books 人と思想18）菊川忠夫，清水書院，1966年
『J. S. ミル』四野宮三郎，日本経済新聞社，1977年
『J. S. ミルと現代』杉原四郎，岩波新書，1980年
『J. S. ミル』W. トマス著，安川隆司・杉山忠平訳，雄松堂出版，1987年
『J. S. ミル』（イギリス思想叢書10）小泉仰，研究社出版，1997年

(諸泉俊介)

II 近代

ダーウィン

(Charles Robert Darwin: 1809-1882)

生涯と思想

　チャールズ・ダーウィンは1809年イングランドのシュルーズベリに生まれた。父ロバートは優れた医者で，父方の祖父エラズマスも医者であった。祖父は，詩人としてもよく知られ，文学的な仕方ではあるけれども進化論を唱えている。

　彼も医者になるためにエジンバラ大学に学ぶがそれを断念し，ケンブリッジ大学に入り神学を学ぶ。そこでの学課で興味をもち唯一役立ったと証言しているのは，ペイリーの『自然神学』（1802）である。それはダーウィンが自らの自然選択説によってとって代わることになる「創造説」の代表的書物である。

　1831から36年まで，ビーグル号に博物学者として乗船し，南米，オーストラリア，インド洋，喜望峰を航海する。航海中はライエルの新刊『地質学原理』全3巻（1830-33）を取り寄せながら読んだ。どんな大きな地球環境の変化であっても，それは激変によるのではなく，長い時間をかけて徐々に変化した結果であるとするライエルの「斉一説」は，ダーウィンの学説に大きな影響を与えている。1837年『種の起原』の準備に入ると，社会に及ぼす影響を自覚し，膨大な資料を収集しながら慎重な態度で研究をつづけた。しかし，1858年，ウォーレスが自分と同じ考えに達していることを知り，1859年，研究の摘要として『種の起原』を急拠出版する。ダーウィンは研究当初から人間に関しても考察していたが，『種の起原』ではごくわずかな示唆にとどめ，1871年，『人間の由来（人間の進化）』を出版して，人間の身体構造と心的能力が進化の産物であることを論じた。ただし，人間の道徳感覚について，彼は，それが動物と連続する社会本能に由来するとしながらも，生物学の問題には解消していない。道徳について，自然選択（自然淘汰）よりも習慣や教育の重要性を指摘している。

ダーウィン

ダーウィンの学説は長いあいだ誤解されつづけていた。正当な評価が定まったのは，ようやく，1930年代になって，集団遺伝学者らにより，メンデル遺伝学との統合が図られてからだといわれている。

ダーウィンとの対話

Q　「生物はどのように進化したのだろうか？」

A　「[a] もしも，議論の余地はないと私が考えているように，生物がながい年月のあいだに，変化する生活条件のもとで，その体制［生体の有機的構造］のいろいろの部分において多少とも変異していくなら，[b] またもしも，これもたしかなことと思われるが，どの種もたかい幾何学的〔等比数列的〕増加力をもつためにある齢，ある季節，またはある年にきびしい生活のための闘争がおこるとすれば，[a＋b] もしそうであれば，（中略）私は，（中略）それぞれの生物自身の繁栄のために有用な変異が生じないとしたら，それほどおかしなことはないと，考える。しかし，もしある生物にとって有用な変異がおこるとすれば，このような形質をもつ個体はたしかに，生活のための闘争において保存される最良の機会をもつことになろう。そして，[c] 遺伝の強力な原理にもとづき，それらは同様な形質をもつ子孫を生ずる傾向を示すであろう。このような保存の原理を，簡単にいうため，私は〈自然選択〉とよんだ。」

（『種の起原（上）』八杉龍一訳，岩波文庫，1990年，170頁。［　］内引用者）

▶「進化（evolve）」は字義通りには「展開」といった意味であり「進歩（progress）」を意味しない。ダーウィンにおいても「進化」は種が祖先から変化をともなって由来してきたことを指している。進化を通して，種は多様化しそれぞれの環境にうまく適応している。このことを説明する理論が「自然選択説」である。この引用箇所でダーウィンはその理論を論理的な関係を明示しつつ見事に定式化している。[c] 遺伝 [a] 変異の点については，メンデルの遺伝研究，また分子生物学にまたざるをえない。ところで，犬や鳩の育種家，また花の品種改良をする園芸家が，特定の形質を「人為選択」する場合にも，[a][c] の点は前提される。それゆえダーウィンは「自然選択」を「人為選択」との類比的に論じることによって，[a][c] の問題に立ち入らずにそれらを保留しておくことができたのである。人為と自然の二種の選択の相違は，「人為選

165

Ⅱ　近　代

択」が或る意図のもとで人間にとって有用な形質を選択するのに対し，「自然選択」が何らの意図も必要とせず，[b] **生存闘争**のなかでわずかでも有利な変異が存続することになる点にある。生物が環境に適応していることは，こうした有利な変異が徐々に蓄積されたことによって，創造説によらずとも，説明されるのである。

用語解説

(1) **創造説**　創造説とは，聖書の天地創造の叙述を文字通りに解釈し，それが地球や生物の歴史を示しているとする説である。それがダーウィンの学説と対立するのは，創造主が生物種をそれぞれ個々に創造したとする点，また，創造主の意図によって生体の機構が環境に適応していることを説明する点である。

(2) **生存闘争（生存競争）**　ダーウィンはこの語を広義にまた比喩的に用いており，形質の相違が，他の生物や環境の複雑な関係のなかで，生存や増殖に有利にはたらくことを指している。そして，同様の環境にすむ同種の生物の間での生存闘争が強調される（この点は現代の進化生物学で「適応度」の考え方に継承される）。ダーウィンはマルサス（→126頁）の『人口論』に生存闘争の考えを発見したことを「自然選択説」形成の重要な事件として挙げているが，自然選択と人為選択とを対比するとき，生存闘争の考えの重要さが理解できよう。なお，社会ダーウィニズムにおいて闘争しようとする「意志」が強調されるが，そうした含意は全くないことに注意する必要がある。

より深く学ぶために

〈基本文献〉

『種の起原（上・下）』八杉龍一訳，岩波文庫，1990年

「人間の進化と性淘汰Ⅰ・Ⅱ」『ダーウィン著作集１・２』長谷川眞理子訳，文一総合出版，1999～2000年［初版の訳］

「人類の起原」池田次郎・伊谷純一郎訳（今西錦司責任編集『ダーウィン』（世界の名著39）所収），中央公論社，1967年［同上書第二版の抄訳］

『ダーウィン自伝』八杉龍一・江上生子訳，ちくま学芸文庫，2000年

他の邦訳について，ウェブサイト barbara celarent「ダーウィン著作邦訳一覧」を参照。

〈入門・解説書〉

『ダーウィン』（世界の思想家14）八杉龍一編，平凡社，1977年［著作の抜粋］

『ダーウィン』ジョナサン・ハワード，山根正気・小河原誠訳，未來社，1991年

『進化とはなんだろうか』長谷川真理子，岩波ジュニア新書，1999年

（国越道貴）

キェルケゴール

(Søren Aabye Kierkegaard: 1813-1855)

生涯と思想

　セーレン・オービュエ・キェルケゴールは1813年，富裕な商人ミカエル・ペデルセン・キェルケゴールと母アンネ・セーレンスダッテル・ルンの七人目の末子として，コペンハーゲンに生まれた。信心深い父の愛情と厳格なキリスト教教育をうけて育つ。1830年，父の希望で牧師になるためコペンハーゲン大学神学部に入学する。学生時代は神学よりも文学や哲学に興味をもち，放蕩生活をおくることもしばしばであった。その間，姉，兄，母，そしてもう一人の姉と相次いで死別する不幸にあう。すでに長姉と次兄とをおさない頃に失っていたキェルケゴールは，それが父の犯した罪に対する全家族への神の罰であると悟るに至る（「大地震」）。以来，憂鬱と死の意識がキェルケゴールの心にとりついた。父の死後，1840年に10歳年下のレギーネ・オルセンと婚約するが，翌年には内的苦悩から一方的に婚約を破棄した。しかしその後も失われなかったレギーネへの愛は，かれの著作活動の原動力となった。偽名で出版された『あれか，これか』（1843）を皮切りに，次々と大著が同じく偽名で発表された。彼の追求した思想課題は，実存を自覚して真のキリスト者になることであった。1845年から翌年にかけて大衆誌『コルサール（海賊）』の人身攻撃に反撃し，最晩年には，市民社会の「水平化」とその欺瞞を傍観するだけのデンマーク国教会とを激しく攻撃した。1855年，教会との戦いのさなかに路上に倒れた。享年42歳であった。

Ⅱ 近代

キェルケゴールとの対話

Q 「実存するってどのようなことなの？」

A 「この単独の人間として実存在するという事は，たとえば薔薇であるといったような不完全な［実］存在ではない。（中略）だが，単独の人間であるという事は，純粋な理念＝［実］存在でもない。そのような存在の仕方をするのは純粋人間だけだ，つまり，そのような者は実存在しないのだ。実存在は常に或る個別的なものだ，抽象的なものは実存在しない。」

（「哲学的断片への結びの学問外れな後書（後半）」『キェルケゴール著作全集7』大谷訳，創言社，53頁）

▶薔薇や馬鈴薯の存在は，どの薔薇や馬鈴薯の存在によっても代替が利く。その意味でそれらの存在は不完全であろう。人間存在はそうではない。それは純粋な理念存在でもない。いまここにいるこの私という，それぞれ個人の存在こそかけがえのない，唯一固有のものである。それは自分がそこにいることに気づき，その存在に限りない関心を抱いているからである。自己の存在の意味は自己の自由な決断によって見いだすしかない。こうした人間存在のあり方は実存在（実存 Existents）とよばれる。

Q 「ソクラテス（→3頁）から何を学ぶことができるの？」

A 「主体性，内面性，は真理である，という命題にはソクラテスの叡智が含まれている，そして彼の叡智の不滅の功績は正しく，実存在するという事及び認識者が実存在しているという事の本質的な意味に注意したという点である，そしてそれ故にソクラテスは彼の無智によって異教の世界での最高の意味で真理の内にあった。」

（「哲学的断片への結びの学問外れな後書（前半）」『キェルケゴール著作全集6』大谷訳，創言社，505頁）

Q 「主体性が非真理であっても，真理は学ばれることができるの？」

A 「機縁として働きつつ，学ぶ者が虚偽でありしかも彼自身の責めによって虚偽なのだということを思い出させるようにする教師は神自身である。

(中略)それ故,教師は神であり,彼は条件を与え,そして真理を与えるのである。(中略)学ぶ者が虚偽の内にあり,しかしこれが自分自身のためにそうなったのである限り(中略),彼が自由であるように見えるかもしれない。なぜなら,自分の思い通りだという事は,確かに自由であるからである。それにも拘らず彼は実際不自由であり,拘束せられており,閉め出されている。なぜなら,真理から自由であるという事は,真理から閉め出されている事に外ならないのであり,そして自分自身の所為で閉め出されているという事は,実際拘束されている事を意味する。」

(「哲学的断片或いは一断片の哲学」『キェルケゴール著作全集6』大谷訳,創言社,24〜25頁)

▶ソクラテスは無知を装うことにより,対話の相手の矛盾を暴露し,相手に無知を気づかせるというアイロニー(皮肉)を得意とした。いわば既成の価値や権威をいっさい否定して,普遍の真理への目を開かせるソクラテス特有の方法であった。この方法により,主体は**美的実存**から**倫理的実存**へと導かれる。ここにソクラテスの叡智が見いだされる。しかし,自らの罪で非真理に陥っている人間に真理への目が開かれるのは,イエスに学ぶキリスト教の**宗教的実存**によってでしかない。

用語解説

美的実存,倫理的実存,宗教的実存
キェルケゴールによって区別される実存の三区分である。美的実存は,ドン・ジュアンの享楽的生活に象徴される,直接性の実存の段階,倫理的実存は,移ろいゆくものを追う空しさを知って,普遍的なものを希求する倫理家の態度であり,その挫折をもたらす悪魔的なものの自覚,すなわち実存的苦悩に目覚めて信仰を求める生き方が,宗教的実存とよばれうる。

より深く学ぶために

〈基本文献〉
『原典訳キェルケゴール著作全集』全15巻,大谷長監修,創言社,1989年〜現在刊行中
〈入門・解説書〉
『キェルケゴールを学ぶ人のために』大屋憲一・細谷昌志編,世界思想社,1996年
『キルケゴール』(人類の知的遺産48)小川圭治,講談社,1979年

(小泉尚樹)

II 近代

マルクス
(Karl Heinrich Marx: 1818-1883)

生涯と思想

「自由・平等・博愛」の理想を掲げてヨーロッパを揺るがせたフランス革命の嵐は、神聖ローマ帝国として中世の眠りにまどろんでいたドイツを一気に覚醒させた。ナポレオン戦争が終結して3年後の1818年、ドイツのなかではいち早く自由の息吹を吸い込んだライン地方の古都トリールに、カール・マルクスは生まれた。マルクスの父は、ユダヤ教を捨てプロテスタントに改宗した弁護士であり、ルソー(→112頁)を崇拝する自由主義者であった。父の勧めに従って法律学を志したマルクスは、最初はボン大学に、その後ベルリン大学に学んだ。

当時のベルリン大学では、ヘーゲル(→147頁)の哲学と国家学とが流行していた。ヘーゲルは、「理性的なものは現実的であり、現実的なものは理性的である」という。現実的なものが理性的であるなら、現実世界はすべて肯定されざるをえない。しかし、近代化が遅れたドイツの産業は、先進工業国イギリスから流れ込む工業製品に追い立てられて、労働者に長時間労働と低賃銀とを強い、また、後進的な絶対君主制の強権の下で、民衆の政治的自由は抑圧されていた。当時のドイツは、ヘーゲルのいう合理的現実からは程遠い現状にあった。

ヘーゲルの死後、矛盾に満ちた現実を理性によって批判する若い人々が現れた。彼らは、「ヘーゲル左派」とよばれた。ここに属したマルクスは、ヘーゲル哲学と取り組み、その一部を学位論文にまとめた。マルクスは大学に残って学者になろうとしたが、ヘーゲル左派が危険思想視されていてその願いはかなわず、彼は『ライン新聞』の編集者へと転進した。新聞編集者の仕事は、マルクスに社会や経済問題への目を開かせてくれた。マルクスが直面したのは、たと

えば，木材盗伐取締の問題であった。それまで共有地で入手することが慣習であった薪に近代社会は所有権を認め，枯れ木を拾う行為を窃盗行為として処罰しようとした。こうした事態に対し，マルクスは，本来普遍的で公共的であるべき国家や法律が森林所有者の利益を擁護していると，激しく批判した。マルクスの目には，理性的であるべき法を現実に動かしているのは物質的な利害関係，すなわち経済関係であることがはっきりと認識された。理性によって批判されるべきは，いまや近代経済社会であった。

　政府の弾圧を受けて新聞編集者の職を辞したマルクスは，ヘーゲル哲学を批判的に摂取し，近代経済社会批判のための武器に鍛え上げようと考えた。ヘーゲルを批判的に捉えるためにマルクスが利用したのは，L. A. フォイエルバッハの「**疎外**」という考え方であった。マルクスはパリに赴き，雑誌『独仏年誌』によって，自らの考えを世界に問うた。近代経済社会は，市民でありながら市民ではない労働する人々を疎外する。マルクスはこの労働する人々を，「プロレタリアート」と名づけた。こうしたプロレタリアートを，近代経済社会はどのように生み出すのか。マルクスの研究は，近代経済社会の分析へと進んでいった。

　こうしたマルクスの急進的な思想は当局の恐怖を誘い，プロイセン政府の要請によってマルクスはフランスを追放され，ベルギーへと移った。この地でもマルクスは研究を続け，「唯物史観」を導きの糸として，**科学的社会主義**を完成させた。さらにマルクスは，プロレタリアートを国際的に組織するために奔走し始めた。1840年代中頃のヨーロッパには，革命の機運が高まっていた。1847年，各国の労働運動家や共産主義者たちが集まって「共産主義者同盟」が作られた。「同盟」は，自らの立場を世界に公表する「宣言」の起草をマルクスと彼の朋友である F. エンゲルスに一任し，1848年，パリに二月革命の炎が上がると同時に，『共産党宣言』がロンドンで公刊された。「今日までのあらゆる社会の歴史は，階級闘争の歴史である」とうたう『宣言』は，「ブルジョアジー自身が自らの墓堀人を自分の社会のなかに生産」するのであり，「ブルジョアジーの没落とプロレタリアートの勝利は避け難い」と断言し，「万国のプロレタリア，団結せよ」と訴えた。

II 近代

　革命は，フランスからドイツへと広がっていった。しかし革命勢力の団結は弱く，ブルジョアジーは旧支配者である貴族や大地主と手を結び，政府の武力の前にプロレタリアートは惨敗した。マルクスにも官憲の手が伸び，1849年，彼はロンドンへと移り住んだ。マルクスは革命敗北の原因を分析して**資本主義**社会の新たな発展を認め，来るべき経済危機と革命の時期に備えて，資本主義社会の経済分析をさらに綿密に組み立てようと考えた。マルクスは，ロンドンの大英博物館の図書館にこもり，経済学の研究に没頭した。

　亡命者マルクスのロンドンでの生活は凄惨を極めた。赤貧のなかで子どもたちは次々と死んでいったが，マルクスには，死んだわが子を葬るための棺を買うお金さえなかった。こうした悲惨な生活に援助を与えたのは，朋友のエンゲルスであった。エンゲルスの献身もあり，1859年には『経済学批判』が完成し，さらに苦心を重ねた末，1867年には主著である『資本論』の第1巻が世に出た。マルクスは，資本主義社会は，労働者の作り出す剰余価値を資本が**搾取**する社会であることを明らかにした。資本は，より大きな剰余価値を求めて相互に競争し，より優れた科学・技術や機械を用いて生産力を高度に発展させるが，そのことは同時に，機械によってはじき出された労働者の失業と貧困とを必然的に生み出す。マルクスは，資本主義社会は富裕のなかに貧困を抱え込む社会であるが，しかし他方では，生産が高度になり資本が少数者へと集中されてゆくなかで，労働者の組織化が進み資本主義体制への反抗も強まり，やがては資本主義の外皮が破られる一点に達することを見事に証明した。マルクスの分析は，リストラの嵐のなか，会社を首になった者は自殺し，残った者は過労死する，「去るも地獄，残るも地獄」の現代社会を如実に言い表している。

　マルクスは思索の人であると同時に，実践の人でもあった。1864年，世界の労働者が集まり「国際労働者協会」（第一インターナショナル）が結成された。マルクスはこのインターナショナルの運営に奔走した。しかしこの活動は，マルクスが書かねばならなかった『資本論』第2巻，第3巻の執筆を遅らせた。1883年，マルクスは膨大な草稿を残したまま，ロンドンに客死した。マルクスの死に際し，朋友エンゲルスは「人類は頭一つだけ低くなった」と悲しんだ。

マルクスとの対話

Q　「資本主義社会に革命をもたらし，人間を解放する者は誰だろうか？」

A　「それはラディカルな鎖につながれた一階級の形成のうちにある。……社会の他のすべての領域から自分を解放し，それを通じて社会の他のすべての領域を解放することなしには，自分を解放することができない一領域，一言でいえば，人間の完全な喪失であり，それゆえただ，人間の完全な再獲得によってのみ自分自身を獲得することができる一領域，このような一階級，一身分，一領域の形成のうちにあるのだ。社会のこうした解消が一つの特殊な身分として存在しているもの，それがプロレタリアートなのである。」

（『ユダヤ人問題によせて／ヘーゲル法哲学批判序説』城塚訳，岩波文庫，1974年，94頁）

▶資本主義社会では，労働者の隷属と窮乏とが存在する。この反社会的性格を，ヘーゲルは捉えた。ヘーゲルは，権利感覚も遵法感覚も労働の誇りも失った労働者を「賤民」とよぶ。しかし社会を自由の意識が具体的に姿をあらわすものと考えるヘーゲルは，賤民の存在を理想国家完成への必要悪と捉える。マルクスは，ヘーゲルをひっくり返す。社会を動かすのは人間である。資本主義社会は，経済活動のなかで，市民でありながら市民ではないが，しかし彼らなくしては経済社会が成り立たない，労働者を生み出す。人間性を喪失している労働者は，この社会を否定する以外に人間性を回復する道はない。マルクスは，ヘーゲルの賤民をプロレタリアートとして，資本主義社会を打ち崩す主体に鋳直した。

Q　「資本主義社会を成り立たせている労働者が，なぜ疎外されるのだろうか？」

A　「労働の生産物が労働者に属さず，疎遠な力として彼に対立しているならば，そのことはただ，この生産物が労働者以外の他の人間に属するということによってのみ可能である。労働者の活動が彼にとって苦しみであるならば，その活動は他の人間にとって享受であり，他の人間の生活のよろこびでなければならない。神々ではなく，自然でもなく，ただ人間そのものだけが，人間を支配するこの疎遠な力であることができるのである。」

Ⅱ 近代

(『経済学・哲学草稿』城塚・田中訳,岩波文庫,1964年,100頁)

▶社会にとって必要不可欠な労働者が疎外される原因は,労働そのものにある。資本主義社会では,労働者は他人によって雇用され（買われ）る。だから(1)商品である労働力は,他人が使用する商品を生産する。労働者が能力を高め,商品を多く作ればつくるほど,労働力の商品としての価値は小さくなる。労働者は,生産物から疎外される。(2)こうした労働は,他人のための労働である。だから労働者は労働しているときに,精神的にも肉体的にも疲弊する。労働者は,労働から疎外される。(3)労働や生産物は,本来人類を維持するものであるが,これらが労働者から疎外されることで,彼らは人類の維持という行為から疎外される。(4)労働者が労働と生産物から疎外されることは,反面では,労働者が自己を雇用する他人を,すなわち雇用者を生産することを意味する。かくしてマルクスは,資本主義社会における労働は「疎外された労働」であるという。

Q 「人類の歴史は,いかにして動いてゆくのだろうか？」

A 「人間は,彼らの生活の社会的生産において,一定の,必然的な,彼らの意思から独立した諸関係に,すなわち,彼らの物質的生産諸力の一定の発展段階に対応する生産諸関係にはいる。これらの生産諸関係の総体は,社会の経済構造を形成する。これらが実在的土台であり,その上に一つの法律的および政治的上部構造がそびえ立ち,そしてそれに一定の社会的諸意識形態が対応する。物質的生活の生産様式が,社会的,政治的および精神的生活過程一般を制約する。人間の意識が彼らの存在を規定するのではなく,彼らの社会的存在が彼らの意識を規定するのである。社会の物質的生産諸力は,その発展のある段階で,それらがそれまでその内部で運動してきた既存の生産諸関係と,あるいはそれの法律的表現にすぎないものである所有諸関係と矛盾するようになる。これらの諸関係は,生産諸力の発展諸形態からその桎梏に一変する。そのときに社会革命の時期が始まる。経済的基礎の変化とともに,巨大な上部構造全体が,あるいは徐々に,あるいは急激にくつがえる。」

(「経済学批判」『マルクス＝エンゲルス全集13』杉本訳,大月書店,1964年,6〜7頁)

▶ヘーゲルを転倒させ,労働者と彼らの疎外された労働を中核に据えて,マルクスは,

人間社会の歴史的発展についての独自の論理を手に入れた。それが,「唯物史観」である。マルクスは,歴史の動力を神や精神などの人間の観念に頼らず,人間の実際の生産活動に求めた。人間は,社会を形成して自然に働きかけ,生活に必要なものを獲得て消費しつつ,人間と社会を維持していく。だが,人間のこうした永遠の営みは,人間がどのような人間関係のなかで物質的な生産を行うかによって,色々な生産様式に分けれらるのであり,歴史はアジア的,古代的,封建的,そして資本主義的生産様式を通ってきた。こうしたさまざまな生産様式には,それぞれ特有の政治や法律や文化の形が備わっており,人間の考え方も生き方もこれによって決まっているが,こうした社会の上部構造のあり方を決めるのは,人間の物質的な生産の仕方,すなわち生産関係である。人間は,このような一定の生産関係の枠内で生産活動を行い,生産力を発展させていくが,しかしそのうち,生産力の発展が固定された生産関係に収まりきれなくなる。そうすれば,生産関係は生産力にとって制約＝束縛となる。マルクスは,こうして社会革命の時期がやってくる,という。経済構造の土台の変化とともに,政治や法律の上部構造の全体が覆され,こうして新しい生産様式に基づく社会が生み出されるのである。

用語解説

(1) **疎外** [Entfremdung]　あるものが,非本質的な他者となって実在し,本質そのものに対抗することが疎外である。フォイエルバッハは,神を疎外によって説明し,人間は自分に似せて神を作り,こうして作り出した神に支配され,神に近づくことを強制されるとし,ヘーゲル哲学を「神学の合理的な表現」だと批判した。マルクスはこの疎外という考え方を経済社会の分析に適用し,資本主義社会において,人間が自己の本質である労働を疎外し,この労働を再び獲得していく道筋と意義とを明らかにした。

(2) **科学的社会主義** [wissenschaftlichen Sozialismus]　19世紀には,資本主義社会の不安定性や労働者の貧困を目の当たりにして,資本主義を否定あるいは改良する社会主義の思想が数多く出現した。たとえばプルードン,サン＝シモン,フーリエ,オウエン（→154頁）などの思想である。マルクスとエンゲルスはこれらを「ユートピア社会主義」とよんだ。それはこうした社会主義が,あるべき社会を空想して,それを現実的経済社会に押し付けるからである。これに対してマルスクは,現実の経済社会に法則性を見いだして,この社会が生み出す結果を論証した。エンゲルスはこの社会主義を,ユートピア社会主義とは区別して,科学的社会主義とよんだ。

(3) **資本主義** [Kapitalismus]　近代社会は,その特徴を何に求めるかによって,たとえば市民社会や市場経済社会など,さまざまに表現される。マルクスは近代社会を資本

Ⅱ　近　代

主義（資本家的）社会，すなわち資本によって動かされる社会，と表現した。資本とは，「自己増殖する価値」である。お金は，われわれのポケットにあれば増えはしないが，銀行に預金したり株式に投資すれば，利子や配当をともなって，すなわち増殖して返ってくる。この増えるお金が資本である。資本は企業のなかでは，賃銀や機械や原料や売上金などさまざまな形をとるが，熾烈な競争の下では，この資本が，あたかも自分の意思をもつかのように，増殖を目的として運動する。近代社会は，こうした人間の意思を離れた資本の運動によって動かされている，とマルクスはみた。

(4) **搾取　[Exploitation]**　労働者が生み出す剰余価値を資本家が取得することを，マルクスは搾取とよんだ。いつの時代でも人間は，労働によって，生存に必要である以上の生産物を生産してきた。これは「剰余生産物」とよばれる。剰余生産物は，たとえば道路や橋や絵画などの作成に支出されて，人間の生活や精神を豊かにする。この剰余生産物を誰が取得して社会に還元するかによって，人間の歴史はさまざまな段階に区分される。マルクスは，労働力が商品となっている資本主義社会では，労働者を雇用する資本家が，労働者に価値通りに賃銀（生存費）を支払って生産を行い利潤を獲得するが，この利潤が剰余生産物＝剰余価値であり，資本主義社会は，資本家が剰余価値を搾取する社会であることを証明した。

より深く学ぶために

〈基本文献〉

『マルクス＝エンゲルス全集』全41巻，別巻4，補巻3，大内兵衛・細川嘉六監訳，大月書店，1951〜91年

『ユダヤ人問題によせて／ヘーゲル法哲学批判序説』城塚登訳，岩波文庫，1974年

『経済学・哲学草稿』城塚登・田中吉六訳，岩波文庫，1964年

『ドイツ・イデオロギー』古在由重訳，岩波文庫，1978年

『共産党宣言』大内兵衛・向坂逸郎訳，岩波文庫，1971年

「経済学批判」杉本俊朗訳，『マルクス＝エンゲルス全集』第13巻，大月書店，1964年

「資本論」全3巻，岡崎次郎訳，『マルクス＝エンゲルス全集』第23〜25巻，1965年

〈入門・解説書〉

『マルクス・エンゲルス小伝』大内兵衛，岩波新書，1964年

『資本論の世界』内田義彦，岩波新書，1966年

『マルクス』今村仁司編，作品社，2001年

『マルクスの21世紀』岩淵慶一，学樹書院，2001年

（諸泉俊介）

ニーチェ

(Friedrich Wilhelm Nietzsche: 1844-1900)

生涯と思想

　啓蒙主義と市民社会の隆盛期を経て，自然科学と歴史主義に基づく批判精神が蔓延する19世紀末半ば，旧東ドイツの小村レッケンでニーチェは生まれた。父はプロテスタントの牧師，母も牧師の娘である。彼らは息子を，誕生日を同じくする，時のプロイセン王フリードリヒ・ヴィルヘルム４世にちなんで名づけた。国家と親密な関係を結ぶキリスト教，とりわけ M. ウェーバー（→200頁）が指摘する「世俗内禁欲主義」プロテスタンティズムは，ニーチェの生い立ちだけでなく，彼の思想全体にも影響を与えている。

　当時は，二月革命（1848年パリ）に続いてドイツ各地でも三月革命が起こるなど，政治と権力が混迷する時代であった。革命後，自由主義内閣が成立して憲法制定に着手するが，「統一ドイツ」は実現せず，反革命運動を引き起こす。ニーチェは「反政治的ドイツ人」を自認しながら，「『よりいっそうドイツ的な』よきヨーロッパ人」を標榜した。それは，こうした時代に対する批判精神と，「時代の子」としての「闘い」の意志の現れである。

　彼が批判するのは政治に限らない。当時の文化や芸術を「教養俗物」，プラトン（→6頁）を「高等詐欺師」，キリスト教的道徳を「大衆向けのプラトン主義」と呼んで，さまざまな「精神」に闘いを挑む。批判はいずれも「あらゆる価値の価値転換」を目的とする。後期に定式化されるこの思想は，歴史的認識に基づいて価値成立の系譜をたどり，事柄を「遠近法」的に見なおすことで，固定化した価値そのものの価値を問う。つまり従来の価値を破壊して，多様な観点から見た解釈のなかで，未来の価値を創造することである。**ニヒリズム**が当時のヨーロッパを広く支配していた。まさにそうした時代状況こそ価値の転

II 近代

換の好機であるとニーチェは考えた。

　無限の解釈を抱える世界に向かってまなざしを開くこと。ニーチェの批判哲学は，現代のわたしたちにも強く呼びかける。批判による転換と再生を手がかりに，自伝『この人を見よ』(1888) のニーチェの解説に従って，彼の思想を見ていこう。

　初期 (1865-1876)：大学での専攻を神学から古典文献学へ転向したニーチェは，24歳でバーゼル大学教授になる。歴史的で批判的な著述の方法は，文献学研究の成果である。ところが作品『悲劇の誕生』(1872) では，当時の古典教養主義的な文献学は批判される。かわりに「学問を生の光学のもとで見る」ディオニュソス哲学が提唱されて，対立と戦闘を肯定する「生成」の思想家ヘラクレイトスといった，ソクラテス以前のギリシア哲学への親近感が示される。『反時代的考察』(1873-1876) では，時代の転換点になろうとする批判精神が明らかになる。批判の対象は帝国，教養，キリスト教，成功など，当時の世論が称賛した「現代文化」である。ニーチェは，古代ギリシアの新たな認識を通じて「最も苛酷な自己探求と自己育成」が具体化される「高い文化」をめざした。

　中期 (1876-1881)：この頃になると，初期の芸術を支柱とする理想主義的な世界観は影をひそめて，芸術，哲学，宗教を生み出す「精神」が主題となる。『人間的な，あまりに人間的な』(1878-1880) は啓蒙主義哲学，ワーグナー芸術，キリスト教的道徳の批判の書で，歴史的認識に基づいて現実を直視する知の重要性が説かれる。生の現実を見すえる自由精神，すなわち「自らを再びわがものにして自由になった精神」が語られ始めるのは，病気を理由に大学を退職した1879年以降，国家から離れてヨーロッパ各地を転々としたことにもよる。やがて批判の対象は**道徳**に集約して，『曙光』(1881) と『悦ばしい知』(1882) にまとめられる。「自己喪失とデカダンスの道徳」であるキリスト教との闘いである。それは否定ではなく「明るく寛大な肯定」であり，「最高の希望」と「最高の自覚の瞬間」のしるしであった。

　後期 (1882-1889)：『ツァラトゥストラはこう語った』(1883-1885) は，ニーチェが「人類への最大の贈りもの」と自負する彼の主著で，「肯定の最高形式」

である**永遠回帰**を根本思想とする。比喩の多用や，イエスの福音書を思わせる文体からも分かるように，「救済」の書である。ただし神の出現はなく，偶然性を救済する「超人」や必然性を肯定する「運命愛」が描かれる。続く『善悪の彼岸』(1886) は一転して，客観主義を唱える学問，芸術，政治など「近代性」批判の書である。副題は「未来の哲学の序曲」であり，従来の価値観を問いなおす哲学の試みとして，近代性に対立する「高貴な肯定の典型」が示される。それを道徳の問題として体系的に論じたものが『道徳の系譜』(1887) である。道徳の本来の問題は，価値評価という行為が拠り所とする，そしてまた生の本質でもある「力への意志」が能動的で肯定的か，あるいは反動的で否定的かを問うことである。そうしてニーチェは道徳の生成過程つまり系譜をたどるなかで，従来の道徳の解体をめざす。『偶像の黄昏』(1889) は，「ハンマーによる哲学」という副題が示すように，道徳および哲学の根本的な破壊の書である。「真実と仮象」を二元論的に捉える伝統的な哲学の思考法を批判するニーチェは，理性を虚構，真実の世界を虚偽，唯一の世界を仮象と表現して，対立的思考の超克を試みる。虚構を仮構するのは，苦悩に満ちた生への「復讐心」である道徳で，「人類を道徳的にするとされてきた手段はすべて不道徳なものである」と断定する。ニーチェ自身がまとめた作品としては最後となる『アンチクリスト』(1888) の副題は，「キリスト教への呪詛」である。彼の批判の対象は，時代の文化，哲学，道徳的価値など，さまざまあった。やがてそれらすべての基底にキリスト教を見いだす。例外的にイエスへの共感を表すが，徹頭徹尾，ヨーロッパ文明にもたらしたキリスト教の弊害を暴露する。反道徳者や破壊者など，闘うニーチェには多くの仮面がある。どの仮面も冷徹な眼をもつ。ところが反キリスト者（アンチクリスト）となると素顔が露わになったようであり，その顔は狂信家にも近い。

　ニーチェの批判哲学は，キリスト教に育成された「誠実さ」の実践である。彼の「使命」とは，「福音の使者」として矛盾と対立を統一する「肯定精神」の体現化であった。前出の自伝『この人を見よ』の副題は，「ひとは如何にして本来の己になるか」である。ニーチェは十年あまり続く精神的錯乱のうちに死ぬ。彼は自らの批判精神も批判して，自己解体を試みたのだろうか。彼自身は本来

Ⅱ 近代

の己の姿を如何に捉えていたのだろうか。答えはない。問題を提起しても答えを与えてくれない彼の哲学と同じである。ニーチェの問いかけに直面する者に，哲学的に考えて生きることを，彼は身をもって示す。

ニーチェとの対話

Q　「神はいるのだろうか？」

A　「狂気の人間が，神を信じない者たちをにらみつけて叫んだ。(中略)『神はどこへ行ったかだと？　おまえたちに教えよう！　われわれが神を殺したのだ！　おまえたちと，おれが！　われわれはみな神の殺害者なのだ！(中略)神は死んだ！　死んだままだ！　われわれが神を殺した！　いったいどうやって殺人者のなかの殺人者であるわれわれは，自らを慰めよう？　これまで世界が所有していた最も神聖で最も力あるものは，われわれの刃にかかって，血まみれになって死んだ。返り血を拭うのは誰なのか？　(中略)これほど大いなる行為はこれまでになかった。この行為のおかげで，われわれの後に生まれる者はこれまでで最も高い歴史に属することになる！』」

（『悦ばしい知』125，原典からの引用者による翻訳（数字はアフォリズム番号））

▶腐った屍となった「神」に息を吹き返させるのか，それとも神なき世界を引き受けるのかと，ニーチェはわたしたちに問いかける。彼は新たな神をもちだすことはしない。しかしディオニュソスにせよツァラトゥストラにせよ，何か神的なものに「真実」を告げさせては，問題を明らかにする。真実は，虚偽に対立して，唯一性と絶対性を専有する真理とは異なる。誤解すら含む解釈の多様性と，生成変化を免れえない，あるがままの現実の姿である。現実を事実として認めて，真実を見きわめるのは難しい。真実に立ち向かう洞察力は，ニヒリズムを招くかもしれない。けれども現実を直視せよ，とニーチェは言う。それが「神の死」を見つめることである。露わにされた真理が露呈する虚妄性を知ることは生の必然性であるとニーチェは捉える。そして，真理なき世界を見すえるニヒリズムを生きぬく強さをもつよう求める。神の死後も生き続けて，生命を連綿とつなぐ人間。真理を認識する力を創造の力に転換させる人間は，最大の行為を自らに与える。そのありかたこそ神的であり，唯一の神はいなくても無数

の神々はいるともいえるだろう。ニーチェは語る。「おまえはもはや祈らず，崇拝せず，無限の信頼のうちに休まることはない」という諦観は自らを支える力となって，「そこから人間はしだいに高まる」（『悦ばしい知』285）ことができると。そして「『生は認識の手段である』という原則を胸に抱いていれば，勇敢に生きるだけでなく，悦ばしく生き，悦ばしく笑うことができる」（同書324）のだと。

Q 「真理も神もない世界で生きることに意味はあるのだろうか？」

A 「人間は最も勇気ある動物である。そうして人間はあらゆる動物を征服した。奏でる音を響かせながら，あらゆる痛みも克服した。人間の痛みは最も深い痛みである。勇気は，深淵をのぞいたときのめまいにも打ち克つ。人間はいたるところで深淵に立ち尽くす！　目を開けて見ること，それじたいが深淵をのぞきこむことではないだろうか？　勇気は最良の殺害者である。勇気は同情を打ちのめす。同情は最も深い深淵である。生をより深くまで見るほどに，より深い苦悩を見ることになる。攻撃する勇気。それは死すらも打ち殺す。なぜなら勇気はこう語るからである。『これが生であったのか？　よし！もういちど！』と。このことばが奏でる音。耳をもつ者よ，耳をよく傾けて聴いてみよ。」

（『ツァラトゥストラはこう語った』「幻影と謎」，原典からの引用者による翻訳）

▶ニーチェは，反キリスト者として神を亡きものにし，哲学者として真理を破壊する。批判哲学という闘いの哲学は，闘う勇気をつねにもって生きよ，と命ずる。「戦争と勇気は，隣人愛よりも多くのことを為しとげた」と語るニーチェにとって，戦争の「敵」すなわち批判の対象は，自分と対等な「最善の敵」である。それは軽蔑ではなく誇るべき敵である。敵に対する好意や感謝が批判となって表れて，対立する否定と肯定はやがてひとつの精神に統一される。なぜなら「否定して破壊すること」は肯定には必要不可欠の条件だからだ。つまり生に意味を見いだそうと思えば，生の無意味を知り，その無意味さを徹底的に体験しなければならない。そうして永遠にくり返し生きる覚悟を，喜びへと転換させること。自らの生と闘い，無意味を無意味として肯定する勇気をもつこと。ニーチェの哲学は人間を奮い立たせる。

II 近代

用語解説

(1) **ニヒリズム [Nihilismus]** ニーチェの定義では、「最高の諸価値が無価値となり、目標や『なぜ？』への答えが欠けていること」。それは「意志しないよりはむしろ無を意志する」人間にとって「最後の意志」であり、価値や理想を極限まで考えると必然的に現れてくる論理である。「消極的・受動的ニヒリズム」と「積極的・能動的ニヒリズム」がある。前者は「弱さ」すなわち「精神の後退した力」のしるしである。後者は「強力な破壊力」により価値の無価値性を暴露して、それを引き受ける「強さ」すなわち「精神の高揚した力」の表出である。解釈の多様化と多数性を求めて、ニーチェは、絶対的で唯一の真理を崩壊させる「力への意志」の哲学を唱えた。その真理の解体過程のなかで、二つのニヒリズムは力の相対的な差異として相互補完的に作用しあう。

(2) **道徳 [Moral]** 『道徳の系譜』や同時期の遺稿によれば、道徳の問題は「価値判断そのものの価値」と「悪の根源」の問題である。つまり「善悪という価値判断はどのような条件のもとで見いだされたか」を問うことである。ニーチェは「劣」、「悪」という二つの悪をもとに道徳を「主人道徳」と「奴隷道徳」の二つに類別する。前者の道徳は古代ギリシアを、後者の道徳は古代ローマとキリスト教的世界を典型にもつが、この分類に、強者と弱者や支配と服従の関係だけを見いだすのは誤解である。たとえば『善悪の彼岸』では、二つの道徳が緊密に並存していることや、一人の人間の魂で同時に現れることもあると指摘されている。「道徳そのものが誠実さとなって道徳を否定する」という「道徳の自己超克」が、従来の価値の価値そのものを問う「道徳の本来の問題」である。

(3) **永遠回帰 [ewige Wiederkunft, ewige Wiederkehr]** 究極的で永遠的に回帰する生。この思想が最初に現れるのは『悦ばしい知』である。「『ツァラトゥストラはこう語った』の根本思想が示されている」とニーチェが語るこの著作で、デーモンは告げる。「今おまえが生きている、またこれまで生きてきたこの生を、おまえはもう一回、いや、無限に生きなければならない。そこに新しいものは何もない。あらゆる苦痛、快楽、思考、ため息など、ことの大小を問わず、おまえの生のすべてが、まったく同じ順序と結果を伴って再来しなければならない」と。それを受け入れるためには、どれほど自分の生をいとおしんでいなければならないか分かるか、と問いただされるように、「最も重い試練」であり、また「ニヒリズムの極限形式」でもある。それを消極的に受容するのではなく、積極的に引き受ける「運命愛」に転換させて、「肯定の最高形式」として生きることで、「力への意志」は体現化される。

より深く学ぶために

〈基本文献〉

　　『ニーチェ全集』全12巻，西尾幹二他訳，白水社，1979-1987年

　　『ニーチェ全集』全15巻，別巻4，吉沢伝三郎他訳，筑摩書房，1993-1994年

　　『ニーチェ事典』三島憲一共同編集，弘文堂，1995年

〈入門・解説書〉

　　『ニーチェを学ぶ人のために』青木隆嘉，世界思想社，1995年

　　『ニーチェとメタファー』サラ・コフマン，宇田川博訳，朝日出版社，1986年

　　『ニーチェと哲学』ジル・ドゥルーズ，足立和浩訳，国文社，1991年

　　『ニーチェ』ゲオルク・ピヒト，青木隆嘉訳，法政大学出版局，1991年

　　　　　　　　　　　　　　　　　　　　　　　　　　　　　　（阪本恭子）

Ⅲ 現代

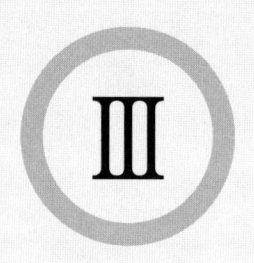

フロイト	レヴィ゠ストロース
ソシュール	バーリン
フッサール	ロールズ
ヴェーバー	クーン
ラッセル	フーコー
ハイデガー	ハーバーマス
ウィトゲンシュタイン	マッキンタイア
ベンヤミン	
ハイエク	
サルトル	
ボーヴォワール	
メルロ゠ポンティ	

現　代

年	出来事	日本
1914	第一次世界大戦が始まる（〜1918）	大正時代
1915	ドイツのアインシュタインが一般相対性理論を完成	
1917	ロシア革命	
1919	パリでベルサイユ条約。ドイツがヴァイマル憲法制定	米騒動（1918）
1920	国際連盟成立	
1922	ソヴィエト社会主義共和国連邦成立	関東大震災（1923）
1929	世界経済恐慌	普通選挙法（1925）
1939	第二次世界大戦が始まる（〜1945）	昭和時代
1941	太平洋戦争が始まる（〜1945）	
1945	ドイツが無条件降伏。日本がポツダム宣言を受諾。国際連合成立	日本国憲法公布（1946）
1948	世界人権宣言。インドのガンディーが暗殺される	
1949	北大西洋条約機構調印。中華人民共和国成立	
1950	朝鮮戦争	
1962	キューバ危機	東京オリンピック（1964）
1969	アメリカのアポロ11号が月面着陸	
1975	ベトナム戦争が終結	
1979	ソ連がアフガニスタンに侵攻	
1980	イラン・イラク戦争	
1986	ソ連のチェルノブイリ原発事故	
1987	米・ソが中距離核戦力（INF）全廃条約に調印	
1989	天安門事件。マルタで米ソ首脳会談，冷戦終結宣言	平成時代
1990	東西ドイツが統一	
1991	湾岸戦争。ソヴィエト社会主義共和国連邦解体	阪神淡路大震災・地下鉄サリン事件（1995）
2001	アメリカ同時多発テロ	
2003	イラク戦争	

フロイト

(Sigmund Freud: 1856–1939)

生涯と思想

　あなたは「自分の心が病んでいる」と感じたことはないだろうか？　フロイトは，あたかも胃カメラで胃を覗くように，人の心を覗こうとした。そして，人の心のなかに〈無意識〉という暗黒の世界があることを垣間見たフロイトは，こう結論した。人はみな潜在的に（心の）病気なのだ，と……。

　フロイトは1856年5月6日，モラヴィア地方のフライベルク（現在のチェコ）にユダヤ人として生まれた。フロイトが3歳のとき一家はウィーンに移住。以後，ナチスの迫害から逃れてイギリスに亡命するまでの79年間，フロイトはこの地に居つづけた。1873年にウィーン大学医学部に入学。1876年からブリュッケ（E. Brücke: 1819–1892）の研究室で神経系の研究を重ねたが，転機は1885年に訪れる。この年フロイトはパリのシャルコー（J. M. Charcot: 1825–1893）のもとに留学する。シャルコーは当時神経医学の権威であったが，フロイトがパリで見たものは，催眠術を駆使してヒステリーの研究をデモンストレーションして見せるシャルコーの刺激的な講義だった。器質的な病因をもたない病気＝心の病気があることをフロイトはシャルコーを通して学ぶ。これ以後のフロイトの軌跡は，まさに精神分析学という新しい学問が生まれていくプロセスであった。

　「物事にはすべて原因があるはずだ」フロイトはそう考えた。だとすれば，ふつう単なる偶然と考えられている言い間違いや度忘れ，あるいは一見不可解な夢にも，何か意味があるに違いない。同じことはヒステリーや強迫神経症といった心の病にもいえる。フロイトは，これらがみな，**抑圧**された願望の表現であることを見いだした。つまり言い間違いも夢も心の病気も，同じ心のメカ

Ⅲ 現代

ニズムに基づいていたのである。人間の心の奥底（＝無意識）には，抑圧されたエネルギーが渦巻いている，そしてその核には**エディプス・コンプレックス**がある——これがフロイトが見た心の光景だった。

フロイトとの対話

Q　「よく知っているはずの人の名前や地名を思い出せないことがあるけど，どうしてなんだろう？」

A　「不快な感情と結びついているがために，それを思い出すと不快感が再びよみがえってくるようなものは，記憶がこれを思い出すことを好まないということです。想起あるいはその他の心的行為にともなう不快を回避しようとするこの意図，すなわち不快からの心理的迷走こそ，名前の度忘れのみならず，怠慢，見当ちがいなどのような，多くの錯誤行為の究極的な有力な動機であると認めざるをえません。」

（『精神分析入門（正）』懸田克躬・高橋義孝訳，人文書院，1982年，60頁）

▶フロイトは人間の心（無意識）を，さまざまな力がせめぎあうダイナミックなプロセスとしてとらえた。たとえば本当は会いたくない人と仕事か何かの用事で会わなければならないようなとき，「会いたくない」という願望と「会わなければならない」という義務感とが心のなかで葛藤を起こすことになる。この場合，「会いたくない」という願望はふつう抑圧されるが，一般に願望は抑圧されたからといって消滅するわけではない。それは無意識のなかでくすぶっており，おのれを実現しようとあらゆる機会を狙っているのである。その結果，「会いたくない」という願望は，たとえばその人の名前を忘れるとか，待ち合わせの約束を忘れるといった，変形された形で実現されることになるのである。

Q　「毎日夢を見るけど，夢に何か意味があるのだろうか？」

A　「夢は全体としては或る他のもの，すなわち無意識的なものの歪曲された代理物であり，夢解釈の課題はこの無意識的なものを発見するということにあるということになります。」

（『精神分析入門（正）』懸田克躬・高橋義孝訳，人文書院，1982年，92頁）

▶人間の心は睡眠中であっても完全に休止してしまうわけではない。むしろ抑圧の働きが睡眠中は衰える分，無意識にある願望はより活発に活動するといえる。夢はこの願望を充足させることによって，睡眠中の心の動きが眠りを妨げないようにする役割をもっている。この際，抑圧の機能は，覚醒時より衰えているとはいえ，機能し続ける（これを夢の「検閲」とよぶ）。そのため無意識の願望は変形され（歪曲），夢はしばしば不可解なものとなるのである。

用語解説

(1) **抑圧** 精神分析の理論的中核をなす概念である。願望が抑圧されることによって，人間の心のなかに緊張，ダイナミズムが生まれる。言い間違いや度忘れのような錯誤行為や夢，神経症といった心の現象は，すべてこのダイナミズムから生まれるのである。ただしフロイトは，この抑圧される願望を主に性的なものであると考えた。

(2) **エディプス・コンプレックス** 人間の性的エネルギー（リビドー）はすでに幼児期から活動している，とフロイトは考えた。それは最初，性倒錯的な特徴を示すが，一定の発展段階を経て特定の対象へと向けられるようになる。この対象とは，男児の場合母親である。つまりフロイトによれば，人類の性愛は最初はすべて近親相姦的なのである。しかしこの欲望は許されざるものであり，父の存在によって抑圧される。こうして父―母―子の三角関係をめぐって幼児の無意識に形成されるコンプレックスを，ギリシア神話にちなみ，エディプス・コンプレックスという。エディプス・コンプレックスはすべての神経症の核であるだけでなく，人間の文化を形成する原動力でもある，とフロイトは考えた。

より深く学ぶために

〈基本文献〉
『フロイト著作集1 精神分析入門（正・続）』懸田克躬, 高橋義孝訳, 人文書院, 1982年
『フロイト著作集2 夢判断』高橋義孝訳, 人文書院, 1983年

〈入門・解説書〉
『フロイト』（Century Books 人と思想24）鈴村金彌, 清水書院, 2001年
『フロイト入門』妙木浩之, ちくま新書, 2000年

（甲田純生）

Ⅲ 現代

ソシュール

(Ferdinand de Soussure: 1857-1913)

生涯と思想

　言語哲学者フェルディナン・ド・ソシュール（以下，ソシュール）は，1857年11月28日，スイスのジュネーヴに生まれた。父は昆虫学者，祖父は化学者，曽祖父は物理，生物，地質学者，さらにその先は天文学者とさかのぼると，彼の家系に18世紀来の博物学，自然学，哲学などの伝統が脈々と流れていることがわかる。その伝統を意識して，ソシュールは，ジュネーヴ大学で（1875-76），物理や化学などの自然科学の講義を聴いていたらしい。しかし1876年，ソシュール19歳のとき，パリ言語学会の会員になると，ジュネーヴを離れ，本格的に言語学への道を歩むこととなる。

　ソシュールの言語学は，彼の家系の伝統でもあった従来の自然科学的学批判であった。18世紀来，人間の行動は物理的世界の出来事と同じように自然科学的に説明されてきた。しかし，ソシュールは，彼の言語学を通して，人間の行動を可能にするのは，物理的法則ではなく社会的価値や習慣であると捉えた。

　さて，ソシュールの言語学の学説は構造主義といわれている。ソシュールは，単語の意味は，体系内の差異によって決まるということを示した。わかりやすくいえば，日本語の体系内では，「雪」という言葉の意味は，「雨」「あられ」と違うということから意味が決まるということである。1960年代，このソシュール理論をもって，要素の価値は，その体系内において，各要素がどんな関係にあるかを調べる必要があるという構造主義ブームが起こる。一方で，構造主義批判が起こり，ソシュール理論も批判されることとなる。その批判は，構造主義は，歴史と人間を否定した冷たい構造分析にすぎないというものであった。しかし，ソシュールは，構造と歴史，制度と人間のダイナミズムを語っている。

そのことを,『一般言語学講義』(ソシュールがジュネーヴ大学で行った1907年, 1908-1909年, 1910-1911年の三回の講義を聴講生たちのノートをもとにまとめたもの) を通して知ることができる。

ソシュールとの対話

Q 「なぜ『犬』は日本語では『イヌ』で英語では『dog』なのだろうか?」

A 「第一原理:言語の恣意性
シニフィアンをシニフィエと結び付けている絆は恣意的である。あるいはさらに, 私たちは, 記号を, シニフィアンをシニフィエと結び付けることから生じる全体と理解しているので, より単純に言うことができる。: 言語記号は恣意的である。」

(『「ソシュール一般言語学講義」校注』第一部 第一章 第二節の原典からの引用者の翻訳)

▶単語(言語記号)の**シニフィアンとシニフィエ**, つまり音素列と概念との関係を考えてみると, 実際には何の関係もない。ある対象(概念)を「inu」という音素であらわすことには何の必然性もなく, その対象に適当な音素列を当てることもできたはずであるという意味で恣意的である。ところで,「inu」という音素に対応して, 日本人の頭のなかでは何らかの表象(聴覚映像)が作られる。アメリカ人が「inu」という音を聞いても意味を理解することはない。ということは,「inu」という音素列とある概念とのつながりは, 日本語のなかだけの単なる約束にすぎないということがわかる。しかし, この約束は, 生まれつき頭のなかに入っているものではない。日本語という**ラング**を使っている人々の社会が設定した約束である。だから, 日本語を使って意味を伝達しあうためには, 単語を作っている音素列と概念との結びつきの決まりごとを, 理屈抜きに覚えなければならない。ここにラングの社会性という性質がある。

Q 「なぜ『かなしい』という単語は昔『いとおしい』という意味で, 今は『痛ましい』という意味なのだろうか?」

A 「私たちの学(言語学)の静的な相に関係するものは共時態であり, 進化に関係があるものは通時態である。同様に, 共時態と通時態は, それぞれラングの状態と進化の局面を示している。」

III 現代

(『「ソシュール一般言語学講義」校注』第一部 第三章 第一節の原典からの引用者の翻訳)

▶ある特定の時代におけるラングの静的な状態を「共時態」とよぶ。昔の日本語では,「いとおしい」という概念に「kanasi」という音素列を結び付け,今の日本語では,「痛ましい」という概念に「kanasii」という音素列を結び付け,静的状態を呈している。ではなぜ「kanasi」から「kanasii」へと変わったのか。それは偶然である。この変化を「通時態」とよぶ。そして,偶然は一切の法則性からのがれる。

用語解説

(1) **シニフィアンとシニフィエ [signifiant と signifié]** 日本語では,能記と所記と訳されることが多い。仏語の signifier（意味するの意）の現在分詞形シニフィアンを音素（実際の音ではなく抽象的単位）,過去分詞形シニフィエを概念とする。この二つの恣意的結びつきによって純粋に関係的・抽象的な言語記号が,人為的に作られるのである。

(2) **ラング [langue]** 言語記号の体系のこと。パロール〔parole〕（現実の発話）とは区別される。ラングとパロールのダイナミズムに時間が働きかけ,「共時態」と「通時態」のダイナミズムを生む。

より深く学ぶために

〈基本文献〉

『「ソシュール一般言語学講義」校注』トゥリオ・デ・マウロ著,山内喜美夫訳,而立書房,1976年

『一般言語学講義』小林英夫訳,岩波書店,1972年

〈入門・解説書〉

『ソシュール言語学入門』F. ガテ著,立川健二訳,新曜社,1995年

『ソシュール』J. カラー著,川本茂雄訳,岩波書店,1979年

『ソシュールの思想』丸山圭三郎,岩波書店,1981年

『言語学史』R. H. ロウビンズ著,中村完・後藤斉訳,研究者出版,1992年

（江本 待子）

フッサール

(Edmund Husserl: 1859-1938)

生涯と思想

　1859年4月8日，オーストリア帝国の小都市プロスニッツ（現在はチェコ共和国のプロスチェヨフ）で洋服屋を営むアドルフとマリアーナ・フッサール夫妻の4人兄弟の次男として生まれた。76年の冬学期から三学期間，フッサールはライプツィッヒ大学で天文学や数学，物理学，哲学を学ぶ。そこで，後のチェコスロバキアの大統領となるマサリクと出会い，彼からはイギリス経験論の研究を強く進められたという。78年の夏学期からベルリン大学で，数学者のクローネッカーやヴァイヤーシュトラウスらの講義を聴講する。その後ウィーン大学でブレンターノの講義を聴き，哲学に進む決心をする。81年には「変分法論考」という数学の論文で博士号を取得し，ヴァイヤーシュトラウスの助手となる。84年には再びブレンターノの講義に出席する。86年にはハレ大学のシュトゥンプフのもとに移り，翌年に教授資格論文「数の概念について―心理学的分析」を提出し，ハレ大学の私講師に就任する。この論文をもとにして91年には，彼の最初の著作『算術の哲学』が出版される。

　1900年には『論理学研究』第一巻を上梓し，当時支配的であった心理学主義を徹底的に批判し，現象学を提唱するに至る。翌年にはゲッティンゲン大学の助教授に任用され，『論理学研究』第二巻を出版する。この著作は第一巻の心理学主義への厳しい批判ゆえにプラトン主義的な立場をとっているかのように理解されていたが，主題は，「客観性の《《自体》》が《《表象》》され，しかも認識によって《《把握》》されるということ，したがって結局は再び主観的になるということは，いったいどのように理解されるべきであろうか」ということであり，この問題に意識の**志向性**の立場から取り組んでいる。11年には雑誌『ロ

193

III 現代

ゴス』に「厳密な学としての哲学」を発表し，自然主義的哲学と世界観哲学に対する批判を行う。13年には『イデーン』第一巻を出版し，**現象学的還元**の方法を確立する。この書は最初『哲学および現象学研究年報』第一巻に掲載された。この『年報』にはシェーラーの『倫理学における形式主義と実質的価値倫理学』やハイデガー（→210頁）の『存在と時間』などが掲載され，現象学運動の成果を次々と公開する場になっている。さて，『イデーン』においてフッサールは，現象学的還元によって拓かれた超越論的主観性の領野のノエシス―ノエマの構造分析に取り組んでおり，『論理学研究』の立場よりも観念論的な色彩が濃くなっている。1916年9月からフライブルク大学に移り，ハイデガーと出会うことになる。『イデーン』第一巻の公刊以降，フッサールは著作を出版せず，沈黙の時代が続いているかにみえるが，実際にはこの期間中に，彼の死後公開されることになるさまざまな分析が行われており，表立っての活動とは裏腹に実り多い時代であるともいえる。

　1928年には『形式論理学と超越論的論理学』を発表する。この著作は『論理学研究』での問題を，彼のその後の成果を踏まえ，超越論的現象学の立場から考察し直したものであり，形式論理学から超越論的論理学へと至る路が示されている。ここでの形式論理学は数学をも含む広い意味での論理学であり，数回しか名前は出てこないが，ヒルベルトの形式数学が批判の俎上にあげられているといってもよい。問題は論理学の現象学的基礎づけであり，特に論理学が前提としている真理やそれを成立させる矛盾律や排中律をいかにして現象学的に基礎づけるかということである。フッサールはそれを述定（判断）から，それに先立つ経験における明証性の問題として遂行した。このような考察において明らかになるのは，意識の目的論的構造であり，論理学が最終的には世界を経験するわれわれの生にかかわるがゆえに，世界論理学であるということ，そしてその世界には他者も含まれるがゆえに，いかにして客観性が構成されるかという**間主観性**の問題であり，フッサールの後期思想に位置づけられる発生的現象学の諸問題を初めて明らかにしたといえる。

　1931年には，パリでの公演をもとにして『デカルト的省察』が出版される。この著作の第五省察においてフッサールは間主観性の問題を論じた。また36年

にはプラハでの講演「ヨーロッパ諸学の危機と心理学」をもとにして『フィロソフィア』誌に『ヨーロッパ諸学の危機と超越論的現象学』を掲載する。この書の第一部においては，自然科学による「自然の数学化」が学問と生の乖離を招き，学問の危機を導いたとして批判され，そのような学問やわれわれの経験の普遍的基盤としての生活世界への還帰の必要性が説かれ，**生活世界**の現象学が展開されている。そして38年にナチスが台頭するなかで，78才の生涯を閉じた。彼の生前に公刊された著作は決して多くはない。またそのような著作はすべてプログラム的な性格をもつものであり，具体的な分析に欠けるともいわれている。しかしフッサールは膨大な量の草稿やメモを残しており，それらは現在フッサール全集（*Husserliana*）として公刊中である。

　たびたびいわれるように，フッサール現象学の中心問題は意識の志向性の分析である。しかしながら彼の現象学を単なる意識分析の学問と見なすのは誤りである。フッサール現象学の第一の課題は学問の基礎づけであり，意識の分析もその関連において読まれるべきである。実際彼によって公刊された著作のほぼすべてが，学問論としての論理学の現象学的基礎づけにむけられているし，また論理学の基本的な概念である真理や意味といった理念的対象が意識といかにして関わるのかという問題にむけられているのである。

フッサールとの対話

Q 「私たちが見ている対象とはなにか？」

A 「たとえば外部知覚の場合，（視覚的な知覚現出の現象学的意味での）具体的な視作用の実的な部分的成素をなす，色の感覚的契機は，知覚作用の性格や色のついた対象の完全な知覚現出と同様《体験された》ないしは《意識された内容》である。それに対してこの対象それ自身は，知覚されてはいるが，しかし体験されても意識されてもいない。またその対象に付帯して知覚される色彩も体験され意識されてはいない。（中略）見られた色は－すなわち，現出する対象に付帯してその性質として視覚的な知覚の内に現出し，そし

III 現代

てその対象と一緒に,現に存在しているものとして措定される色は—たとえ実在しているとしてもけっして体験として実在しているわけではない。しかしそれにもかかわらずその色には,この体験の内部で,すなわち知覚の現出の内部で,何らかの実的な部分的成素が対応している。つまりその色には色彩感覚が,質的に規定された現象学的な色の契機が対応しているのであり,そしてこの契機が知覚のなかで,したがってその契機自身に付属する知覚の組成要素(《対象の色彩現出》)のなかで《統握》され,客観化〔=対象化〕されるのである。」

(『論理学研究3』立松弘孝・松井良和訳,みすず書房,1974年,144～145頁)

▶知覚とは極めて奇妙な働きをしている。たとえばわたしたちが目の前のサイコロを見ている場合,わたしたちはそのサイコロを立方体であると思って見ている。しかしそのサイコロの裏面や底面も見えていないし,厳密にいえばそれは立方体ではない。しかしそれをわたしたちは裏面も底面もある立方体として見ているのである。すなわち,わたしたちは物理的には見えていないものまでも見ているともいえるであろう。この何かを何かとして把握すること,あるいは実際に見えているものよりも多くを見ているということが知覚の特徴であり,そこに意識の志向性が関わっている。この「見る」という意識の内にサイコロそのものが入っているわけではなく,それの色や形などの感覚的な要素から意識は成立している。しかしわたしたちが見ているのはまさに立方体としてのサイコロであり,その限りでサイコロは意識の内容になっているともいえる。この実際に意識を形成する感覚的内容(実的内容)と,実際に見ているものとしての意識内容(志向的内容)の差異と同一性こそが意識の謎であり,フッサール現象学はその謎を意識の志向性という特徴から解明しようとしたのである。

Q 「現象学的還元によって,対象に変化が起こるのか?」

A 「還元を施された知覚の『中』に(現象学的に純粋な体験のなかに),われわれは,その知覚の本質に取り除き難く属するものとして,知覚されたものそのものを見出すのだが,このものは『物質的事物』,『植物』,『樹木』,『花咲き誇りつつある』等々のものといった具合に表現されうる。いま,右のように引用符をつけて言い表したが,この引用符は明らかに意味を持っているのであって,つまりその引用符は,あの符号変更,すなわち語の意義のそれな

りの徹底的変様を，表現しているわけである。そこに一本ただ生い茂っているだけの単なる樹木自体，それは自然のなかの事物だが，それはそのつど知覚に知覚意味として切り離し難く属しているところの，あの，樹木として知覚されたものそのものでは断じてない。樹木自体は丸焼けになったり，その科学的要素に解体したり，等々することができる。ところが意味というものは—すなわち，この知覚の意味，つまり知覚の本質に必然的に属しているものは—，丸焼けになることができないし，またそれは，何らの科学的要素をも，何らの力をも，何らの実在的特質をも，持ってはいないのである。」

(『イデーンⅠ-Ⅱ』渡邊二郎訳，みすず書房，1984年，111頁)

▶先のサイコロの例をもう一度取り上げてみよう。そのサイコロは，現実には立方体ではないが，立方体として見られているのであった。わたしたちはそのように考えることで，サイコロは立方体ではないと疑うことができる。そのように疑いうるものを現象学的分析に持ち込むことは許されない。それをフッサールはデカルト(→77頁)の懐疑に倣い，現象学的還元という方法として確立した。しかしデカルトとは異なり，フッサールはそのような懐疑によって世界が無化されるとは考えていない。すなわち現象学的還元を行うことによって，「サイコロは立方体として現実に存在する」という判断は停止されるが，「立方体として存在していると思われたもの」としてあり続ける。この，「思う」ことと「そうであると思われているもの」との関係がノエシス—ノエマの相関関係とよばれる。ノエマとしての対象は，まずはそうであると思われたものであるがゆえに，一切の実在的な性格を剝ぎ取られているのである。そしてこのノエマがいかにして成立するかということが構成という現象学の中心問題に導くのである。

Q 「判断停止を行っている私たちはどこにいるの？」

A 「あらゆる客観性，すなわちおよそ存在するあらゆるものがそこに解消される普遍的相互主観性が人間以外の何ものでもないことは明らかであるし，この人間性は疑いもなく，それ自体世界の部分的要素である。世界の部分的要素である人間的主観性がいかにして全世界を構成することになるのか。すなわち，みずからの志向的形成体として全世界を構成することになるのか。世界は，志向的に能作しつつある主観性の普遍的結合の，すでに生成し終え，またたえず生成しつつある形成体なのであるが，そのさい，相互に能作しつつ

197

Ⅲ 現代

ある主観そのものが，たんに全体的能作の部分的形成体であってよいものであろうか。」

（『ヨーロッパ諸学の危機と超越論的現象学』細谷恒夫・木田元訳，中央公論社，1981年，257頁）

▶現象学的に考察を行うものとして，わたしたちは現象学的還元を行い世界を括弧のなかに入れ，それを超越論的主観性によって構成されたものと見なしているのである。その限りで主観性は世界の外にある。しかしその超越論的主観性は，同時に人間的主観性として世界の内にもある。このことをフッサールは人間的主観性の逆説とよんだ。現象学的還元は確かに超越論的主観性の領野を拓くのであるが，しかしそれは，超越論的主観性に先立って，私が世界のなかにあることによって可能になるのである。このことをフッサールは超越論的事実とよんだ。なぜならそれは，超越論的主観性を可能にし，その他一切の経験および世界現象を可能にするような事実だからである。この超越論的事実の問題はハイデガーの世界内存在やメルロ＝ポンティ（→236頁）の『知覚の現象学』における分析と密接に関わっている。

用語解説

(1) **志向性 [Intentionalität]**　意識は常になにかについての意識であるという意識の特性を表す言葉であり，この志向性が現象学の中心問題であるといわれる。フッサールはこの概念を彼の師であるブレンターノから受け継いだが，ブレンターノは現象を物理的現象と志向的現象とに区別するために用いた。それに対してフッサールは，対象は常に志向性によって意識に与えられると考えた。しかしわたしたちの意識に与えられるのは，何らかの感覚であるが，その感覚をわたしたちは見たり聞いたりしているのではなく，その感覚を統握，あるいは解釈することによって，何らかの意味においてその対象を見たり聞いたりしているのである。したがって，意識・意味・対象の三つの項の関係が志向性の問題の中心問題となる。

(2) **現象学的還元 [phänomenologische Reduktion]**　現象学的分析を行うための方法。フッサールは学問の基礎づけという課題を掲げて現象学を提唱していた。そのために無前提で，絶対に疑い得ないところから現象学をはじめる必要性を感じていた。この現象学的還元の方法は，デカルトの方法的懐疑を模範にしている。わたしたちがふだん生活しているときには，さまざまな先入見をもって生活している。現象学的分析を行うためにはまずこの先入見を遮断せねばならず，それをエポケー（判断停止・括弧入れ）という。また絶対的に疑い得ないものとしてフッサールは，デカルトと同様に，意識の領野を発見する。そしてこの意識は常に対象についての意識であるから対象の

存在は意識という絶対的な存在に相関的なものとされる。そしてこの領野における本質必然性を獲得するために偶然的・事実的な要素が排除される。これらの一連の手続きを総称して現象学的還元という。

(3) **間主観性**［Intersubjektivität］　現象学的還元により，さしあたり「我れあり」の確実性が獲得され，それこそが現象学的分析の場になるが，そうなるとこの分析はどこまでいっても「我れ」を越えることのない，独我論的なものになってしまう。この問題にフッサールは『デカルト的省察』の第五省察で取り組んでいる。ここでもやはり自分以外の一切のものを排除した原初的領域から考察をはじめるが，その領域に物体としての他者の身体を見いだす。その物体はわたしの身体と同じような振る舞いをし，そのことによって対化が生じ，それによってその物体が身体という意味を受け取り，そのうえに自己移入が生じ，他我が構成される。このように構成された他我は，わたしの経験している世界と同じ世界を経験しているのであり，そのことが客観性を保証し，そのような世界を構成する主観を超越論的間主観性という。

(4) **生活世界**［Lebenswelt］　フッサールの後期思想の中心概念のひとつ。生活世界とは，あらゆる個別経験や理論に先立ちわれわれに直接与えられており，あらゆるものの基盤となるような世界。フッサールは最後の著書『ヨーロッパ諸学の危機と超越論的現象学』においてヨーロッパの諸学問が危機の状態にあると診断した。その理由は，諸科学の生に対する意義の喪失という点に求められ，数学による世界の理念化こそがその元凶とされる。しかしながらそのように数学的に表現された世界は，現実には存在しない世界であり，われわれの経験を基盤にして初めて成立しているのである。その基盤を覆い隠してしまったところに学問の危機が存するのである。生活世界についての現象学は，そのように見過ごされてしまってはいるが，しかしあらゆる理論，あらゆる経験に先立ち，それを成立させる基盤の分析である。

より深く学ぶために

〈基本文献〉
『デカルト的省察』，浜渦辰二訳，岩波文庫，2001年
『ヨーロッパ諸学の危機と超越論的現象学』，木田元，中公文庫，1995年
『論理学研究』1～4，立松弘孝他訳，みすず書房，1968～78年

〈入門書・解説書〉
『これが現象学だ』谷徹，講談社現代新書，2002年
『フッサールの現象学』ダン・ザハヴィ，工藤和男他訳，晃洋書房，2003年

(紀平知樹)

III 現代

ヴェーバー

(Max Weber: 1864-1920)

生涯と思想

　19世紀のドイツは、政治的自由の実現という幻想が失われていく一方で、農業資本主義と工業化の進展により、経済的自由主義が急速に展開していった。また、ルター(→54頁)以来の宗教改革の伝統は、カント(→130頁)やヘーゲル(→147頁)の文化プロテスタンティズム(宗教的リベラリズム)により、聖書信仰の根底を揺るがされていた。そのとどめを刺すように、マルクス(→170頁)やニーチェ(→177頁)が登場してくる。こうしたさなか、経済的自由主義の家系に属し、自身政治的リベラリストであった父マックスと、宗教的リベラリストの母ヘレーネとの間に、マックス・ヴェーバーは、1864年、エアフルトに生まれた。幼少年時代を、さまざまなリベラリズムの流れが交錯する、ベルリンで過ごした。ちょうど同じころ、新約学のブッセや旧約学のグンケルなど、宗教史学派(リベラル・プロテスタンティズム)の主要なメンバーも生まれている。

　社会主義者鎮圧法により、政治的リベラリズムが挫折した、1878年の後、ヴェーバーは、政治家となるため弁護士をめざし、ハイデルベルク大学で法学を学んだ。しかし、1883年ころから、クニースの講義などを通し、スミス(→119頁)の古典派経済学と出会った。ここから、古典的リベラリズムの思想を学ぶ。つまり、「倫理的な」生き方、神から独立し、自分の意志や感情を基準とする生き方である。これには、自然法的残滓が含まれていたが、父の世代のいわば、ユートピア・リベラリズムを、現実的なものに鍛え上げるきっかけを与えてくれた。ちょうど同じころ、彼は、伯母のイーダや母を通して、ユニテリアンのチャニングの思想とも出会う。キリスト教の本質を、禁欲、すなわち倫理的生き方とみなす考え方を学ぶ。これは、ヴェーバーを取り巻く文化プロテスタン

ティズムや宗教史学派にも共通する宗教的リベラリズムの思想である。また，チャニングからは，ゼクテ，倫理的資質をもつ者の集まりという考え方をも学んだ。この思想は，ヴェーバーの宗教改革観に重大な影響を及ぼした。同時に，伯父のヘルマン・バウムガルテンから，政治的リベラリズムの思想も吸収した。

　こうして，ヴェーバーは，リベラリストとして成熟し，24歳過ぎには「自己完結した人間」（聖書的に見れば，神の助けを不要とする人）となったといわれる。その直後の1892年，彼は，東エルベの農業労働者調査研究において，マルクスを意識しながらも，人間を根底において駆り立てるものは，「自由への憧憬」であると言い放った。しかも，この自由は，酔いから醒めた精神によって，実現されねばならなかった。リベラリストとしての思想は，さらに「キリスト教」や自然法的残滓から完全に解放される必要があった。1894年，フライブルク大学に国民経済学正教授として就任する前後，ニーチェとジンメル（Georg Simmel: 1858-1918）の思想に出会う。これによって，リベラリストとしてのものの見方は，揺るがないものとなる。しかし，同時に，ニーチェが味わったのと同様の，「キリスト教」世界との精神的軋轢，緊張はますます高まっていった。しかし，ニーチェとの思想的関係を，生涯ヴェーバーは隠し通した。周囲の者も，ヴェーバーをルター派のプロテスタントとみなした。

　この緊張は，1897年，ハイデルベルク大学に移り，イェリネクやトレルチ（Ernst Troeltsch: 1865-1923）ら，さまざまな分野のリベラリストとの出会いがあった直後，最高度に高まった。これは，父との激論を契機とする，精神の病への転落に帰結した。普通，「父殺し」といわれるこの事件は，実は，母の理解した倫理的「キリスト教」，つまり，禁欲の否定へとつながっていったことから，むしろ「母殺し」とみなすべきであろう。病気後のヴェーバーの全業績は，古典的リベラリズムのルーツで，自分を病に追い込んだ禁欲と格闘し，**責任倫理**リベラリズムの構築を計るものだったと見なせる。これ自体，神を不要とする自己治癒の試みでもあった。

　「ロッシャーとクニース」論（1903-1906）に始まる，一連の方法論は，従来の古典的リベラリズムを根拠づけてきた学問的方法を批判しつつ，責任倫理を基礎づける学問的方法として，理解という方法を鍛え直そうとするものであった。

III 現代

「プロテスタンティズムの倫理と資本主義の《精神》」論文（1904-1905）は，禁欲を批判しつつ，これを，責任倫理リベラリズムへと彫琢しようとする，出発点となった。これ以降，一連の宗教社会学研究（特に「世界宗教の経済倫理」1915-1920）は，責任倫理へとつながるような信念倫理の系譜学とみなせる。禁欲と神秘主義とを対比しつつ，己が知と力にのみ頼る個人をどこまでも追い求めていく。いわゆる『経済と社会』（1910-1914旧稿／1919-1920新稿）は，責任倫理を基礎づけ，自己治癒を計るための学として，**理解社会学**を構想するものであった。1906年のロシア革命論研究に始まる，一連の政治評論では，責任倫理的生の外的チャンスが模索された。これを踏まえ，『職業としての政治』講演（1919）は，責任倫理的に生きるとどうなるかを描き出した。さらに，『職業としての学問』講演（1917／1919／出版1919）では，責任倫理的生にとって，学問はどのように役立つかが，考察された。

以上のように，ヴェーバーは，徹頭徹尾，聖書から自由に自分で善と悪を判断するリベラリストとしての生を送り，そのための学を構築したといえる。

ヴェーバーとの対話

Q 「これから世の中はいったいどのようになっていくのだろうか？」

A 「運命［宿命］はこの外衣［外物についての配慮］を化して鉄のように堅い外枠 Gehäuse をつくった。禁欲は現世を改造して，その内部で成長をとげようと試みた結果として，現世の外物は嘗［か］つて歴史にその比をみないほど強く，竟［つい］にはのがれ得ない力を人間の上に振うに至った。今日では，こうした禁欲の精神はすでに──永久にか否か，誰も知らない──この外枠から消え去っている。……将来もこの外枠のなかに住む者が誰人［たれびと］であるのか，そうしてこの大なる発展の尽きるときときには，全然新しい預言者たちがあらわれるのか，それとも嘗つての思想と理想の力づよい復活が起こるのか，それとも──そのいずれでもないなら──一種の病的［ひきつるような］自己陶酔をもって……粉飾された……機械的化石化……がおこるの

か，それはまだ誰も知らない。もし最後の場合であるなら，こうした文化的発展の『最後の人々［末人たち］』については，……間違いなく……次の言葉が真理となるであろう——『精神のない専門家［人］，感性のない享楽人。これらの無のもの……は，人類の嘗つて達せざりし段階に登ったのだと自惚［うぬぼ］れるのである』と。——」

(『プロテスタンティズムの倫理と資本主義の《精神》』梶山力訳，安藤英治編，未來社，1994年，356〜357頁。［　］内は引用者。中略を，……で表す)

▶職業を神からの召命（「**天職**」）と考える禁欲は，救いの確信を己れの力で獲得しようとした。そこで，隣人に役立つ職業を，神に喜ばれる善行だとみなし，それに専心した。しかし，これは，ヴェーバーの目から見れば，市場メカニズムを，鉄のように堅い外枠（「**鉄の檻**」）にする行為に他ならなかった。見通すことのできる限り，人類の未来は，ますます，この外枠が強化される方向にある。そこでは，個人の自由は失われ，心身をひきつらせながら，全く無意味な職業活動がなされる。しかも，彼らは，ニーチェの「末人」のように，自らを最高度に進化を遂げた人類だ，とうぬぼれるのである。禁欲は，キリストによる罪の贖いを信じるキリスト者の姿というよりは，自力のみに頼るリベラリストのプロトタイプといえる。

❓「人間らしい生き方とは，どのようなものだろうか？」

🅐「世界に起こる出来事が，いかに完全に研究され尽くしても，そこからその出来事の意味を読みとることはできず，かえって，〔われわれ自身が〕意味そのものを創造することができなければならない。つまり，『世界観』とは，決して経験的知識の進歩の産物ではないのであり，したがって，われわれを最も強く揺り動かす最高の理想は，どの時代にも，もっぱら他の理想との闘争をとおして実現されるほかはなく，そのさい，他の理想が他人にとって神聖なのは，われわれの理想がわれわれにとって神聖なのとまったく同等である。こうしたことを知らなければならない，ということこそ認識の木の実を喰った一文化期の宿命［運命］にほかならない。」

(「社会科学と社会政策にかかわる認識の「客観性」』富永祐治・立野保男訳，折原浩補訳，1998年，岩波文庫，41頁。〔　〕内は折原。［　］内は引用者)

Ⅲ 現代

▶ますます,「鉄の檻」が強化されていくなかにあって, 少しでもまだ, 人間の自由が残されているように見える今, なすべきことは何だろうか。それは, 物質的な「流れに抗して」(秩序化を進める, 非神話化された諸力・諸勢力 (神々) に抗して), だれにも頼ることのない独立独歩の人間となることである。ヴェーバーによれば, 現代は,「**脱魔術化**」され,「神に疎遠で預言者なき時代」である。つまり, ニーチェが理想とした生き方,「善悪の知識の木の実」を食した者 (聖書でいう「罪人」) にふさわしく, 唯一の神にも頼らず生きることが求められている。これは, 生きる意味を自分で見つけ, 己れの知と力だけに頼り生きる道である。この道を歩む責任倫理家は, 人間 (「罪人」) が人間らしく生きる者といえる。この生き方は, 同じく自力のみによって生きる人々との闘争を通して実現される。これを, ヴェーバーは「神々」(己れを神とする人々)「の闘争」と呼んだ。

Q 「人間らしく生きるのに, 学問は何の役に立つのだろうか?」

A 「たとえていえば, 諸君がある態度をとろうと決心すると, 諸君はある一つの神 [神] に奉仕しているのであり, それは同時にそれと別の神の対面をけがしていることになるのだ。なぜなら, 諸君が自己に忠実であろう [あり続けよう] とすれば, 特定の究極の, 内的な意味深い帰結に到達しなくてはならなくなるからである。こういう学問上の役目は, 少なくとも原則としては, 実現できるものである。哲学という専門科目や個別諸学科のなかで, 本質的に哲学的, 原理的な論究をする部門は, そういう努力をしている。だから, われわれが自分の仕事 [ザッヘ] を理解している場合には (ここではともかく, この理解はすでにあるものと考えられなければならない), 個人個人にかれ自身の行動の究極の意味について [自分自身に] 弁明しなければならぬように仕向けることができるし, 少なくともその弁明の手助けをすることはできる。このことは, まったくの個人的な生活 [純粋に人格的な生] にとっても無意義 [そんなに些細なこと] だとは [わたくしには] 思えない。それがうまくやれる教師がいたら, ここでもわたくしは, その教師は「倫理的な」力 [「人倫的」諸力] のために, すなわち明晰をおしえ責任感を呼び起こす [つくり出す] という義務のために, 働いて [奉仕して] いるひとだ, といいたくなるのである。」

(「職業としての学問」『ウェーバー 社会科学論集』(完訳・世界の大思想1) 所収 出口勇蔵訳, 河

出書房新社，1982年，399頁。[　]内は引用者）

▶学問は，人間らしい生き方をするのに役立つ。それは，「鉄の檻」に従順に従う「流れに抗して泳ぐ」ことを教える。ただし人が，責任倫理的に，自己の知と力のみを頼りとし，自己の行為に責任をもって生きようとするときにのみ，学問は役立つ。学問は，今，自分がいったい何のために生きているのかを教える。自分の理想とする生き方と現実の自分との矛盾を知らせてくれる。この知識に基づき，自己の行為を改めるならば，真に人間らしい生き方ができる。つまり，他人や神に頼らず，自分にだけ頼る生き方は可能となる。この生き方は，普通の日常生活のなかで，デーモンに従うことにより，容易に行うことができる。しかし，この「人間らしい生き方」とは，聖書の見方をすれば，悪魔の助けを借り，己れを神とすることである。

用語解説

(1) **責任倫理[Antwortungsethik]**　普通，これは，自分の行いの結果を，引き受けること，結果責任と解される。せいぜい，自分の行為の究極の意味を，自他に弁明すること，説明責任を兼ね備えたものと理解されている。しかし，己が知と力のみに頼る姿勢を，ヴェーバーは責任倫理といっている。己が知と力のみに頼ろうとしつつも，意図に反する結果を引き受けない，悲劇的英雄倫理である禁欲などの信念倫理と対照される。

(2) **理解社会学[verstehende Soziologie]**　自分の行為が，なぜ意図とは違う結果を生み出すのかという宿命 Verhängnis（運命 Schicksal）を解明する科学。これが生じるのは，自分が必ずしも意識せずにしていることが，自分のしているつもりの行為と異なる悲劇のためである。これを解明し，「自ら」（の行為の意味）「を知る」ことを目標とする。この悲劇は，自己治癒剤ともされる。この方法を用いて，ヴェーバーは，救いの確信を得るために働いているつもりが，鉄の檻を作るのに勤しんでいたという，禁欲の事態を解明した。責任倫理に生きる人間を陶冶する学。

(3) **天職[Beruf]**　ヴェーバーは，ルター以降の聖書翻訳において，それまで宗教的意味しかなかった Beruf（永遠の救いへの召し）という語が，世俗の職業を意味する語の訳としても用いられるようになった，と考える。さまざまな世俗の職業は，天職であるという思想の由来をここに求める。この心理的起動力を，禁欲的プロテスタンティズムがもたらし，資本主義の精神を生み出すのに一助あった，とする仮説。しかし，旧約外典（七十人訳）は，世俗の職業を意味する語で，永遠の救いへの召しを表していたのを，翻訳者たちは正しく意訳した。それが訳語の語義変化にともない，誤解されるようになった，とも考えられる。

(4) **鉄の檻[Gehäuse]**　本来は，殻・容器と訳すべき語。ニーチェのアフォリズムに由

III 現代

来する。ある行為に，ひきつるようにしがみつき，それが固着すること。職業労働への禁欲的没入が，職業人を生み出したことを理解社会学を用いて説明するのに，ヴェーバーはこの語を用いている。未来の隷従の檻は，国家官僚制（生きた機械）の下にいよいよ強化されるという。この殻から解放され，自分がよいと思うように生きることが，ヴェーバーの自由観である。聖書は，これこそ罪だとし，聖書に仕える自由を与える。

(5) **脱魔術化[Entzauberung]** 古代ユダヤの預言者とギリシア科学とが協力して進めた，世界を，科学という新しい魔術以外の方法では支配できないものと考える過程。この結果，古代ギリシアと同様，宿命論が再び登場する。反面，人間が，己れの知と力のみに頼って生きる英雄的生も進行していく。鉄の檻という宿命に屈する末人と，それに抗する責任倫理家に，人類は分かたれることになる。ヴェーバーが注視したのは，後者が歩んだ他力から自力への過程である。この過程には，魔術（他力）から解放されるという側面と，世界の統一的な意味が剥奪され，己れを神とする（自分の奴隷となる）人々による神々の闘争が出現するという側面とが存在する。

● より深く学ぶために

〈基本文献〉

『社会科学と社会政策にかかわる認識の「客観性」』富永祐治・立野保男訳，折原浩補訳，岩波文庫，1998年

『プロテスタンティズムの倫理と資本主義の《精神》』梶山力訳，安藤英治編，未來社，1994年，『同』大塚久雄訳，岩波文庫，1989年

『理解社会学のカテゴリー』海老原明夫・中野敏男訳，未來社，1990年

『支配の社会学』世良晃志郎訳，創文社，I，1960年，II，1962年

『宗教社会学論選』大塚久雄・生松敬三訳，みすず書房，1972年

『職業としての学問』（改訳版）尾高邦雄訳，岩波文庫，1980年

『職業としての政治』脇圭平訳，岩波文庫，1980年

〈入門・解説書〉

『マックス・ウェーバー』（新装版）マリアンネ・ウェーバー，みすず書房，1987年
＊リベラル・プロテスタントの闘士としてヴェーバーを描く，妻による伝記。

『ヴェーバー『経済と社会』の再構成 トルソの頭』折原浩，東京大学出版会，1996年
＊難しいが，理解社会学の格好の入門書。

『マックス・ヴェーバーとその同時代人群像』W. J. モムゼン他，ミネルヴァ書房，1994年
＊ヴェーバーを取り巻く人々との関係から，ヴェーバーを理解する最高水準の研究書。

(古川順一)

ラッセル

(Bertrand Arthur William Russell: 1872-1970)

生涯と思想

　バートランド・ラッセルは，幼少時に母と父を相次いで亡くし，祖母の庇護のもと18歳まで育てられた。

　1890年18歳でケンブリッジ大学に入学し数学を学び，また哲学への関心をもち始める。そのひとつは認識論的な問題であった。ともかくも数学において，知が成立することを示したかったのである。初期ラッセルの思索は，ほぼ数学の哲学に集中している。そのなかで『数学の原理』(1903)は大きな転換点であった。この著作での「表示概念」の問題は，有名な論文「表示について」(1905)へと展開される。この論文で「記述の理論」が最初に提示されるわけだが，それは「哲学の模範（パラダイム）」とまで評され，今日まで強い影響力をもち続けている。また，『数学の原理』では，論理主義（数学を論理学へと還元する立場）の展開のなかで発見されたパラドックスが述べられている。それは同じく論理主義の完成をめざしていたフレーゲにも大きな衝撃を与えた。このパラドックスへのラッセル自身の解決策（タイプ理論）は，師ホワイトヘッドとの共著『数学原理（プリンキピア・マテマティカ）』全3巻（1907-1910）のなかで述べられている。この大著は（アリストテレス（→13頁）の論理学に代わる）フレーゲの論理学（『概念記法』1878）を世に知らしめ，その後の論理学研究をおおきく促した。ラッセルは，かつて物理学の進展に数学が寄与したように，哲学の発展に論理学が寄与することを期待していたが，それは英米の分析哲学の隆盛として実現することになる。

III 現代

ラッセルとの対話

Q「『或る人』とは何を意味しているのだろうか？」

A「『私は或る人に会った』と主張するとき，何を本当に主張しているのだろうか。いま，私の主張は正しく，そして実際にはジョーンズに会ったとしよう。私が主張しているのは，『私はジョーンズに会った』ではないことは明らかである。[というのも]私は，『私は或る人に会った，しかし，それはジョーンズではなかった』と言いうるだろう。この場合，私は嘘をつくことになるけれども，(中略) 自己矛盾になることはない。また，私の話しかけている人は，たとえその人が外国人でジョーンズのことを聞いたことがないとしても，私の言うことを理解できるのは明らかである。」　（『数理哲学入門』16章，原著の引用者訳，[ ]内引用者）

▶「或る人 (a man)」とは，この場合，それを発言した当人が実際に会った人，つまり，ジョーンズを意味しているのではないだろうか。確かにそのように考えやすい。ところが，もしそうであれば，「或る人」と「ジョーンズ」を入れ換えても同じ意味の文になるはずだし，ジョーンズを知らない人は「私は或る人に会った」という文を理解できないことになるはずである。しかし，そうはならない。では，一体，何を意味するのだろうか。実はそう問うこと自体が誤りなのである。

以下，ラッセルの「記述の理論」（ラッセル独自の貢献として，通常，フレーゲの扱い方と異なる「**確定記述の理論**」を指す）のなかで最小限のことを確認する。

Q「『或る人』の意味が，どうして問われるのだろうか？」

A「この問題［中略箇所での問題］を扱った大多数の論理学者たちは，文法に欺かれて間違った方針でそれを処理した。彼らは分析において文法形式を実際以上に確実な導き手と見なした。そして，彼らは，文法形式のどういった相違が重要なのかわかっていなかった。『私はジョーンズに会った』と『私は或る人に会った』とは，伝統的に同一形式の命題とみなされるだろうが，本当はまったく異なった形式なのである。最初の命題は，現実の人間，ジョーンズを名指しているが，二つ目の命題は**命題関数**を含み，明示するなら，『命題関数『わたしは x に会った，そして x は人である』は真となることがある』

となる。」 (同書16章，原著の引用者訳，[ ]内引用者)

▶「或る人」という語は，固有名ジョーンズと同様に，文のなかで主語になったり（英文法でいう）目的語になったりする。だから，固有名が特定の人を指すように，「或る人」も何かを指すと考えてしまい，難問をかかえてしまうのである。正しい分析は，日常言語（日本語，英語）の文法形式に依拠するのではなく，その文の**論理形式**に即してなされなければならない。「私は或る人に会った」を，引用のような仕方で，或いは「私の会った人が存在する」と言い換えるとき，「或る人」という語はもはや現われず，誤った問いが生ずることはない。「或る人」は，文のなかでのみ意味をもち，単独では意味をもたない種類の言葉（「不完全記号」とよばれる）なのである。

用語解説

(1) **確定記述** 「『坊ちゃん』の著者」のように，特定のものが定まる表現を言う（英語では定冠詞 the を伴う）。確定記述は，「『坊ちゃん』を書いた人が存在し，しかもそうした人は一人しかいない」と分析される。
(2) **命題関数** 「わたしは x に会った，そして x は人である」という表現は，x（"x" は「変項」と呼ばれる）に任意の名前を補うことで命題（文）になり，真偽を決めることができる。こうした表現が命題関数とよばれる。
(3) **論理形式** 論理学における正しい推論とは，前提がすべて真であるならば結論が必ず真となる推論のことで，「妥当」な推論とよばれる。ところで，妥当であるか否かを保証するのは推論のパターンであり，それが最も伝統的な意味での「論理形式」である。論理学は，さまざまな推論の体系的考察を通じ，論理形式を書き表すために形式言語とよばれる言語を導入している。形式言語では，その文法構造がそのまま論理形式を示す。日常的な文の論理形式とは，その文を形式言語へ翻訳したものに他ならない。

より深く学ぶために

〈基本文献〉

「指示について」清水義夫訳，坂本百大編『現代哲学基本論文集Ⅰ』，勁草書房，1986年
「数理哲学入門」中村秀吉訳，『ラッセル』（世界の大思想26），河出書房，1966年
『私の哲学の発展』野田又夫訳，みすず書房，1960，1997年
　＊ウェブサイト「ラッセル研究者と愛好家のためのホームページ」の邦訳リストを参照。

〈入門・解説書〉

『ラッセル』（人類の知的遺産66）市井三郎，講談社，1980年［著作の抜粋を含む］
『言語哲学大全Ⅰ　論理と言語』飯田隆，勁草書房，1987年　　　　　　（国越道貴）

Ⅲ 現代

ハイデガー

(Martin Heidegger: 1889–1976)

生涯と思想

　1889年9月26日，ドイツのバーデン州（現バーデン-ヴュルテンベルク州）メスキルヒにハイデガーは生まれた。1909年，フライブルク大学神学部に入学したが，1911年，哲学部へ転部した。1913年，学位論文「心理主義における判断の教説」により，主査シュナイダー，副査リッケルトのもとで学位を取得。1915年，教授資格論文「ドゥンス・スコトゥスの範疇論と意義論」により，リッケルトのもとで教授資格を得た。1923年，マールブルク大学哲学部の教授（persönlicher Ordinarius）となる。1927年，『存在と時間』を出版。翌1928年，フッサール（→193頁）の後任として，フライブルク大学哲学部の教授となる。1933年，フライブルク大学の総長に選出され，ナチスに入党した。翌年，総長職を辞任。戦後の1946年，フランス軍政当局により，教職禁止となる。1951年，復職し，退官。1976年5月26日，フライブルクにて心臓麻痺で死去。

　ハイデガーの哲学的研究の出発点は，初期フライブルク時代（1919-23）の諸講義にみられるように，宗教的経験へのつながりを保ちながら，個別的で歴史的な生の根本構造を表明化するような哲学を求めるということにある。その試みは，ディルタイの「生の哲学」から受け継いだ「生」の問題圏において，フッサールの現象学にもとづく現象学的態度を用いるものであったといってよい。そうした企図のもと，ハイデガーの解釈によるとアリストテレス（→13頁）は，新しい根本的な着想によって生の根本構造への洞察を示しており，その哲学は「ラディカルな現象学的人間学」である。ハイデガーのいう生の根本構造の表明化としての哲学は，根本的に歴史的認識であって，それを遂行することは「事実性の解釈学（Hermeneutik der Faktizität）」とよばれた。この場合「**事**

実性」とは，私たちの固有の「**現存在（Dasein）**」の存在性格を表わす名称であり，しかもそれは，そのつどの現存在を意味する。また「解釈学」とは，概念化する解釈作用の遂行を意味し，それは現存在の存在の仕方である。したがって，「事実性の解釈学」とは，現存在の自己解釈の遂行にほかならない。

　主著とみなされる『存在と時間』は，「ある（存在する）もの」すべてを「ある（存在する）もの」たらしめている，その「ある（存在する）」ということの意味を問う問い——「存在の意味への問い」——を哲学の根本的な問いとして立てることを試みたものである。ハイデガーにとって哲学とは存在論であり，それは現象学としてのみ可能であると考えられた。だが，この著作は，当初の全体構想のうち第1部第2篇までが前半部として出版されたにとどまり，本来なら決定的なものとなるはずの後半部は，結局書かれなかった。現行の『存在と時間』ではまず，初期フライブルク時代のテーマであった事実的な生ないし現存在の根本構造の解明が，表明的に「現存在の現象学」として遂行され，それは，存在一般の意味を問う本来の存在論のための準備として「基礎的存在論」とよばれた。ハイデガーは，アリストテレス解釈をつうじて，日常における存在についての理解に探究の端緒を見いだし，そうした「存在理解」を根源的な仕方でもっている日常的な現存在の分析を課題としたのである。ハイデガーにしたがえば，存在者（存在するもの）はまず，現存在にとって役立つものとして，つまり有意義なものとして出会われる。この有意義性の連関が現存在の「世界」であって，現存在はつねにすでにそうした世界のうちにいわば投げ込まれ，そこに馴染んでいるという仕方で存在している。その意味で，現存在の根本体制は「世界-内-存在（In-der-Welt-sein）」とよばれた。現存在の存在の仕方が露わにされるあり方が「開示性（Erschlossenheit）」であるが，この開示性には「情態（Befindlichkeit）」，「理解（Verstehen）」，「語り（Rede）」という形式がある。情態とは，気分という形で自己を見いだしているというあり方であり，理解とは，存在可能性の直接知，存在可能性の企投である。理解はつねに情態的なものであって，この情態的理解を分節するのが語りである。情態的理解の内容は，語りによる分節をつうじて言葉となる。ところで理解は，差し迫って来る存在の将来的な性格を示しており，また情態は，世界への既在を表

わしている。そして語りは，あらゆるものを現在的にする。このように私たちは現存在として，将来的，既在的，現在的に存在することによって「現 (Da)」に存在しているのである。「世界内部の存在者のもとでの存在として，世界の内ですでに，自らに先立って存在する」という現存在の存在を，ハイデガーは「関心 (Sorge)」と名づけ，その存在論的意味を「**時間性** (Zeitlichkeit)」として明らかにした。

『存在と時間』ののち，ハイデガーにとって哲学は，もはや現存在の解釈ではなく，存在企投 (Seinsentwurf) の表明的な形態である。彼は哲学をことさら形而上学として捉え，それを「現存在における根本生起」(『形而上学とは何か』[1929]) だとしているが，こうした形而上学は，時間へ向けての存在企投である。存在企投とは，存在可能性の空間，つまり世界を開くことであり，それはいわば世界構築である。ところでハイデガーの所論にしたがえば，存在そのものは，存在者を明るみに出しつつ自らを隠して退いてしまうという仕方で，自らを歴史的に送りつけてくるのであり（「存在の命運」），このことによって西洋形而上学の歴史にはエポックが画される。このような哲学史観は，「存在史 (Seinsgeschichte)」とよばれた（『ニーチェ』講義等）。「存在」とは，もはや「存在者の存在」にとどまらない。「存在そのもの」，「**存在の真理**」が思索のテーマとされているのである。ハイデガーによれば，プラトン（→6頁），アリストテレスのもとで存在がウーシア（現前性）として捉えられ，この現前性としての存在が本質存在 (essentia) と事実存在 (existentia) に区分されることによって，ピュシスとしての原初の存在が忘却される。こうした「存在忘却」とともに，存在史上で「形而上学」とよばれる時代——この形而上学は原初からの墜落と見なされる——が始まるのである。形而上学の克服を企てたニーチェ（→177頁）は，ハイデガーの解釈によると，依然としてギリシアの思索者たちのいう意味での存在に依拠し，本質存在と事実存在の区別に囚われているという点で，形而上学の完成者である。

ハイデガーはまた一連のヘルダーリン講義・講演において，ヘルダーリンの詩作をめぐって独自の哲学的思索を展開しているが，詩作はハイデガーにとって，存在企投として理解されねばならないものである。つまり，詩作は，時間

へ向けた存在の企投であり，ハイデガーによるとヘルダーリンの詩作は，「民族の根源的な時間をめざした時間決定」である。ヘルダーリンの詩作のなかで時間は，「（逃げ去った）神々」や「（到来する）神」という符丁によって言葉へと達し，それによって時間が特定の仕方で経験されるのである。ヘルダーリンは，時間を新しく企投し，新しい世界の可能性を開いた詩人として理解された。

なお，ハイデガーは，形而上学への批判を展開するなかで，技術の本質を現代という時代の本質として捉え，それを「立て組み（Ge-stell）」とよんだ（『技術への問い』[1953]）。それは，「用立てる」（役立つものとして仕立てる）という仕方で現実のもの（存在者）を現出させるという構造の連鎖へと，人間を挑発してゆくことである。そのような技術において重視されているのは，不在への対抗としての「現前へともたらすこと」であり，こうした技術をハイデガーは，現前の哲学である形而上学の完成として理解したのであった。

ハイデガーとの対話

Q　「『ある（存在する）』などという言葉の意味が，なぜ今さら問われねばならないのか？」

A　「今日私たちは，『存在している（seiend）』という言葉で本来意味するものは何かという問いに対して，答えをもっているのだろうか。けっしてそのようなことはない。そうだとすればやはり，存在の意味への問いを改めて立てることが大切である。それではまた，今日私たちは，『存在（Sein）』という表現を理解できずに，ただ困惑してばかりいるのだろうか。けっしてそのようなことはない。そうだとすればやはり，この問いの意味に対する理解をまず再び喚起することが大切なのである。」

（『存在と時間』巻頭言，原典からの引用者による翻訳）

▶私たちはふだん「ある（存在する）」という言葉を使って生きている。しかもその際，その言葉の意味は自明だと思い，あるいはまた，その言葉は普遍的な概念だと考えているように思われる。だが，いざその言葉の意味を問われると，きっと答えに窮してしまうにちがいない。ところが，実際に使っているのだから，その言葉の意味を知っ

Ⅲ 現代

ているはずである。この日常的な「存在理解」をもっている私たち（現存在）に，ハイデガーは「存在の問い」を問いかけることになる。そもそも『存在と時間』のテーマは，「ある（存在する）」ということの意味を問う「存在の意味への問い」を立てることである。しかも，その問いは，「改めて」立てられねばならない。というのも，この問いは，じつはすでに古代ギリシア以来問われ続けてきたものであるが，ハイデガーから見れば正しく立てられておらず，今では忘れ去られてしまっている（「存在忘却」）からである。なお，「存在の問い」を問うハイデガーは，「あるということ」（存在）と「あるもの」（存在するもの・存在者）とを区別し（「存在論的差異」），「あるということ」（存在）の意味を問うのである。

Q 「私たちが『ある（存在する）』ということは，もの（例えばペン）が『ある（存在する）』ということと，どのように異なっているのか？」

A 「それぞれ私たち自身が，分析するのが課題となっている存在者である。この存在者の存在は，それぞれ私のものである。この存在者自身は，その存在において，自らの存在に対して態度をとっている。このような存在をもっている存在者としてそれは，その固有の存在に委ねられている。存在は，この存在者自身それぞれにとって関心の的になっているものである。」

(『存在と時間』第9節，原典からの引用者による翻訳)

「ギリシア人たちは，『事物』を表す適切な術語をもっていた。それはすなわち，プラーグマタであり，これは，配慮的な交渉（プラークシス）において携わっているものである。しかし彼らは，存在論的にはまさに，プラーグマタの特殊に『実用的』な性格を明らかにせず，それらを『さしあたり』『たんなる事物』と規定した。私たちは，配慮において出会う存在者を道具と名づける。交渉のなかで見いだされるのは，書く道具，縫う道具，工作する道具，乗る道具，測る道具である。」

(『存在と時間』第15節，原典からの引用者による翻訳)

▶ 『存在と時間』ではまず，「存在の意味への問い」を問う存在論の準備として，私たち自身が各々その存在者である「現存在」の分析が行われる。この現存在は，存在するということにおいて，自分が存在することに対して関わりあっている。その意味で，現存在のいわゆる本質は，このような「実存（Existenz）」にある。この実存の構造は，

「被投的企投(geworfener Entwurf)」である。つまり，現存在は，世界-内-存在という体制のなかで，特定の状況に制約されながら，自己の存在可能性を企投し選び取るというあり方をしているのである。こうした現存在が自らの存在において関わりあっている存在とは，そのつど私の存在であり，このような性格は「各自性(Jemeinigkeit)」とよばれた。他方，事物，とくにまず私たち現存在がもっとも身近に出会う存在者は，世界-内-存在としての現存在がものを操作し使用するという配慮において出会うものであり，その意味でそれは「道具」とよばれた。道具というものは本質上，「……するためにある」という有用性を備えており，そのような仕方で道具は，私たちの手許に存在しているのである(「手許性(Zuhandenheit)」)。

用語解説

(1) **事実性[Faktizität]** 初期フライブルク講義においてハイデガーは，私たちの「生」の根本的性格を，それが「事実的」であるということに認め，「事実的な生」・「事実的な生の経験」を探究のテーマとした。いわば「生」の問題圏の中心に見いだされたのが，「事実性」の問題領域である。「事実性の解釈学」という理念のもとで「事実性」は，私たちの現存在の存在性格の名称であるとともに，そのつどの現存在を意味してもいる。のちに『存在と時間』で述べられたように，それぞれの現存在がそのつど事実として存在しているという意味での「事実性」は，事物が事実上現存しているということとしての事実性(Tatsächlichkeit)とは，存在論的に区別されねばならない。

(2) **現存在[Dasein]** 特に『存在と時間』のなかでハイデガーはまず，私たち自身が各自それであり，とりわけ「問う」という存在可能性をもっている存在者を「現存在」とよんだ。ハイデガーは，私たち自身であるこの存在者を「人間」とはよばないが，それというのも，その概念とともに特定の先入見が探究のうちに入り込んでしまうからである。また，この「現存在」という名称は，「机」や「家」のようにそれが何であるかを表現するのではなく，その存在，つまり「現(Da)」——いわば自己や世界が開示される明るみの場——であるという存在を表現している。しかも現存在は，つねに存在可能性を企投するという仕方で存在するものとして，「可能態(Möglichkeit)」である。

(3) **時間性[Zeitlichkeit]** 『存在と時間』における現存在の分析論によると，現存在の存在は「関心(Sorge)」であるが，この現存在の存在の存在論的意味——現存在の存在を可能にする根拠としての意味——が「時間性」である。現存在は，つねにすでに世界の内にあり(既在)，世界内部の存在者と配慮的に交渉しつつ(現前化)，自らの存在可能性を企投することで存在を到来させる(将来)。こうして現存在は，「時間的」に存在しているのである。既在(Gewesen)，現前化(Gegenwärtigen)，将来(Zukunft)の統

Ⅲ　現代

一的な現象を，ハイデガーは「時間性」と名づけた。
(4) **存在の真理 [Wahrheit des Seins]** 『存在と時間』でも示されているように，ハイデガーは「真理（Wahrheit）」を「アレーテイア（aletheia）」の意味で，つまり「隠れなさ・非隠蔽態（Unverborgenheit）」という意味で理解している。「存在の真理」は，とくにいわゆる中期・後期ハイデガー哲学に特有の概念であり，ハイデガーにしたがえば，「存在」の開けそのものが「隠れなさ」である。それは，「存在」がその本質において開かれるという事態であり，現存在の実存および存在者との出会いを可能にする場としての存在の明るみである。ハイデガーのいう思索は本来，実存するものである人間の居所として「存在の真理」を思索するのである。

より深く学ぶために

〈基本文献〉
『存在と時間』全3巻（中公クラシックス）原佑・渡邊二郎訳，中央公論新社，2003年（『ハイデガー』（世界の名著62）所収の改訳）
『形而上学とは何か』（ハイデッガー選集1）大江精志郎訳，理想社，1961年
『ヘルダーリンの詩の解明』（ハイデッガー選集3）手塚富雄ほか訳，理想社，1962年
『ヒューマニズムについて』（ちくま学芸文庫）渡邊二郎訳，筑摩書房，1997年
『言葉についての対話』（平凡社ライブラリー），高田珠樹訳，平凡社，2000年

〈入門・解説書〉
『ハイデガー』（ロロロ伝記叢書）ヴァルター・ビーメル著，茅野良男ほか訳，理想社，1986年
『マルティン・ハイデガー』（岩波現代文庫）ジョージ・スタイナー著，生松敬三訳，岩波書店，2000年（1992年刊『ハイデガー』の改題再刊）
『ハイデガー　ドイツの生んだ巨匠とその時代』（叢書ウニベルシタス）リュディガー・ザフランスキー著，山本尤訳，法政大学出版局，1996年
『ハイデガー　存在の歴史』（現代思想の冒険者たち08）高田珠樹，講談社，1996年
『ハイデガー入門』（世界思想ゼミナール）ギュンター・フィガール著，伊藤徹訳，世界思想社，2003年

（佐々木正寿）

ウィトゲンシュタイン

(Ludwig Josef Johann Wittgenstein: 1889-1951)

生涯と思想

　ルートヴィヒ・ウィトゲンシュタインは，1889年4月26日，オーストリアの首都ウィーンで生まれた。父のカール・ウィトゲンシュタインはオーストリアの鉄鋼業界の指導的人物であった。ユダヤ人の血を引く8人兄弟の末子で，兄4人，姉3人のうち長兄から三兄まではいずれも自殺している。すぐ上の兄パウルはピアニストで，第一次世界大戦に参戦して右腕を失ったが，その後も片腕のピアニストとして演奏活動を続けた。ウィトゲンシュタインの家族には音楽，絵画など芸術の才能に恵まれたものが多く，本人も音楽に非凡な才能をもっていたといわれている。

　ウィトゲンシュタインは，父親の方針で兄や姉達と同様に少年時代は家庭教師によって家庭で教育された。しかし，彼の場合には家庭教育が必ずしもうまくいかず，また長兄の自殺もあってか，14歳の秋から公立学校へ通うこととなった。幼少の頃から機械いじりに関心をもっていた彼は1903年からリンツの実科学校で学んだ後，1906年10月，ベルリンに出てシャルロッテンブルクの工科大学へ機械工学の学生として入学する。飛行機の組み立てに興味をもっていた彼はそこでの生活に失望し，父親の勧めによって1908年の春，イギリスに渡り，マンチェスター大学の工学研究所に籍を置く。この時期の関心は，プロペラの設計，そのための数学的研究にあったという。こうして，ウィトゲンシュタインの興味は，機械工学から数学へ，さらには数学基礎論から論理学へと移っていく。工学の研究に見切りをつけた彼は1911年に論理学者のフレーゲを訪ね，今後のことを相談する。彼の薦めに従って同年10月にケンブリッジに行き，ラッセル（→207頁）に会い，そのまま聴講生としてラッセルのもとで研究を続け

III 現代

た。翌1912年2月には、正式にマンチェスター大学からケンブリッジのトリニティー・カレッジに移り、最初は学部学生として、6月には大学院生として登録された。こうして彼の研究生活が始まった。それは、1951年4月29日に亡くなる直前まで続くのである。

ウィトゲンシュタインの哲学は大きく前期と後期に分けられる。前期の哲学的思索の成果が1918年に完成した（出版は1922）とされる『論理哲学論考』（以下『論考』という）である。その後10年余りの空白期間を経て、哲学に復帰した彼は後期思想の集大成とされる『哲学探究』（以下『探究』という）の完成に向けて思索を続けた。『探究』は、本人がその公刊に意欲的であったにもかかわらず彼の生前は出版されることなく、1953年に弟子たちの手で世に出された。ウィトゲンシュタインは『探究』完成後も自らの思索の展開に全精力を傾けた。こうした彼の思索の内容も『心理学の哲学』や『確実性の問題』等を通してうかがい知ることができる。

ウィトゲンシュタインの哲学は、その内容もさることながら、その方法において大きな特徴がある。主著とされる『論考』と『探究』は、通常、われわれの想像する哲学書とは多分に趣を異にする。自らの理論の体系的叙述という体裁は一切とっておらず、『論考』においてはまさに思索の結果を簡潔に表現するアフォリズムの集積のごときであるし、『探究』においては、自ら問いを立て、それに答え、さらに問いを続けていくという作業の繰り返しである。最後には問題の解決ではなく解消をめざす、というのが彼の哲学の基本的方法であり、彼の哲学観でもある。こうした事情もあって、主著で展開されている諸問題の相互関連性が分かりにくく、彼の哲学に対する評価も多様であった。その後、彼の死後30年近くを経て彼の遺稿管理人の手で膨大な量の遺稿が発見・整理され、公刊された。これによって彼の哲学の全貌がいままさに解明されつつある。

ウィトゲンシュタインの哲学を貫くテーマは「論理に関する考察」と「生と主体に関する考察」にあるといわれている。もっとも彼の書き残したもののほとんどは「論理」、正しくは「言語の論理」に関するもので、後者の問題については多くは語られることなく「示される」だけである。ある意味からすれば、

この二つのテーマを繋ぐのが「言語の本質」そして「論理の本質」をめぐる考察であったといえるかもしれない。
　前期の思想を代表する『論考』は「世界は，実際に生起することのすべてである。」から始まり「人は，語りえないことについては沈黙しなければならない。」で終わる7つの命題群から成っている。序文で言うように，そこでの「哲学的諸問題」を扱う際の仕方として，そうした問題が「言語の論理」の誤解に基づくことを示すことが主著のねらいとされている。つまり，思考に対してではなく「思想の表現」に対して限界を引くことにより，過去の哲学問題の解消をはかろうというのである。こうして，彼の考察は「言語の限界」を確定する「論理の探究」に向けられる。そこでの論点のひとつは，対象と名に関わる考察と，命題と現実の写像関係に関わる考察である。言語は世界と「論理形式」を共有することにより世界の写像たりうるという『論考』で展開された主張の背後には，言語の意味を対象に求める考え方が堅持されている。もっとも，この言語観の批判という形で後期の哲学が展開されることとなるのではあるが。なお，ウィトゲンシュタインは，1914年の第一次世界大戦が始まると直ちに志願し，最前線での戦闘にも参加している。こうした経験は彼のいう「語りえぬことがら」，つまりは，価値や倫理，人生の意味や死といった問題への彼の強いこだわりに大きな影響を及ぼしたといわれている。
　『論考』を書きあげたことにより，すべての哲学的使命を終えたと考えていたウィトゲンシュタインは，1919年に捕虜収容所から釈放されると直ちに教員養成学校に通い，僻村の小学校教師となった。熱心な教師ではあったが，あるいはそうであった故に周囲の状況になじめず，結局1926年には教師の職を辞してウィーンに戻ることとなる。この間，彼の名は『論考』の著者として有名になっていた。とりわけ，論理実証主義を標榜するウィーン学団には広く読まれていた。こうしたなか周囲の強い誘いもあり，1929年に再びケンブリッジに戻り，哲学を再開することとなる。
　同年1月に40歳でトリニティ・カレッジの大学院に再入学し，6月に『論考』で博士の学位を得て，研究を続けるための奨学金も取得した。1930年1月から週1回の講義も始めた。そして，1939年にはムーアの後任として哲学科の教授

に就任する。もっとも，1939年に第二次世界大戦が始まると今回も傍観者でいることはできず，ロンドンの病院でボランティアとして働き出すのである。こうして，1946年春には『探究』の第一部が完成，その後も『探究』第二部にむけた思索が続く。そして，58歳の1947年10月には教授の職を辞し，研究と執筆に専念する。それはまさに死の直前まで続くのである。

　後期の哲学の最大の特徴のひとつは言語観の転換である。言語の意味を対象に求めるのではなく，言語の意味はその使用にあるという「意味の使用説」の展開である。その過程で，「言語ゲーム」という彼独特の概念が生まれる。また，この概念のより一層の純化を進めるなかで「規則に従うこと」「**家族的類似**」といった言語の本質に関わるキィ・ワードが生み出される。そして，言語ゲームというわれわれの生きた生活実践のなかでの心理学的諸概念（「わかる」「知る」「痛み」など）の使用のされ方の分析に取り組む。とりわけ，ムーアの命題（「私はここに一つの手があるということを知っている。」）にいう「知る」という言葉をめぐる透徹した分析は，「確実性」概念を射程におきながらも，彼の哲学のもう一つのテーマであった「生と主体に関する考察」に大きな一歩を記したものと評価されている。

ウィトゲンシュタインとの対話

Q　「哲学って一体どんなことをするのでしょうか。哲学を学ぶ意義とは？」

A　「哲学の目的は思想の論理的な明晰化である。哲学は学説ではなく，活動である。哲学的著作は本質的に解明からなる。哲学の結果は『哲学的命題』ではなく，諸命題が明晰となることである。哲学は，そのままではいわば分明でなく，もうろうとしている思想を，明瞭にしてはっきりと限界づけねばならない。」

（「論理哲学論考」『ウィトゲンシュタイン全集　1巻』奥雅博訳，大修館書店，1975年，4.112）

　「哲学的事柄についてこれまで書かれた大抵の命題や問いは，偽なのではな

く無意義なのである。それ故我々はこの種の問いに答えることはできず,問いの無意義さを確認することしかできない。哲学者達の大抵の問いや命題は,我々が言語の論理を理解しないことに起因している。そして最も深遠な問題が,実は全く問題ではないことは驚くべきことではない。」

(『同書』,4.0031)

「哲学とは,われわれの言語という手段を介して,われわれの悟性をまどわしているものに挑む戦いである。」「哲学におけるあなたの目的は何か。ハエにハエとり壺からの出口を示してやること。」

(「哲学探究」『ウィトゲンシュタイン全集 8巻』藤本隆志訳,大修館書店,1976年,109節,309節)

▶これはウィトゲンシュタインの哲学に対する生涯変わることのない基本的考え方を示している。同時に彼自身の哲学的実践を語るものである。過去の哲学的問題とは擬似問題であり,その原因は言語についての誤解にあるというのである。とすれば,「言語の論理」についての解明こそが次の課題となる。なお,最後の引用にある「ハエ」とはウィトゲンシュタイン自身であったともいえよう。

Q「『言語の論理』とは何でしょうか。言語の意味をどう考えたらよいのでしょうか?」

A「まず最初に,語はそれに何も対応していないとき意味を持たない,という考え方の論点について語ろう。──重要なのは,人が『意味』という語によってこの語に〈対応する〉ものを指し示すのであれば,この語は語法に反して用いられている,ということを確認しておくことである。それは,名の意味と名の担い手とを混同することなのである。N.N氏が死ぬとき,その名の担い手が死ぬのであって,その名の意味が死ぬとは言わない。そして,そのように語るのがナンセンスになるのは,その名が意味をもつのを止めたのだとすると,『N.N氏は死んだ』ということが意義をもたなくなるだろうからである。」

(「哲学探究」『ウィトゲンシュタイン全集 8巻』藤本隆志訳,大修館書店,40節)

「[意味]という語を利用する多くの場合に──これを利用するすべての場合

III 現代

ではないとして——人はこの語を次のように説明することができる。すなわち、語の意味とは、言語内におけるその慣用である、と。」

(『同書』, 43節)

「一つの言語を想像するということは、一つの生活様式を想像することにほかならない。」「『言語ゲーム』ということばは、ここでは、言語を話すということが、一つの活動ないし生活様式の一部であることを、はっきりさせるのでなくてはならない。」

(『同書』, 19節, 23節)

▶ウィトゲンシュタインの後期思想においては、言語の意味はその使用にあるとされる。「言語ゲーム」とは、そうした言語の使用される状況の総体を意味する概念である。ゲームである以上は、そこに規則の存在を想定することができる。では、規則とは何か、規則に従うとはどういうことか、規則の根拠は、こうして彼の哲学的思索は展開する。

Q「具体的に哲学的問題を考える際の心構えについて一言お願いします?」

A「われわれを混乱させるのは、いろいろな語が話されたり、文書や印刷物のなかで現われたりする時、それらの現われた姿が同じようであるように見える、ということである。なぜなら、それらの適用例が、われわれにとってそれほど明らかでないからである。とりわけ、われわれが哲学しているときそうなのだ。」

(「哲学探究」『ウィトゲンシュタイン全集 8巻』 大修館書店, 11節)

「哲学はいかなる仕方にせよ、言語の実際の慣用に抵触してはならない。それゆえ、哲学は、最終的には、言語の慣用を記述できるだけである。なぜなら、哲学はそれを基礎づけることもできないのだから。それはすべてのものを、そのあるがままにしておく。」

(『同書』, 124節)

「哲学者たちが語――『知識』『存在』『対象』『自我』『命題』『名』など――を用いて，ものの本質を把握しようとしているとき，人は常に次のように問わなくてはならない。いったいこの語は，その元のふるさとである言語のなかで，実際いつもそのように使われているのか，と。……われわれはこれらの語を，その形而上学的な用法から，その日常的な用法へと連れもどす。」

(『同書』，116節)

▶彼の生涯にわたる研究テーマのひとつは「言語の論理」にあった。言語の可能性を担保するものとしての「論理の探究」である。前期の思想においては論理とは数学や論理学で扱う論理を意味していたが，後期の思想においては言語ゲームという概念の導入により，われわれの日常的な生活実践にみられる慣習・慣行も「論理」という概念に含まれることになった。そして，彼の哲学的実践はさまざまな哲学的諸概念を「語の故郷」である日常的用法の世界につれもどし，彼の言う「言語分析」を施すことであった。

用語解説

(1) **家族的類似 [family resemblance]**　一般的には，ある語の概念には外延と内包があるとされる。たとえば，ゲームという概念にはすべてのゲームに共通する条件がある，と。ウィトゲンシュタインはこうした考え方に批判を加えた。個々のゲームの間に類似性があるだけで，すべてのゲームに共通する何か，などは存在しない，と。これも，実践における「言語の使用」を言語の意味と考える思考の産物である。

より深く学ぶために

〈基本文献〉

『ウィトゲンシュタイン全集』全10巻（補巻2），大修館書店，1975～88年

〈入門・解説書〉

『ウィトゲンシュタイン小事典』山本信・黒崎宏編，大修館書店，1987年

『ウィトゲンシュタイン』飯田隆，講談社，1997年

『ウィトゲンシュタインはこう考えた』鬼界彰夫，講談社現代新書，2003年

(酒巻政章)

III 現代

COLUMN

ベンヤミン（Walter Benjamin: 1892-1940）

　ベンヤミンは1892年7月15日に，ビスマルク率いるドイツ帝国の首都ベルリンに生まれたユダヤ人である。ヒットラーが政権を掌握した1933年にはパリに亡命し，フランクフルト社会研究所の援助を受けながら研究と執筆を続けるが，第二次世界大戦が勃発すると，ドイツ軍によってパリが陥落する直前にパリを脱出。ピレネー山脈を越えてスペインに入りアメリカへ亡命しようとするが，スペイン入国を拒否され，1940年9月26日に自殺している。

　ベンヤミンは体系的な思想を残した思想家ではない。ベンヤミンの思考の特徴は，体系的なものへ向かうのではなく，むしろその断片へと沈潜していくことにある。それは「ミクロのなかにマクロを見る」思考とでもいえよう。そしてこのようなベンヤミンの思考は，〈批評〉というスタイルをとって表現されることになる。ベンヤミンの批評は，ユダヤ神秘主義の影響を色濃く受けた独特の言語哲学に裏打ちされた，独自の批評理論にもとづいている。それは，学位論文『ドイツ・ロマン主義における芸術批評の概念』や，難解で知られる『ドイツ悲劇の根源』といった著作のなかで確立されていった。

　ベンヤミンの批評活動は多岐に渡っているが，文芸批評の分野での代表作が『ゲーテの『親和力』について』である。ベンヤミンの言う〈批評〉とは，作品の表向きの内容の背後に隠されている〈真理内容〉を明らかにすることである。それはフロイト（→187頁）の夢解釈にも比すべき作業であるが，ベンヤミンはゲーテの『親和力』を題材に，自らの批評理論を実践して見せている。その批評理論をモダン・アートに応用したものが「複製技術時代における芸術作品」である。これはおそらく，ベンヤミンの作品のなかでは最もよく知られたものである。このなかでベンヤミンは，モダン・アートの特徴を〈アウラの喪失〉として特徴づけている。

　ベンヤミンの批評活動が最後に向かった先は，資本主義社会であった。ベンヤミンは，マルクス（→170頁）が『資本論』で述べている〈商品のフェティシズム〉を手がかりに，資本主義を〈集団の見る夢〉として解釈する。そしてこの〈夢〉の形象を，ベンヤミンはパリのパサージュに見いだす。遺稿『パサージュ論』は，パサージュにおいて表現されている〈集団の夢〉を読み解く作業を通して，その背後にある資本主義の〈真理内容〉を明らかにしようとする，ベンヤミン最後の〈批評〉だったのである。

（甲田純生）

ハイエク

(Friedrich August von Hayek: 1899-1992)

生涯と思想

　ハイエクは，経済学，社会思想，法哲学，認知科学などの分野において多大な業績を残した20世紀を代表する研究者の一人であり，それらは相互に関連をもった一大体系をなしている。

　ハイエクは，1899年，ウィーン大学の植物学教授の長男として生まれた。1917年に第一次世界大戦に出兵するもののマラリアを患いすぐに除隊した。そして，この年11月にウィーン大学に入学，主に法学を研究し，21年に法学，23年には政治学（今で言う経済学）の博士号を取得した。政治学の指導教官はメンガー（K. Menger: 1840-1921）の後任のヴィーザー（F. v. Wieser: 1851-1926）であった。23年3月から24年5月までアメリカに留学，ここでは主にコロンビア大学にいた計量経済学の祖であるミッチェル（W. C. Mitchell: 1874-1948）の講義に出席し，統計学を学んだ。ウィーン大学を卒業後，初めはオーストリア政府の会計庁で非常勤職に就いていたが，27年にミーゼス（L. v. Mises: 1881-1973）の推挙でオーストリア景気研究所初代所長に就任した。29年に貨幣的景気変動論を発表し，ウィーン大学経済学私講師も兼ねた。31年秋，ロビンズ（L. Robbins: 1898-1984），ヒックス（J. R. Hicks: 1904-1989），アレン（R. G. D. Allen: 1906-），カルドア（N. Kaldor: 1908-1986），シャックル（G. L. S. Shackle: 1903-1992），ラーナー（A. P. Lerner: 1903-1982）などのいたロンドン・スクール・オブ・エコノミクス・アンド・ポリティカル・サイエンス（LSE）に客員教授として招聘され，2年後に正教授となった。LSEにいた間は著名な経済学者たちと絶えず論争をしていた。31～32年にケインズ（J. M. Keynes: 1883-1946）やスラッファ（P. Sraffa: 1898-1983）との利子論争，30～45年にはラン

III 現代

ゲ（O. Lange: 1904-1965）やテイラー（F. M. Taylor: 1855-1932）との集産主義経済計算論争，そしてナイト（F. H. Knight: 1885-1972）との資本論争などである。利子論では，政府の裁量的通貨政策はインフレーションを導き，長期的には不況の原因になると主張した。資本理論研究では，41年に『資本の純粋理論』を出版するものの，その後は資本理論を再論することがほとんどなく中断した。集産主義経済計算論争は，その後経済理論より広い社会哲学へと研究の重心を移していったハイエクの自由論の研究に結びついているものであり，44年に著した『隷属への道』はそのようなハイエクの思想家としての側面が表面に出たものである。これに関してハイエクは，45年3月から3カ月間にわたって全米各地で講演も行っている。また，47年春，スイスで自由主義の砦として，ポパー（K. Popper: 1902-1994）をはじめとする36人の研究者や出版関係者たちとモンペルラン・ソサイエティを作り上げ，48年から60年まで会長を務めている。そして，50年，シカゴ大学の社会思想委員会に所属することになり，そこでは，50年『科学による反革命』，52年『感覚秩序』，55年『法のルールの政治思想』，60年『自由の条件』を刊行した。この後62年に，西ドイツのフライブルク大学経済政策学教授に着任し，ヨーロッパに戻った。69年から77年まで母国オーストリアのザルツブルグに移り，70年から74年までザルツブルグ大学の教授を務めている。『法と立法と自由』を73年（第1部），76年（第2部），79年（第3部）に出版している。そして，74年にミュルダール（G. Myrdal: 1898-1987）と共同でノーベル経済学賞を受賞した。その後再びフライブルク大学に復帰し，亡くなるまでフライブルクに留まった。

　以上のように広い分野にわたって多大な業績を残しているハイエクであるが，以下ではその根底にある社会哲学について少し触れておこう。

　ハイエクの主張はあらゆる設計主義に反対する自由主義に貫かれている。設計主義とは人間の理性に無限の力を見，ある絶対的な目的を追求しようとする合理主義に貫かれている。つまり，誰か（たとえば，中央政府とか立法者）がその叡智をもって熟慮のうえで世界を創るのであり，すべてのものは整然と計画され，明々白々な秩序をもって形成されなければならない，あるいはそのようにできるとする。このような設計主義は，意志，意図，目的，契約，命令

（指令），強制，**タクシス**，**テシス**などと関連している。そしてこの立場は，デカルト（→77頁），ホッブス（→69頁），ルソー（→112頁），ベンサム（→137頁），**法実証主義**者たちに見られる。

ハイエクは，このような設計主義は中央集権化，ナショナリズム，社会主義など，すべての社会過程を中央統制の方向に進めるものであって，それを避けることはできないとして反対する。ハイエクは，人間の理性は非常に限定された不完全なものであって，賢明に使用される必要がある。そのためには，人々の経験のなかで成長してくる非合理的な基盤，すなわち私たちが守るべき最低限の行動ルール（規則）が重要であるとする。そのような状況のなかで人間は，自発性と強制の無いことを本質とする自由をもって，試行錯誤しながら行動し，そこに個々人の知識を越えた自生的で偉大な秩序を創造すると考える。ハイエクはこのような条件を充たしている秩序を自生的秩序と言い，その典型に**市場秩序**を見て，これに立った経済理論を展開したのである。このような自由主義は，意見，正義，ルール，進化，**コスモス**，**ノモス**などと関連している。そしてこの立場は，遠く古代ギリシア人やキケロ（→20頁）から中世を経てロック（→88頁），さらにはヒューム（→105頁），アダム・スミス（→119頁），ファーガソン（A. Ferguson: 1723-1815）など18世紀のスコットランドの道徳哲学者たちやタッカー（J. Tucker: 1712-99），バーク（→127頁），モンテスキュー（→95頁），トクヴィル（A. Tocqueville: 1805-1859）などに見られる。

ハイエクとの対話

Q　「私たちはしばしば『自分は個人主義者』だと言うが，個人主義って何なのだろうか？」

A　「孤立した個人または自足的な個人の存在を前提にしている……という確信……が正しいものであったとすれば，個人主義は社会についての我々の理解に何ら貢献することがないであろう」

（「個人主義と経済秩序」『ハイエク全集3』嘉治元郎・嘉治佐代訳，春秋社，10～11頁）

Ⅲ　現代

「個人主義は，社会の中に存在することによってその全体の本質と性格が定められている人間から出発する」

(『同書』, 10頁)

▶私たちが個人主義というとき，えてしてそれは，自分を絶対視して，自分は間違わない，聡明で合理的であり，周りには依存せず独立していると思いがちなものであったり，あるいは，本当は社会のルールも守らない単にわがまま勝手をする利己主義に陥っていたりしがちなものである。しかしながら，これらはともに個人主義ではない。それらは偽りの個人主義である。真の個人主義は自ら（人間）を非合理的で誤りを犯しやすいものと考えるのであり，そしてその個々人の誤りは社会的なプロセスを通してのみ訂正されると考えるのである。このような個々人の誤りに対する社会的な訂正プロセスが，私たちを社会的過程に対して謙虚にさせるのであって，それゆえに真の個人主義はまさに社会の理論なのである。

Q 「では，真の個人主義の下にある個人になくてはならないものは何であろうか？」

A 「人々は彼らが望ましいと思うものは何であれ，それを得るために努力することを許されるべきである。……誰が最もよく知っているかということは誰も知り得ないということであり，またそれを見出すことができる唯一の道は，すべての人が自分のできることをしてみるのを許されるような社会的過程によることなのである」

(『同書』, 18頁)

▶真の個人主義の下にある個人はつまり「自由」でなければならないのである。個人の自由は，それに基づく行為の結果が有益であろうとなかろうと尊敬されねばならない原理である。それ自体，とても重要な価値である。では，なぜ個人（人間）は自由でなければならないのであろうか。それは，社会には多くの人たちがおり，彼らの才能や技術は無限に多様である。知識もまた多くの個人に分散している。そして，それらについてそのすべてを知っている者は誰もいない。つまり，私たちはその意味でお互いに無知である。したがって，個人それぞれがもつ知識と技術は社会的に十分活用されなければならず，そのためには個人は自由でなければならないからである。個々人が自分の才能や技術，知識を自分の意図のために利用できることが必要である。そして，このような自由な人間たちが自然発生的に行う協力は，ある特定の個人がその理性によって設計しうるものを越えて偉大なものをしばしば創造するのである。

ハイエク

Q 「では、そのような自由は何にも縛られなくてもよいのであろうか？
自由は無条件なのであろうか？」

A 「自由が意味し、さらに意味しうることは、われわれのおこなってよいことが、……すべての人びとに等しく適用される同一の抽象的な規則によってのみ制限されるということだけである」

(「自由と法……自由の条件Ⅱ……」『ハイエク全集6』気賀健三・古賀勝次郎訳、春秋社、34頁)

「正義に適う行動の法またはルールは……(抽象的で包括的な)価値、つまりある種の秩序の存続には役立つ」

(「社会正義の幻想……法と立法と自由Ⅱ……」『ハイエク全集9』篠塚慎吾訳、春秋社、24頁)

「正義に適う行動ルールは自生的秩序の形成に導くことができる」

(『同書』、69頁)

「個人主義が機能するために、……非常に重要であるのは伝統と慣習である。伝統と慣習とは自由社会の中で生れ育ち、柔軟性を持ちながら、しかも通常よく遵守されているような諸規則を強制的になることなく定着させ、これによって他人の行動を前もって相当程度予測可能にさせるのである」

(「個人主義と経済秩序」『ハイエク全集3』嘉治元郎・嘉治佐代訳、27～28頁)

▶個人(人間)は自由でなければならないとはいっても、そこには守るべき規則(ルール)も何もいらないということではない。「自由」は決して人や社会を顧みず好き勝手に何でもしてよいということではない。自由主義は利己主義や自由放任主義とは異なるのである。そうではなく、自由な社会においては、個々人はすべての人に等しく適用される規則(ルール)だけには従うことが求められている。私たちはお互いに無知であった。だから、社会的な交流あるいは交換が必要であった。そのときこれを正しくするものが必要であり、それが規則(ルール)なのである。つまり、ルールは私たちが私たちの無知に対処するための手立てなのである。しかし、そのルールは決して命令され強制されるものであってはならない。私たちの生活・行動のなかに原初的にあるものでなければならず、同一の抽象的な規則としての「正義に適う行動ルール」でなければならない。正義とは「不正義をしない」というように消極的に定義される

Ⅲ　現　代

ものであって，"人を殺すなかれ"とか，"人に嘘をつくなかれ"とか禁止の形で表わされるものである。そして，このような「正義に適う行動ルール」は，私たちの社会において，経験のなかで共通の慣習とか伝統として蓄積され受け継がれてきている。伝統や慣習はルールの現われなのである。私たちの社会では，実際に守るルールのうち一部だけが熟慮のうえで設計された制定法であり，ルールの大部分は私たちの生活・行動のなかで自生的に成長してきた道徳や習慣というルールである。このような「正義に適う行動ルール」があることによって，私たちは円滑で能率のよい協力ができるのである。そういうようにして私たちは自由な活動を行い，そこに内生的に成長してくる秩序（自生的秩序）を形成できるのである。こうして，行為の規則は自由の産物であるとともに自由の条件でもあるのであって，実際のところ自由な社会の成功は伝統に制約された社会なのである。

用語解説

(1)　**法実証主義**　理性を筋道だって考える論理的な能力とみなし，人間のもつこのような理性の力を絶対視することで，熟慮の上で作られた法だけが現実の法であるとする考え方である。そこでは，法はもっぱら立法者の意志の意識的な命令だけから成っている。

(2)　**市場秩序**　「正義に適う行動ルール」に従いながら自由に追求される個人の個別的な利益行動が，分業と交換を通じて不特定多数の他者に利益を与えるという秩序である。そこには，めいめいが追求する特定の狙いについての合意はないのに，ともに平和のうちにお互いに便益を与え合って生活することができる社会（「偉大な社会」）が生成されえるとされる。

(3)　**タクシスとコスモス**　ともにギリシア語であり，タクシス（*taxis*）は作られた秩序を表わし，コスモス（*cosmos*）は成長した秩序を表わす。また，タクシスは政府などの組織においてあり，コスモスは自生的秩序として，たとえば市場においてある。

(4)　**テシスとノモス**　ともにギリシア語である。テシス（*thesis*）は立法府が採択した制定法を表わし，権威によって制定された組織のルールに基づき人に特定のことを行うように指示する。ノモス（*nomos*）は司法過程から生じる「正義に適う行動ルール」，つまり「自由の法」を表わす。このようなノモスは，行為の自生的秩序の形成に役立つ，あるいはそのための必要条件である。

より深く学ぶために

〈基本文献〉

『ハイエク全集1～10』西山千明・矢島鈞次監修，春秋社，1998年

『市場・知識・自由：自由主義の経済思想』田中真晴・田中秀夫編訳，ミネルヴァ書房，1986年

『自然・人類・文明』今西錦司，日本放送出版協会，1979年

〈入門・解説書〉

『ケインズとハイエク』間宮陽介，中公新書，1989年。

『現代経済学の巨人たち：20世紀の人・時代・思想』日本経済新聞社編，日本経済新聞社，1994年

『ケインズ・シュンペーター・ハイエク－市場社会像を求めて－』平井俊顕，ミネルヴァ書房，2000年

『ハイエクの社会・経済哲学』N.P.バリー，矢島鈞次訳，春秋社，1984年

『ハイエクの自由論』J.グレイ，照屋佳男・古賀勝次郎訳，行人社，1985年

『自生的秩序：F.A.ハイエクの法理論とその基礎』嶋津格，木鐸社，1985年

『F.A.ハイエクの研究』江頭進，日本経済評論社，1999年

（貞松　茂）

III 現代

サルトル

(Jean-Paul Sartre: 1905-1980)

生涯と思想

　サルトルは，メルロ＝ポンティ（→236頁）に《若者を堕落させる者》と書かれたことがある。むろん，これはソクラテス（→3頁）の罪状にあった言葉であり，サルトルは西洋の偉大な哲学的霊感の源泉に喩えられたわけである。それによって，彼の愚直なまでの誠実さや**ヒューマニズム**，倫理的関心の優越などが喚起される。ただ，この類比にはそれ以上のものがある。ソクラテス以前とかラファエロ以前と言うとき，われわれはこの《以前》によってある素朴さを，もはやわれわれのものでない無垢との距離を名指す。サルトルの場合はどうか。ある研究者は，あらゆる理論的実践的問題の解答を一つの包括的言説のうちに結び合わせようとする大胆さや無邪気さをもつ者はサルトル以後もはや出ることはないと言う。彼は最後の《哲学者》なのである。「ソクラテス以前の思想家たち」に彼より若い人がいたように，サルトルより年長のバシュラール（Gaston Bachelard: 1884-1962）やカンギレム（Georges Canguilhem: 1904-96）が《現代思想》の側に分類されるのも驚くに当たらない。サルトルとは，ある思索のスタイルの終わりであり，その可能性の限界である。

　ジャン＝ポール・サルトルは哲学者で小説家，劇作家で批評家でもあった。パリの高等師範学校卒業後，ル・アーブルで教職に就きながらフッサール（→193頁）の現象学を研究し，一方で小説『嘔吐』（1938）や短編集『壁』（1939）で注目される。第二次大戦に動員されてハイデガー（→210頁）の『存在と時間』を読む。「捕虜になっていたとき，ドイツの将校がぼくに何か欲しいものがあるかと訊いたので，ハイデガーと答えたんだ」。二年後，ドイツ占領下のパリの書店に，後に実存主義の聖典となる『存在と無』（1943）が並び，戯曲

『蠅』が初演される。パリ解放後、メルロ=ポンティらとともに月刊誌『現代』を創刊、これを拠点に戦後のフランス思想界を主導した。

　サルトルの哲学は人間の自由と主体性に関する形而上学であり、『存在と時間』の現存在分析に多くを負っている。しかし彼はハイデガーのヒロイズムには与しない。後者にとって、死への先駆により露わになる有限性に基づき、過去から相続された可能性から現在を選ぶことは本来的歴史性の構成であり、人間は「死に向かって自由」な存在となる。だが**実存**を《それがあるところのものでなく、あらぬところのものである》という脱自構造において見るサルトルにとって本来性の追求は虚偽であり、さまざまな逃亡のうちの一つの逃亡にすぎない。ハイデガーの「死の決断」に、サルトルはいわば「生きる弱さ」を対置することになる。

サルトルとの対話

Q　「死は、私の生き方にとって、本質的な意味をもつだろうか？」

A　「疲れはて年老いて、それらは不承不承に実存し続けた。死ぬにはあまりに弱すぎて、死はそれらの外部からやって来ることしかできないからというだけの理由で。自分自身の死を自らのうちに内的な必然性として誇り高く持っているのは音楽の旋律だけである。ただ、そうした旋律は実存しないのだ。すべて実存するものは理由もなく生まれ、弱さによって存続し、出会いによって死んでいく。…（中略）…実存とは、人間が立ち去ることのできないある充満である。」

（『嘔吐』、原典 p. 190 からの引用者による試訳）

▶主人公は公園で突然、存在について啓示のようなひらめきを得る。文中「それら」とあるのは公園のマロニエの樹々を指す。「実存」については用語解説に譲るが、ここは単に生きることと解してよい。『存在と無』でサルトルは「終結和音がメロディーの意味であるように死が人生の意味になる」という思想を否定する。それはハイデガーの悲劇的ヒロイズムの批判である。サルトルはパスカル（→84頁）の比喩を引く。わ

Ⅲ　現　代

れわれの状況は，自分の処刑の日を知らずに日毎に仲間が減っていくのを見ている死刑囚のようだといわれるが（『パンセ』断章199）必ずしもそうではない。むしろ毅然として心構えをし刑場で取り乱さないようあらゆる配慮をしていた死刑囚がスペイン風邪の流行で急死する例を引くのが至当だと言う。死はわれわれの不意を衝き，身をかわしてはぐらかす（「壁」を参照）。サルトルにとって死は絶対的他者であり，それを内面化することによって自らの意図に奉仕させようとするヒロイズムに順馴されない。その限りで，それは「私の」死ではない。後に自らを反ヒューマニズムの陣営に位置づけるハイデガーが，ここでサルトルに《死の人間化》のかどで告発されているのは興味深い。

用語解説

(1)　**実存**　サルトルは哲学史の伝統に従って，存在の二つの意味，本質存在（何であるか）と現実存在（＝実存，端的な「がある」）を区別する。音楽の旋律や幾何学の図形が実存しないのは，それらが「何であるか」に余す所なく回収されることによる。一方，人間が現にあるあり方は，その本質規定をつねに越え出ていく。

(2)　**ヒューマニズム**　人間がその定義や宿命を免れる離脱の構造が《自由》であり，人間には自由であること自体を免れる自由はない。この特異な条件において人間を見ることを実存主義的ヒューマニズムという。「死の人間化」を言うとき，サルトルはハイデガーのある種の目的論に，むしろこのようなヒューマニズムに反するものを見ている。

より深く学ぶために

〈基本文献〉

人文書院から刊行されていた『サルトル全集（全38巻）』は現在品切れ状態であるが，公共の図書館などで読むことができる。ここから改訳新装版として出ているものも多い。短篇「壁」は新潮文庫版『水入らず』（伊吹武彦他訳，1971年）にも収録されている。

〈入門・解説書〉

『新・サルトル講義』澤田直，平凡社新書，2002年

『サルトル・最後の哲学者』アラン・ルノー，法政大学出版局，1995年

（安居　誠）

COLUMN

ボーヴォワール（Simone de Beauvoir: 1908-1986）

　ある休日，父親が息子を助手席にのせて車で野球場に向かう途中，踏切の真ん中でエンストを起こした。折り悪しく走ってきた急行列車に車ごとはねられ父親は即死，息子も重症を負って病院に搬送される。連絡を受けた病院は緊急に手術が必要と判断，熟練した外科医が手術室で待機していた。子供が到着し，いざ手術という段になって，その顔を見た外科医がハッとして青ざめた。「手術はできません。これは私の息子です」。こんなことがありうるだろうか？

　これはコンピュータ科学者のホフスタッターが取り上げた問題で，私も講義でよく出題してみる。医師の勘違い，事故死したのは育ての親で外科医が本当の父親等々がよくある「誤答」の例で，正解者は毎回一教室に数人程度である。こんな「頭の体操」の何が重要なのか。それは，この問題がわれわれに，われわれが何かを考えるとき，ゼロから出発して考えているわけではないことを思い出させてくれるからである。われわれは膨大な事柄を考えずに済ませることによって，はじめて何かを明瞭に考えることができる。その意味で，われわれが考えているときには肝心なことはすでに終わっているともいえる。普通，これは《暗黙の前提》とか《思考の枠組み》とよばれる。上の例題の場合，〈熟練した外科医というのは，すべて男性である〉という思い込みがこれに当たる。

　フェミニズムは本来，男性社会に対する呪詛でもなければ，微温的な社会民主主義の惹句でもない。それは，出来合いの文化・社会・歴史に対する異議申し立てであり，《従来考えずに済まされてきたこと》の主題化を試みる限りにおいて哲学の正統に連なる。シモーヌ・ド・ボーヴォワールはこのような意味で最初の，そして最もラディカルなフェミニストといえる。『第二の性』(1949) で，いわゆる《女性原理》や《女性の本性》を否定し，「女とは他者のことである」と看破することによって，他者を作り出す仕組みとしての文化を批判する構えを明確にした。

　サルトルの公私に渡るパートナーとしても有名で，初期の主著『嘔吐』と『存在と無』は「カストール」に捧げられている。カストールとはフランス語で海狸を指し，Beauvoir の綴りが英語の Beaver に似ていることからきた学生時代の愛称だという。友人の注釈によれば，「海狸は群れをなして棲息し，建設的精神を有す」。メルロ＝ポンティとも学生の頃からの友人で，『現代』誌では個性の強い二人の調停役を務めていた。両者の確執は『サルトル／メルロ＝ポンティ往復書簡―決裂の証言』（みすず書房）で読むことができるが，激しいやりとりのなかで，彼女のことは，二人ともカストール（ビーバー）と呼んでいるのが何だか微笑ましい。

（安居　誠）

III 現代

メルロ゠ポンティ
(Maurice Merleau-Ponty: 1908-1961)

生涯と思想

　今日の眼でふり返ってみれば，サルトル（→232頁）は「闘う知識人」や「時代の予言者」であるより，はるかに古典的な教養人だった。闘う知識人という像自体，第二帝政期のヴィクトル・ユゴー（Victor Hugo: 1802-1885）やドレフュス事件におけるエミール・ゾラ（Emile Zola: 1840-1902）のイメージをひき写したものだったと後に彼自身が語っている。時代の予言者と言うなら，アンリ4世校以来のサルトルの友人で『アデン・アラビア』などで当時すでに文名の高かったポール・ニザン（Paul Nizan: 1905-1940）の名をむしろ挙げるべきだろう。たとえば「マルチン・ハイデガーの哲学はファシズムの教義に理論的正当化の手段を提供するかもしれない」と1933年1月の時点で彼はすでに書いている。ハイデガー（→210頁）がナチスに入党し，フライブルグ大学の学長就任演説で国家社会主義を熱狂的に賛美する数ヵ月前のことである。またマルクス主義への接近と最終的な幻滅という，これ以降西欧の知識人のあいだでくり返される主題も，いち早く悲劇的な仕方でニザンが演じて見せた。彼は1939年の独ソ不可侵条約の締結を見て「モスクワ教会の長女」たるフランス共産党を脱党，裏切り者の汚名を着て失意のうちにダンケルクで戦死する。著者の死後二十年を経て再刊された『アデン・アラビア』に寄せた序文で，サルトルはニザンを「カッサンドラー」とよんだ。カッサンドラーはトロイの王女で，未来を予言する能力とそれを誰からも聞き入れられない運命を二つながら与えられていた。翌年，急逝した別の友人をサルトルは追悼文で同じ予言者になぞらえた。「もう一人のカッサンドラー」，それがメルロ゠ポンティである。

　モーリス・メルロ゠ポンティはサルトルやニザンと同じ**高等師範学校**の出身

で，彼らより三歳年少である。フッサール（→193頁）がソルボンヌで行った，後に『デカルト的省察』として知られる講演を在学中に聴いている。1945年に『行動の構造』と『知覚の現象学』を提出して博士号を取得すると，リヨン大学講師，ソルボンヌ教授などアカデミーの階梯を駆け上り，52年には最年少でコレージュ・ド・フランスの教授に任命される。一方で，サルトルやボーヴォワール（→235頁）らとともに創刊した『レ・タン・モデルヌ（現代）』誌の「編集長兼政治的指導者」として活躍する。47年の政治論集『ヒューマニズムとテロル』は，**西欧マルクス主義**の「最も洗練された護教論」と評され，これに魅惑されたサルトルは共産主義に急接近する。皮肉なことにメルロ=ポンティの方は朝鮮戦争を機に彼と交叉するように共産主義から離れていく。二人の関係は悪化し，メルロ=ポンティは52年に『現代』との関係を絶つ。彼が『弁証法の冒険』でソ連の「もはや外部をもたない政体」を批判し，非共産主義的左翼の結集を唱えるのは1955年，スターリン批判とハンガリーの反ソ暴動の前年に当たる。

　実際には，予言者の悲壮な口調ほどメルロ=ポンティに不似合いなものはない。彼は本来カトリックの活動家で後にマルクス主義に接近するのだが，無神論者で当初は政治にも無関心だったサルトルと比べてはるかに幻想のない覚醒した精神の持ち主だった。その思索を特徴づけるものは，何より二元論に対する不信である。すでに処女作『行動の構造』に「二元論は万能である，一方の原理が役に立たなければもう一方で説明できるからだ」という意味の言葉を読むことができる。彼にとって，それは衰弱した知性の陥る思考の罠であり，ある種のデカダンスでさえある。意識と対象，理性と事実，心と身体といった二元性は，本来《形態》や《構造》，《布置》のような動的範型によって表現されるべき「生きられる世界」の極性化され硬化した図式にすぎない。『行動の構造』は，ゲシュタルト心理学の実証的研究を解釈しなおすことによって，従来科学的探究が前提してきた存在論的枠組みがもはや維持できないことを明らかにした。

　『行動の構造』の脱稿は1938年だが，その4月にフッサールが死去している。五年前のユダヤ人，共産主義者などを公職から罷免する法律の施行によって大学を追われ，業績の発表もドイツ国内では不可能になっていた。遺族や弟子達

III 現代

は遺稿が難に遭うことを恐れて（現に同じユダヤ系の音楽家メンデルスゾーンの楽譜などが，この時期に焼かれ失われている），これを国外に移送する。11月までに4万ページにおよぶ速記原稿が，ナチの検問をくぐってベルギーのルーヴァン大学に運び込まれた。翌年の春，フッサールとは敵国の陸軍少尉として応召間近のメルロ=ポンティは早くもルーヴァンを訪れて遺稿を閲覧し，受動性，身体性，地平，生活世界など後期フッサールの重要な問題系を自らの武器庫に収める。その研究の成果が，戦後に出版された主著『知覚の現象学』である。『行動の構造』の批判的分析に圧倒的な現象学的記述が取って代わり，「**両義性**の哲学」と呼ばれる独自のスタイルが確立された。

メルロ=ポンティの思想は，両学位論文の完成までが前期，59年に始まり彼の早すぎる死によって中断された未完の存在論『見えるものと見えないもの』執筆の時期が後期，そのあいだの論文や講義に見られる，ソシュール（→190頁）やウェーバー（→200頁）の影響を受けた構造主義的言語論や歴史哲学の時代が中期と便宜的に分類されている。

メルロ=ポンティとの対話

Q　「事実と理性，永遠と現在はどのような関係にあるのか？」

A　「思想における非時間的なものと呼ばれているのは，そのように過去を捉え直し，未来を拘束したために，推定上，あらゆる時間に属するとされているものであり，したがって，決して時間を超越しているわけではない。非時間的なものとは，獲得されたものである。…（中略）…いわゆるユークリッド幾何学の透明さは，特定の歴史的時期の人間精神にとっての透明さであることがいつか明らかになる。それが意味するのはただ，人間たちがある時期，三次元の等質空間を彼らの思考の《地盤》として受け取り，一般化された科学であれば空間の偶然的仕様と見なすであろうものを疑問の余地なく前提することができたということにすぎない。したがって，あらゆる事実の真理は理性の真理であり，あらゆる理性の真理は事実の真理である。」

メルロ＝ポンティ

(『知覚の現象学』，原典 pp. 450-451 からの引用者による試訳)

▶ユークリッド幾何学が可能な唯一の幾何学でないことはよく知られている。そのことがなぜ事実の真理と理性の真理の区別を無効にすることになるのか，この引用だけではわかりにくい。実は，ユークリッド空間を「三次元の等質空間」と定義することには一つの倒錯がある。この規定自体，第四の方向をもった連続体を前提しているからだ。双曲線幾何や球面幾何の登場以前から，ユークリッド幾何学なるものが存在していたわけではない。それは単なる空間の仕様（＝特殊化）ではなく，人間の思考の《地盤》そのものだった。ユークリッド幾何学の「透明さ」とは，そのようなものとして目に見えず思考の対象になりえなかったという意味である。引用の直後に論じられる現象学の《基礎づけ》概念によれば，非ユークリッド幾何学はユークリッド幾何学から生じながら，その二次的派生物ではない。むしろ前者が「過去を捉え直し，未来を拘束」したことによって，はじめて主題としての後者が姿を現す。メルロ＝ポンティは理念的な意味，「思想における非時間的なもの」がまさしく時間のなかでのみ構成されうると考える。それは物理学の過ぎ去るだけの時間ではなく，「基礎づけ」の比喩そのものが示すように，沈殿し堆積する地質学的時間であり，各層間の**弁証法**が歴史や伝統という高次の時間性を構成する。伝統とは起源の忘却であり（フッサール），この意味の偏差のなかで，はじめて時間を越えて存続する堅い理念の核が形成される。この特異な弁証法において「偶然的仕様」と「不動の地盤」，他の人々が事実と理性とよぶ二元性はつねに転換可能なのである。

Q「赤さとは何か？　それは具体的な感覚内容か？　それとも抽象的な理念か？」

A「まず理解しなければならないのは，私の眼下にあるこの赤は，いつも言われるような一つの質，厚みのない存在の外皮，受け取られたり受け取られなかったりするが，受け取られたときには，それについて知るべき一切のことが知られ，言うべきことは結局何もないような，つまり解読不能でもあれば同時に自明でもあるようなメッセージではないということである。…（中略）…その明確な形は特定の布置と，または多毛質の，金属的な，あるいは多孔質の組成と連帯している。これらの関与に比べれば，質はものの数ではない。クローデルも，海のある青はとても青く，それより赤いのは血だけであるほどだという意味のことを言っている。…（中略）…要するにそれは，同時的なものと継起するものの編目におけるある交点である。…（中略）…これらすべて

III 現代

の点を考慮に入れるならば，むき出しの色や見えるもの一般は，全か無でしかありえない視覚に素裸で差し出された，完全に固く分割できない存在の一片ではなく，むしろつねに開かれている外部地平と内部地平のあいだのある種の隘路，色のついた世界，あるいは目に見える世界の多様な領域にそっと触れてきて距離をおいて反響させる何ものか，この世界の特定の差異化，束の間のモジュール化であり，したがって色や物であるよりはさまざまな物や色のあいだの差異，色のついた存在や可視性の瞬間的な結晶化であることに気づくだろう。いわゆる色や見えるもののあいだにそれらを裏打ちし，支え，養っている生地が見出される。そしてこの生地自体は物ではなく，可能性，潜在性であり，物の肉である。」

（『見えるものと見えないもの』，原典 pp. 173-175 からの引用者による試訳）

▶『見えるものと見えないもの』は，その表題が示すように，知覚経験の構造と理念的な意味との関係を主題としている（この時期の小品，『眼と精神』にも同じことがいえる）。上の引用中，「同時的なものと継起するものの網目」とは，明らかにソシュールの共時性と通時性という観点から見た言語のネットワークを指す。「言語には，積極的辞項なき差異しか存在しない。…言語は言語体系に先立って存在するような観念も音も含まない。ただ，この体系から生じる概念の差異と音韻の差異を含むだけである」（『一般言語学講義』）。メルロ＝ポンティは，ソシュールの言う〈音素の理念性〉を〈色の理念性〉に転写する。彼がクローデル（Paul Claudel: 1868-1955）の詩句を引いて「赤い」，「青い」という感覚質の違いを取るに足りないとするとき，そこには「所定の時期，所定の言語において，すべてのaがoになったとしても，それによっては何も生じない」というソシュールの言葉が反響している。問題になるのは，多様な赤さのあいだ，あるいは他の多様な色とのあいだの差異だけである。見えるもの一般についても同じことがいえる。「外部地平と内部地平」の区別についてはフッサール現象学の解説書に譲るが，ここでは《地平》そのものが「別様でありうるものの全体」，「可能性の遊動空間」であることを指摘すれば十分であろう。知覚の構造化を担う共通の生地は，厚みも奥行きもない「存在の外皮」としての感覚質ではなく，「物の肉」，実際の知覚に収斂していく可能性や潜在性である。可能な知覚経験の諸系列が一定の仕方で「差異化（＝分化）」され，モジュール化されることによって，見えるものが視覚の中に結晶する。そこでは，感覚的なものと理念的なものとが見わけ難く絡み合っている。

用語解説

(1) **高等師範学校** エコール・ノルマル・シュペリウール。理工科学校（エコール・ポリテクニーク）に対する文系の超エリート校。学生は準公務員扱いで衣食住は保証され，僅かだが給料も支給される。フーコー（→255頁）やデリダ（Jacques Derrida: 1930-2004）もここの出身。レヴィ=ストロース（→243頁）とボーヴォワールはソルボンヌ出身だが，メルロ=ポンティと同期で哲学教授資格試験に合格し，彼の母校のリセに三人で教育実習に行っている。レヴィ=ストロースは『野生の思考』(1962)をメルロ=ポンティの思い出に捧げている。

(2) **西欧マルクス主義** モスクワや東ベルリンの「正統」マルクス主義に対して，一般により多元的，非決定論的と考えられる。この時代，知的領域におけるマルクス主義の影響力は強く，たとえばハイデガーは，当時出たばかりのルカーチ（Görgy Lukács: 1885-1971）の『歴史と階級意識』の分析を『存在と時間』でそれと言わずに利用している。メルロ=ポンティの評価するマルクス主義は，上空から歴史を俯瞰し，その究極的な意味を告知する哲学体系ではなく，社会や歴史の諸現象に対する「暗号解読の格子」，「統制的理念」，「発見法的図式」である。

(3) **両義性** 最初にメルロ=ポンティの仕事を「両義性の哲学」とよんだのがデカルト学者だったことに象徴されるが，両義性（＝曖昧さ）は二元論の側から見たこの哲学の相貌であり，「印象派」や「キュビスム」がそうであったように，揶揄や非難の呼称といえる。にもかかわらず，それは彼自身の格率であり，経験の記述に従来の科学の構えに同化されないような形を与えることを目指す。その計算された曖昧さ，緻密などっちつかずは，「まだ無言の経験をその意味の純粋な表現にもたらす」というフッサールの要請に対するメルロ=ポンティなりの回答である。

(4) **弁証法** メルロ=ポンティにとって，弁証法とは「各項が，対立項に向かうことによってのみそれ自身であり，運動によって自らがそうであるところのものになること」を意味する。それは始まりも終わりもない不断の運動であり，精神の遍歴と自己回帰というロマン主義的予定調和であるより，むしろソクラテス（→3頁）＝プラトンの原義（＝対話，問答）に近い。メルロ=ポンティ自身，否定的なもの，他性を介した自己自身との一致というこの思想の源泉として，講義でプラトン（→6頁）の『ソピステース』を指示している。これは『見えるものと見えないもの』の一節にも示されている。「同じものは他なるものとは他なるものであり，同一性は差異の差異である」。

III 現代

より深く学ぶために

〈基本文献〉

　メルロ=ポンティの著作は，本文で言及したものを含めてほぼすべてをみすず書房の邦訳で読むことができる。品切れのものも大学や公立の図書館などで容易に見つけられる。群細な文献案内は解説書に譲るが，複数のテキストから抜粋・抄訳した『メルロ=ポンティ・コレクション』（中山元編訳，ちくま学芸文庫，1999年）も入門用として便利。

〈入門・解説書〉

『メルロ=ポンティ』（Century Books 人と思想112）村上隆夫，清水書院，1992年
『メルロ=ポンティ』（現代思想の冒険者たち Select）鷲田清一，講談社，2003年
『メルロ=ポンティの思想』木田元，岩波書店，1984年
『ふさがれた道――失意の時代のフランス社会思想　1930-1960』スチュアート・ヒューズ，みすず書房，1970年
『知識人の覇権――二十世紀フランス文化界とサルトル』アンナ・ボスケッティ，新評論，1987年

　　　　　　　　　　　　　　　　　　　　　　　　　　　　　（安居　誠）

レヴィ=ストロース

(Claude Lévi-Strauss: 1908-2009)

生涯と思想

　実存主義の時代に終止符を打った構造主義の創始者クロード・レヴィ=ストロース Claude・Levi-Strauss は，1908年に生まれたフランス人で，芸術的家族環境のもとに，パリで生育した。1927年からパリ大学で学んだ後，高等学校で哲学を教授するが，1935年，ブラジルのサン・パウロ大学の社会学の教授として赴任し，インディアンの調査を手がける。1941年，アメリカで，構造言語学者ヤーコブソン（Jacobson, R.: 1895-1982）らと知己を得，彼を介した構造言語学は，二項対立の概念など，構造主義誕生に大きな影響を与えた。その成果は1949年，最初の大著『親族の基本構造』，1962年『今日のトーテミズム』，『野生の思考』，そして，1964年から1971年『神話論理』などへ結実する。1959年にコレージュ・ド・フランスの正教授に就任し，「社会人類学」の講座を創設した。1982年に退職したのちも，旺盛な研究活動を続けている。

　彼の創始した構造主義とは，人間の認識の無意識的活動に二項対立をおき，これを構造分析の基礎とした。その意味で，全体の中の要素を独立した「実体」ではなく，「関係」として捉え，不変の構造を見いだすことに特徴があり，「実体」の分析に終始する経験論的アプローチを超えた知見を提示した。しかし，抽象度が高い理論モデルのため，それが故の批判を受けてきた。また，この構造概念は，主体を解体するために，反ヒューマニズムとの批判もあるが，サルトル（→232頁）に代表される，「西洋中心主義的」な主体を解体するからであり，それこそが**「野生の思考」**に示される彼の立脚点といえる。主要な議論の前提は，「自然」/「文化」の対立で，近親相姦の禁止や神話にあらわれる人間の精神の無意識的活動をその対立から読み解いた。彼の与えた知的衝撃は，

243

Ⅲ　現　代

方法論を超えた「思想」として一大ブームとなった。

レヴィ=ストロースとの対話

Q　「民族学において，めざすものは何か？」

A　「もしもわれわれの信じているように精神の無意識的活動というものがある内容に形式を与えるものであるならば，そしてこの形式が根本的には——言語にあらわれる象徴機能の研究がはっきりと示しているように——古代的，近代的，また未開，文明の如何を問わず，すべての精神に同一のものであるならば，それで他の諸制度，他の諸慣習についても当てはまる解釈の原理を獲得するには，一々の制度なり慣習なりの根底にある無意識的構造を明らかにせねばならぬし，また明らかにすれば十分だということになる——」

（『構造人類学』荒川幾男・川田順造・田島節夫他訳，みすず書房，1972年，26頁）

▶彼は，すべての生活様式を超えて，その根底には人間精神の普遍的な無意識的活動があると想定し，それこそが，諸慣習や諸制度を解釈する鍵とする。その無意識的活動は親族組織にもあらわれているが，社会生活の影響を受けにくい「神話」によくあらわれているため，神話を主要な構造分析の対象としている。

Q　「構造主義の『構造』とは何か？」

A　「『構造』とは，要素と要素間の関係とからなる全体であって，この関係は，一連の変形過程を通じて不変の特性を保持する。この定義には，注目すべき三つの点というか，三つの側面があります。第一は，この定義が要素と要素間の関係とを同一平面に置いている点です。……第二は『不変』の概念で，これがすこぶる重要な概念なのです。というのも，わたしたちが探求しているのは，他の一切が変化するときに，なお変化せずにあるものだからであります。第三は『変形（変換）』の概念であり，これによって，『構造』と呼ばれるものと『体系』と呼ばれるものの違いが理解できるように思います。というのは，体系もやはり，要素と要素間の関係とからなる全体と定義できるのです

が，体系には変形が可能ではない。体系に手が加わると，ばらばらになり崩壊してしまう。これに対し，構造の特性は，その均衡状態になんらかの変化が加わった場合に，変形されて別の体系になる，そのような体系であることなのです。」

(『構造・神話・労働』大橋保夫編，三好郁朗他訳，みすず書房，1979年，37～38頁)

▶彼の構造の概念は難解で，そのために誤解されやすいが，理解のポイントは，「体系」との違いと「変形」(「変換」)概念の理解である。一定の要素とそれらの要素をつなぐ関係によって構成される全体集合が「体系」であるとすれば，構造は，その集合から別の集合へ移行，すなわち「変換」されるときに，それでもなお変わらない性質を指す。したがって，構造は，ある体系から別の体系への移行において変換ごとに見いだされるものであって，一つの体系に不変の構造というものは存在しないことになる。

用語解説

(1) **野生の思考** [la pansée sauvage] 「野生の思考」とは，西洋の「栽培思考」と対比される概念で，感性と理性が結びついた「具体の科学」としての思考である。神話的思考がその例で，在り合せの断片によって作りだす仕事を指す「ブリコラージュ」(器用仕事，寄せ集め細工) に喩えられる。従来，これは，未開社会に特有の思考活動と考えられていたが，近代科学的思考と同様に合理的であり，むしろ，「野生の思考」の方こそを，人類にとって普遍的な思考とし，近代知への批判とした。

より深く学ぶために

〈基本文献〉

『親族の基本構造』福田和美訳，青弓社，2001年

『構造人類学』荒川幾男・川田順造・田島節夫他訳，みすず書房，1972年

『今日のトーテミズム』仲沢紀雄訳，みすず書房，2000年

『野生の思考』大橋保夫訳，みすず書房，1976年

『悲しき熱帯 (1) (2)』川田順造訳，中公クラシックス，中央公論社，2001年

〈入門・解説書〉

『レヴィ=ストロース入門』小田亮，ちくま新書，2000年

『はじめての構造主義』橋爪大三郎，講談社現代新書，1988年

『レヴィ=ストロース』吉田禎吾・板橋作美・浜本満，清水書院，1991年

(萩原修子)

III 現代

バーリン
(Isaiah Berlin: 1909–1997)

生涯と思想

　帝政ロシアの支配下にあったラトヴィアの首都リガに生まれ，10歳の時に革命後のロシアを離れてイギリスに移住，オックスフォード大学で哲学を学んだ。

　バーリンは，「人間はいかに生きるべきか」を突き詰めて考えぬいた思想家である。その場合，まず「人間は根本的に目的と動機をそなえた存在である」という確信がその思想の根底にある。自分で意志し，道を選択し，その選択に責任をもつ——これが人間のあるべき姿である。なんぴとといえども他人の選択の道を強制的に閉ざしてしまうことは許されない。と同時に仮に善意からであろうと，他人に成り代わって選択しそれを押しつけることも，結局は自由を奪うことに通じてしまう。こうしたバーリンの考えは有名な「二つの自由」論——**「消極的自由」**と**「積極的自由」**——へと結晶する。

　社会や歴史の問題も同じである。個人の選択を重視するバーリンにとって，社会は，物理学のような唯一の最終的解答をもつ世界ではない。ある問いに対して，それぞれ合理性をもった複数の解答がありうる。一元性と調和が支配するのは形而上学の世界だけである。これに対し現実の世界は多元的であり，したがって互いに衝突しあう世界でもある。

バーリンとの対話

Q　「たとえお仕着せの幸福であっても，不幸であるよりはましではないか？」

バーリン

A　「『なんぴともわたくしに，そのひとの流儀でわたくしが幸福であることを強いることはできぬ』と，カントは言った。『恩情的干渉主義(パターナリズム)は想像しうるかぎり最大の専制主義である』。なぜなら，それは人間を自由なものとしてではなく，自分にとっての材料——人間という材料 human material ——であるかのごとく取扱うことであるから。恩情に満ちた改革者は，他の人間のではなく，自分自身の自由意志で採用した目的にしたがって，そのひとびとを型にはめようとするのである。」

（「二つの自由概念」『自由論』小川晃一ほか訳，みすず書房，2000年，329頁）

▶孔子の『論語』に，「民はこれを由らしむべし，これを知らしむべからず」という有名な一節がある。よく，「民は従わせるものであって理由や意味は知らせるべきではない」と解釈されるようだが，本当は次の解釈が正しい。「民に一つ一つ説明してもなかなかわかってもらえるものではない。それよりも，ああ，あの人が言うのなら間違いなかろうと言われるような，そんな頼られる政治家になるべきだ」。孔子の思想は決して，上の文章に出てくる「恩情に満ちた改革者」のそれではない。

Q　「真理や人生の目的といったものに，唯一の答えはあるのだろうか？」

A　「ある問題について二つの立場があり，二つないしそれ以上の両立しない答があり，しかもそのいずれの答も正直で合理的な人なら認められるものだという考え——それは非常に最近の観念です。（中略）自由な社会の長所は，対立する意見を弾圧する必要がなく，対立する意見の多様性を大幅に許しているという点にあります——たしかに西欧でも比較的新しいことなのです。」

（『ある思想史家の回想』河合秀和訳，みすず書房，1993年，70〜71頁）

Q　「しかし対立する意見の多様性を許すとなると，お互いの衝突のため不自由な社会になってしまうのではないか？」

A　「もしわたくしが信じているように，人間の目的が多数であり，そのすべてが原理的には，相互に矛盾のないようなものではありえないとするならば，衝突・葛藤の可能性——悲劇の可能性——が，個人的にも社会的にも，人間の生活から完全に除去されるということは決してありえない。そうすれば，

Ⅲ　現　代

絶対的な諸要求の間での選択を余儀なくされるという事態は，人間の状態の不可避的な特徴であることとなる。このことによって，自由には，（中略）たんに一時的な必要としてではなく，自己目的としての価値が与えられるわけである。自由は，われわれの混乱した観念，無秩序な生活から生まれてきたものではなく，またいつの日かなんらかの救済策によって直すことのできる窮境といったものでもないのである。」

(前掲「二つの自由概念」，384～385頁)

▶上の「生涯と思想」とあわせて読めば充分理解していただけると思う。それにしてもバーリンが言う「自由」の意味は実にきびしい。現実の社会にはさまざまな衝突や葛藤があり，そのなかで責任ある選択をしていくこと——これこそ自由の本質だからだ。「勝手気ままに生きる」のとはわけが違う。バーリンの思想は高い知性によって支えられているだけではない。そこに秘められた緊張感や勇気といったものからも大いに学ぶべきである。

用語解説

(1) **「消極的自由」と「積極的自由」**　バーリン自身の言い方を借りると，前者は「私にはいくつのドアが開いているか」という問題，後者は「誰がここの責任者か，誰が管理しているのか」という問題である。つまり消極的自由は，他人によって私が何をするのを妨害されているかという問題であり，積極的自由は，誰が私を統治しているのか，他人なのかそれとも自分自身なのか，という問題である。前者は一般に「～からの自由」，後者は「～への自由」という言い回しで説明される。このように二つの自由の内容はまったく別々であるが，大事なのは両者のバランスである。

より深く学ぶために

〈基本文献〉
『バーリン選集』福田歓一ほか編，岩波書店，1983～92年
『自由論』小川晃一ほか訳，みすず書房，新装2000年
『ある思想史家の回想』ジャヘンベグローとの共著，河合秀和訳，みすず書房，1993年
〈入門・解説書〉
『多元的世界』青木保，岩波書店，2003年
『二十世紀の政治思想家たち』富沢克ほか編，ミネルヴァ書房，2002年

(嵯峨一郎)

ロールズ

(John Rawls: 1921-2002)

生涯と思想

　ジョン・ロールズは，1921年に，アメリカ合州国の首都ワシントン近郊のボルティモアに生まれた。ロールズを一躍有名にしたのは，1971年に刊行された『正義論』である。この大著の狙いは，「正義とは何であるか」という問いに対して明確な解答を与えることにある。ロールズは，**無知のヴェール**がかけられた原初状態という想定のもとで，個々人がどのような正義原理を選択するかについて考える。選択される正義原理は，各人には基本的自由に対する平等の権利があること（第一原理），社会的－経済的不平等が許されるのはもっとも恵まれない人々の利益が最大のものとなりうる場合であること（格差原理），いかなる職務や地位につく可能性もすべての人々に開かれていなければならないこと（機会均等の原理）である。こうして，正義にかなった社会が実現するには，まず諸個人が等しく自由でなければならず，満足がどのように分配されているかが重要であり，一定の分配を手にする機会は平等に与えられていなければならないことになる。

　これらの正義原理そのものは，1993年に公刊された『政治的リベラリズム』においても，根本的な変化を見せるわけではない。ただし，正義原理を正当化する仕方に関しては，注目すべき変更が加えられている。力点は，原初状態論から「重なり合う合意」論へと移される。よく考察してみれば，「何を正義とみなすか」ということについて，各人は世界観を闘わさなくてもすでに一定の合意に達しており，正義原理に関して意見が重なり合っているとロールズは考えるのである。なお，「諸民衆の法」を論じ，原爆投下を道徳的不正として批判するロールズが，9.11以降のアメリカの政治についてどのように論じるかは非常

249

Ⅲ 現代

に興味深いところであるが，2002年に逝去したこの政治学者からは，もはや答えを聞くことはできない。

ロールズとの対話

Q　「正義はどのようにして正当化できるのでしょうか？」

A　「とにかく，われわれは，人々に争いを起こさせ，社会的，自然的環境を自分の有利になるように利用しようという気を起こさせる，特異な偶然性の影響をなくさなければならない。このために，私は，当事者は無知のヴェールの背後におかれていると，仮定する。彼らは，さまざまな選択対象が自分に特有の事情にどのように影響を与えるか知らないし，ただ，一般的な事由に基づいてのみ原理を評価せざるをえない。」

（『正義論』矢島鈞次監訳，紀伊國屋書店，1979年，105頁）

▶ロールズは，何が正義かということに関して，取り決めを行う当事者たちが原初状態にいることを想定する。原初状態には，無知のヴェールという条件が付与されている。当事者たちは，たまたま自分が確保している社会的な地位や生まれつき手にしている財産および能力などのことを知っていると，これらに基づいて自分に有利となるような正義に賛成したくなる。したがって，取り決めの当事者たちはこうした情報について一切知ることがなく，それゆえどのような正義原理を選べば自分の偶然的な境遇にとって利益となるかがわからない状態におかれていることが，想定されなければならないのである。このような想定の下で，当事者たちは正義に関して公平な判断を下すことが可能になり，その結果ロールズの考える正義原理が選択されることになるというわけである。

Q　「現実の世界において，どのようにすれば正義は実現されるのでしょうか？」

A　「私は初めに市民的不服従を，通常，法や政府の政策を変えさせることをねらってなされる行為であって，法に反する，公共的，非暴力的，良心的，かつ政治的な行為と定義したい。このような行為によって，人はその社会の多数派の正義感に向かって慎重な自分の意見では，自由かつ平等な人々の

間で組織されている社会的協働の諸原理が尊重されていないように思われる，と申し立てるのである。」

(『同書』, 282頁)

▶原初状態を想定して正義原理を正当化するやり方は，もちろん議論としては重要であるが，しかしあまりにも理想主義的であるようにも見えるだろう。当然であるが，現実の世界ではいつでも正義が実現されているというわけではない。ロールズの市民的不服従は，現にある法の妥当性に異を唱える非常に現実的な方法であり，その行為は厳密に言えば法に反しているが，しかし暴力ではなく言論を用いて正義を人々に広く訴えかけるものである。そのとき拠り所となるのはそれぞれの良心だけであるが，だからといって個人の内面が問題となるのではなく，市民的不服従は政治的な改革をめざして行われるのである。

用語説明

(1) **無知のヴェール**　主として『正義論』(1971) において正義原理を正当化するうえで鍵となる概念。ロールズが想定する原初状態において，各人はさまざまな情報を無知のヴェールによって遮断されており，この条件下で正義として考えられる事柄が妥当性をもつとされる。無知のヴェールは，正義に関する判断を下すうえで，公平さを保証するための制約に他ならない。

より深く学ぶために

〈基本文献〉

『正義論』矢島鈞次監訳，紀伊國屋書店，1979年

「原爆投下はなぜ不正なのか？：ヒロシマから50年」川本隆史，『世界』619，岩波書店，1996年

〈入門・解説書〉

『ロールズ：正義の原理』(現代思想の冒険者たち23) 川本隆史，講談社，1997年

『ロールズ──『正義論』とその批判者たち』チャンドラ・クカサス＆フィリップ・ペティット，勁草書房，1996年

(舟場保之)

Ⅲ 現代

クーン

(Thomas Samuel Kuhn: 1922-1996)

生涯と思想

　トーマス・サミュエル・クーンは，アメリカのオハイオ州シンシナティに生まれた。ハーバード大学で物理学を専攻し最優秀賞を得て卒業。第二次大戦中は兵器開発の研究所で働く。23歳で終戦を迎え，大学に戻り物理学の研究を行う。1948年から society of fellows のジュニア・フェローとしての自由な研究期間に科学哲学者としてのベースを養うことになる。1951年に同大学で科学史の講師，助教授を務め，物理学から科学史へと転身する。『コペルニクス革命』はこの時期に書かれた。1964年にはカリフォルニア大学バークレー校で科学史・科学哲学を担当する。この間，主著『科学革命の構造』を著した。その後プリンストン大学で科学史を担当し，1979年，マサチューセッツ工科大学（MIT）に移った。

　クーンの思想には，科学史のコイレ，哲学のウィトゲンシュタイン（→217頁），クワイン，ハンソンなどの影響がみられる。そのポイントは，それまでの科学に対する考えを大きく変えたことである。私たちは今でも，科学というものは，宇宙や自然の真理という変わらぬ目標に向かって，遠い昔から知識を積み上げて，今に至っていると考えている。クーンはこの見方を否定した。幾たびも生じる科学革命によって**パラダイム**の転換が起こり，その前後では使用される概念や真理さえもが相互に翻訳不可能となる。これは一定の目標に向かっての進歩ではなく，断続的な転換が行われてきたということである。

クーンとの対話

Q 「科学は一つの真理に向かって進歩してきたのではないのか？」

A 「時には，既知の規則とやり方で解かれるべき通常の問題でも，それを十分扱う能力のある専門グループの最優秀のメンバーの猛攻撃の繰り返しに抵抗することもある。また，通常の研究のために設計，組立てられた一片の観測機械も，予期したようには働かなくて，何回も繰り返しても専門家の期待通りの結果にならず，変則性を生じることがある。こういうような状態になると，通常科学は混乱してしまう。そして専門家たちが，もはや既存の科学的伝統を覆すような不規則性を避けることができないようになった時，ついにその専門家たちを新しい種類の前提，新しい科学の基礎に導くという異常な追求が始まるのである。専門家たちに共通した前提をひっくり返してしまうような異常な出来事を，この本では科学革命と呼んでいる。科学革命とは，通常科学の伝統に縛られた活動と相補う役割をし，伝統を断絶させるものである」

(『科学革命の構造』中山茂訳，みすず書房，1999年，6～7頁)

▶近代以前は，宇宙空間は，完全で永遠に変化しない天上の世界（天体はつるつるの球で，永遠の円運動をしていた）と，常に生成変化を繰り返す地上の世界（月下の世界）に分けられ，放り投げた石は地球の中心に向かおうとする「目的」をもった運動をしていた。ところがこのパラダイムで説明できない矛盾や「変則性」（惑星の逆行運動や新星の生成消滅や月のでこぼこなどの，完璧で変化しない天上界にはありえないはずの観測結果）が貯まって危機を呼び起こし，全く新しいパラダイムが必要とされてきた。こうして「科学革命」が起こり，近代の自然観が生まれた。そこでは，時間も質量も宇宙のどこでも均一で不変であり，空間も「平板，等質的で等方性で，物質の存在によって影響を受けない」（同書168頁）。物体の運動は目的ではなく因果関係で説明される。つまり，科学で一番基本的な時間や空間や運動の考えが全く異なるものとなった。しかしエーテル理論に関する危機などを経て，次に現れた相対論のパラダイムでは，不変のはずの空間も時間も質量も，運動系において変化するものとなった。さらに，量子力学のパラダイムでは，完全なデータと法則があれば未来は予測できるというそれまでの考えから，量子レベルでは未来は「偶然」で変わりうるという考えに変わった。科学者が向かい合う世界も，用いる言葉の意味も，そこでの真理も，全

III 現代

く違ったものとなった。こうして，パラダイムが異なるものは共通の尺度を失い（2と$\sqrt{2}$が共通の約数をもたないのと同様に），つながりをもたなくなり，「通約不可能」となる。つまり，科学は一つの真理に向かって，共通のパラダイムのもとで，さらに優れたものに「進歩」してきたのではない。また，比較のための共通のものさしがない以上，新しいパラダイムが古いものより優れているということもできないのである。

Q 「思想家の著作はどのように読めばいいのか？」

A 「まず，テキストのなかに一見ばかげて見えると思われる箇所を捜しなさい。そして，良識ある人がそのようなことを書くことがいったいなぜありえたのかと自問しなさい。（中略）もし答えが見つかって意味が通じるようになったら，そのときには，以前に理解したと思っていたもっとも中心的な文が意味を変えてしまっていることに気づくでしょう」

（『科学革命における本質的緊張』安孫子誠也・佐野正博訳，みすず書房，2002年，x頁）

用語解説

(1) **パラダイム［paradigm］** もともとはギリシア語のパラデイグマ（範型）に由来し，ラテン語において語形変化表の模範例の意味を得た。『科学革命の構造』のまえがきでは「一般に認められた科学的業績で，一時期の間，専門家に対して問い方や答え方のモデルを与えるもの」とされている。後の論文では「専門母型」と置き換えられた。現在一般的には「考え方の枠組み」という意味で用いられている。

より深く学ぶために

〈基本文献〉
　『科学革命の構造』中山茂訳，みすず書房，1999年
　『科学革命における本質的緊張』安孫子誠也・佐野正博訳，みすず書房，2002年
　『コペルニクス革命』常石敬一訳，講談社学術文庫，2001年

〈入門・解説書〉
　『クーン：パラダイム』（現代思想の冒険者たち24）野家啓一，講談社，1998年
　『柏木達彦の多忙な夏』富田恭彦，ナカニシヤ出版，1997年

（長友敬一）

フーコー

(Michel Foucault: 1926–1984)

生涯と思想

　「ミシェル・フーコーの生涯」について書くことほど，フーコーの実践に反する試みはない。フーコーはしばしば，「私が何者であるかを尋ねてはいけない」と述べている。「作者」の地位にも疑問を提起した彼の仕事は，つねに自分自身から逃れるための試みであり，彼にとって身元証明や自己同一性（アイデンティティ）とは，人間の生の自由をしばるための制度でしかなかったからだ。自己同一性からの離脱を企図した「フーコー」の一貫した伝記を書くことは，その企図を裏切ることになる。しかしすぐに気づかれるように，こうした，同一性からたえず離脱しようとするフーコーの運動自体が，ある程度同一性をもった彼の生涯を通してはじめて見えてくる。そして，まさにこうした逆説と循環が，フーコーの実践と仕事を特徴づけているのである。

　ミシェル・フーコーは，1926年フランスの伝統ある地方都市のポワチエに，外科医で医学部の教授であるポール・フーコーとその妻アンヌの長男として生まれた。父ポールの家業は代々医者であり，母アンヌの父（フーコーの祖父）もまた医者だった。一家は医業の収入に加えて父母双方の祖父の遺産もあって，使用人を雇い，別荘をもつほど裕福だった。だが，後に彼自身が振り返っているように，文学と歴史を志すフーコーと，家業を継いで医者になることを強く望んだ父との葛藤は激しかったようである。1946年，父を説得してフーコーは，パリのエリート養成機関である高等師範学校に入学する。そこでの集団生活は，人間関係に敏感で孤独を好むフーコーにとっては，つらい時期だった。この時期フーコーは何度か自殺未遂を起こし，その様子を心配した父親の取り計らいで，1948年，制度としての「精神医学」に初めて出会う。

III 現代

　フーコーが青少年期に経験した第二次世界大戦の脅威は、人間が否応なく巻き込まれる「歴史」と「個人的経験」の関係に対する彼の関心を醸成する大きなきっかけとなった。フーコーが学生時代を送った戦後直後の時期にフランスで影響力をもったのは、ヘーゲル哲学である。「戦争」という現実世界の歴史の力を説明も予測もできなかった従来の哲学に対して、「歴史」を「闘争の過程」として捉えることで、哲学と歴史の統合を試みたヘーゲル（→147頁）は、時代の雰囲気に合致していた。フーコーにとってヘーゲルの重要性は、歴史＝闘争の「主体」として中心に据えられた「人間」をめぐる解釈にある。ヘーゲルは、「歴史」を、歴史の主体である人間の「理性」の完成（真理）に向けた諸力の闘争の過程として捉えたが、フーコーは、この「理性」と「主体」、そして「真理」を、再び「歴史の闘争」のなかに置きなおす。つまりフーコーは、「歴史」とは、ある特定の知識が「真理」と見なされてゆくさまざまな力（**権力**）の闘争の過程である、と捉えるのである。

　フーコーは1951年に教授の資格を取り、精神病院での研修医や心理学の助手、フランスを離れて各国で教師などをしながら、精神医学の「科学性」を問う『精神疾患と人格』などを執筆し、1960年にフランスに帰国する。1961年に「狂気と理性」の区別をめぐる歴史を明らかにした最初の大著『狂気の歴史』によって博士号を取得した後、死と病に対する医学の眼差しの歴史に関する『臨床医学の誕生』(1963)、西欧において「人間」を対象にする人文科学と「人間主義」が生成する歴史を追った『言葉と物』(1966)、監視と処罰の技術と機構を分析した『監獄の誕生』(1975) といった著作を発表する。そして、「性」をプライベートな領域の行為とみなすような言説の歴史を明らかにする『性の歴史』第一巻（1976）を書いた後、1984年に第二巻、第三巻を出版した。同年6月フーコーは、57年という短い生をエイズによる敗血症で終えた。

　フーコーの仕事のモチーフは、西欧近代の制度と認識（ものの見方）の成り立ちを、その近代の制度や認識が「排除」してきたものに注目して分析することである。それによって、私たちが現在、当たり前だと思っている事柄、自明だと思っている価値観や制度が、いかに歴史の闘争の過程における偶然の産物であるかを明らかにするのである。フーコーの著作は一見歴史学に似ている。

だが、歴史学者が「史料から見えてくるもの」だけを実証的に扱うのに対して、フーコーは「史料が見えなくさせているもの（空白）」に眼を向ける。たとえば『狂気の歴史』は、「狂気」について書かれた文書や記録を分析し、そのなかで「狂気」が「いかに語られていないか」が明らかにされる。つまり、「狂気」について「語られたもの＝史料」を通して、そこに「語られていないこと」すなわち「狂気そのもの」を浮き彫りにしようとするのである。歴史学の眼差しは、こうした、史料に書かれていない「空白」に向かうことはない。だが、ただ闇雲に史料を集めて読めば、そこにある「空白」が自動的に見えてくるわけでもない。「空白」を見ようとするフーコーの視角を定めているのは、「**現在性**（actualité）」への問いである。フーコーは、歴史を研究し分析すると同時に、そもそも「われわれが自分自身の歴史を認識する」とはどういうことか、と問う。フーコーは、私たちが生きている現在の社会で「正しい」とされ、「真理」とされている事柄がどのような歴史的・思想的背景をもち、さまざまな権力関係と結びついているかを明らかにすることを通して、私たちの「現在」の自明性を問いに付すのである。この「真理」の歴史性を問う視点、そして歴史を見る視点そのものが歴史的に形成されているという認識を、フーコーはニーチェ（→177頁）の言葉を借りて「系譜学」と呼んでいる。

　近代は、人間とその理性を歴史の主体とし、「歴史」を理性の完成（真理）への過程と見なした。だがフーコーは、この「人間」や「理性」といった「主体」それ自体が、ある特定の人々や行為を「非理性的」あるいは「狂気」として、暴力的に排除する歴史の闘争、そして権力関係のなかで作り上げられてきた、と論ずる。自由で自律した「主体」とは、特定の社会の権力関係によって形成され、同時にその権力の担い手である、と指摘するのだ。

　最初に述べた循環はここにある。第一に、歴史的に形成された「現在」の偶然性を明らかにするために、当の現在を形成した「歴史」を分析するという点。歴史を分析する者自身が、当の歴史によって形成されているとすれば、分析される「歴史」は現在に結びつく歴史でしかなくなってしまうのではないか。つまり、「現在」に至る「歴史」の偶然性を明らかにするという試みの困難さという問題である。第二に、「主体」がつねに「権力関係」のなかにあるというフーコー

Ⅲ 現代

自身は，どこにいるのかという問題である。「権力」から自由な立場が存在しないとすれば，そう述べているフーコーも権力から自由ではないことになる。「権力に外部はない」というフーコーの権力論は，「権力」とは何かに答えておらず，「権力」という語の不当な拡張ではないのか。だが，フーコーの特徴はこうした逆説の提示にある。自己から離脱する試み自体が，自己によってしかなされ得ないように，たとえば「権力の外部」とは，その作動様式の分析の実践においてのみ示されるのである。こうした，「外部」を，空間的にイメージされる「外部性（exteriorité）」と区別するために，フーコーは「**外**（dehors）」という語を使う。

フーコーとの対話

Q 「自由な『主体』と『権力』はどのような関係にあるのか？」

A 「人間主体は生産関係や象徴関係の中に置かれる一方，複雑きわまる権力関係の中に等しくおかれてもいる……

主体という語には二つの意味がある——支配と従属という形で他者に依存していることと，良心や自己認識によって自らのアイデンティティと結びついているということである，どちらの意味も，従属させ，服従させる権力形式につながる。

権力関係を規定するものは，他者に対して直接的・無媒介的に作用することのない行動様式なのである。権力は他者に作用する代わりに，行動に対して，現実の行動に対して，現在あるいは未来に起こりうる行動に作用を及ぼす。暴力の関係性は身体やものに及ぶ……他方で権力関係は，もしそれが真の権力の関係性であるならば互いに切り離すことのできない二つの要素を基盤としてしか分節化されえない——「他者」（権力が行使されるひと）すなわち，行為する人格として見なされその認識が最後まで維持される他者の要素と，権力関係に直面して動き始めるであろう対応・反動・結果と起こりうべき行動の領域すべての要素。

権力の行使は，それ自身では暴力ではないし，更改すべき同意でもない。権力は行動可能性へと高められた行動そのものの全体構造である。……いつも権

力は，行為や行為可能性に基づいて行動する単数・複数の行為主体に作用する手段・方法である。

　他者の行為に作用する行動様式としての権力の行使を規定するとき，……もっとも重要な要素——自由——を人は包含している，権力は自由な主体，つまり人が自由であるときに限って行使される。

　社会に生きることは，他者の行為に作用する行為がありうるというかたちで生きることなのだ。権力関係なき社会とは抽象にすぎない。……権力関係なき社会は存在しえないと言うことは，確立された権力関係が必要だとか，権力は社会の核心における宿命であるとか，その基盤を掘り崩すことはできないとか，ということではないからだ。そうではなく，権力関係の分析，練成，再検討，権力関係と自由の自動詞性との『戦い』（agonism）などは恒常的な政治的任務であり，まさにそれこそがどんな社会の存続にも結びつく政治的任務にほかならないのだ。」

（「主体と権力」『ミシェル・フーコー思考集成』第9巻，渥海和久訳，筑摩書房，2001年，11～28頁）

Q　「人間がつねに『主体』であるならば，『権力』からは逃れられないのだろうか？」

A　「外と内との二者択一を脱して，境界に立つべきなのだ。批判とは，まさしく限界の分析であり，限界についての反省なのだ。……今日における批判の問題は，積極的な問いへと反転させられるべきだと，私には思われる。私たちにとって，普遍的，必然的，義務的な所与として与えられているものの間で，単独で，偶然的，そして，ある種の恣意性にゆだねられているものの占める部分とはどのようなものなのか，と問うべきなのだ。要するに，必然的な制限の形で行使される批判を，可能的な乗り越えの形で行使される実践的批判へと，変えることが問題なのだ。……この批判は……私たちが今のように在り，今のように行い，今のように考えるのではもはやないように，在り，行い，考えることが出来る可能性を，私たちが今在るように存在することになった偶然性から出発して，抽出することになる。

　しかし，単なる断言や自由の空疎な夢にそれがならないためには，この〈歴

III 現代

史的—批判的〉態度は,同時にまた〈実験的〉な態度であるべきだ,と私には思える。私が言いたいのは,私たち自身の限界に立つことで実行されるこの仕事が,一方では,歴史的調査の領域を開くものであるべきだということ,他方では,変化が可能であり,また望ましくもある場所を把握し,また,その変化がどのようなものであるべきかを決定するために,現実と同時代の試練を自ら進んで受けるべきだということなのだ。」

(「啓蒙とは何か」『ミシェル・フーコー思想集成』第10巻,石田英敬訳,筑摩書房,2002年,19〜20頁)

「私の役割――これは大変大仰な言い方ですが――は,人々に,彼らが自分たちで思っているよりはずっと自由であるということ,彼らが本当であり自明であると思っていることがらが,実は歴史のある時点で作り出されたものであること,そしてこのいわゆる『自明性』が批判され,破壊され得るものであることを示すということです。人々の精神において何かを変化させるということ」

(「真理,権力,自己」『ミシェル・フーコー思考集成』第10巻,原和之訳,筑摩書房,2002年,309頁)

用語解説

(1) **権力[pouvoir]** フーコーの「権力」概念は,「国家権力」といった表現に代表される従来の権力概念とは,まったく異なる。「権力」というと,しばしば制度や組織,あるいは権力者(人間や集団)が持つ「力」が想定される。だが,フーコーによれば,権力は一つの制度や構造でも,特定の個人や集団の所有物でもない。フーコーの「権力」概念は,あらゆる人間関係のなかで,人々が互いに相手の行為の可能性に働きかける手段・方法を指している。「権力」とは,経済的・知的・性的といったすべての社会的関係性において,諸行為を関係づけ意味づける戦略と状況の名なのだ。したがって,「権力」からの全面的な「解放」はありえないが,権力を行使する側/される側はつねに反転(抵抗)可能であり,むしろ権力は抵抗とセットでしかありえない。

(2) **現在性[actualité]** フーコーはカント(→130頁)の「啓蒙とは何か」を論ずるなかで,自分の仕事を「現在性への問い」と規定している。「現在性」とは,単に時間的な「現在」や「現代」ではない。「現在性」とは,現に存在する社会制度や規範あるいは常識が歴史的偶然の産物であり,変更可能であるということを明らかにし,「現在」の自明性(常識)から距離を取ろうとする実践を形容している。

(3) **外[dehors]** フーコーは「外」という表現を,空間的にイメージされる「外部性

(extériorité)」とは区別される「外部」を指すために使っている。「外」は,「私」という第一人称代名詞に即して説明される(「外の思考」)。「私は……」と語るとき,「私」という第一人称代名詞は,その「発話者」自身を指示し,そのつどそれを語る個々の発話者と合致している。だが他方で,「私＝発話者」の成立は,「〈私〉とは誰であれ発話者自身を指す」という一般的な文法規則の存在を示してもいる。ここには循環がある。「私」という語が,「誰であれ発話者を指す」という規則は,具体的個別的な「私は……」という発話がなければ存在しないからだ。このとき「私」と発話する発話者は,主語としての「私」に同一化すると同時に,まさにその同一化のなかで,「発話者一般を指す」という文法規則にとっては,一つの「例外」となる。逆に言えば,「私」と語る瞬間,私は,発話者としての自分自身を指し示すと同時に,「私という語は発話者一般を指す」という規則を――その「例外」となることで――,示している。ここで,発話者個人としての「私」は,文法的な主語としての「私」と一致しつつ(この規則を実現しつつ),語り手としては,この規則の外部に自分自身を置くことになる。このように,ある規則や法(以上で言えば文法)や制度と「人間の生」が接触しつつ分離する,すなわち「衝突」する瞬間を,フーコーは「外」とよぶ。規則や社会制度や法と「人間の生」が衝突し,とりわけその生が排除されるときに一瞬煌く「外」が,当の規則や制度の偶然性と脆弱さを示している。フーコーは,現在の制度と社会を成り立たせる歴史のなかに,この「外」(力の衝突)の契機を探し出し,その不安定さと偶然性を明らかにし,それによって,磐石に見える既存の社会と制度の中に,自由な空間が出現する可能性を切り開こうとするのである。

より深く学ぶために

〈基本文献〉

『ミシェル・フーコー思考集成』全10巻,蓮見・渡辺監修,筑摩書房,1998〜2002年

『言葉と物』渡辺一民・佐々木明訳,新潮社,1974年

『監獄の誕生』田村俶訳,新潮社,1977年

『性の歴史』全3巻,渡辺守章(第1巻)・田村俶(第2・3巻)訳,新潮社,1986〜87年

〈入門・解説書〉

『フーコー』ジル・ドゥルーズ,宇野邦一訳,河出書房新社,1987年

『ミシェル・フーコー――構造主義と解釈学を超えて』H.ドレイファス＋P.ラビノウ,山形頼洋＋鷲田清一監訳,筑摩書房,1996年

『フーコー』C.ホロックス／Z.ジェヴティック,白仁高志訳,現代書館,1998年

(堀田義太郎)

Ⅲ 現代

ハーバーマス
(Jürgen Habermas: 1929–)

生涯と思想

　現代ドイツを代表する哲学者であり社会学者でもあるユルゲン・ハーバーマスは，1929年，ドイツ中部のデュッセルドルフに生まれ，その近郊のグマースバッハで育った。同年代の多くがそうだったように，ハーバーマスもヒトラー・ユーゲントの一員として敗戦を迎えた後，ゲッティンゲン，チューリッヒ，ボンで哲学，歴史学，心理学などを学び，1961年，『公共性の構造転換』がマールブルク大学において教授資格論文として受理された。フランクフルトの社会研究所でTh. W. アドルノの助手を務め，1964年，M. ホルクハイマーの後任としてフランクフルト大学で哲学・社会学教授となる。1970年代の大半と1980年代初頭を，南ドイツにあるシュタルンベルクのマックス・プランク研究所で過ごし，1983年にフランクフルト大学に復帰，1994年に定年退職するまで，ここでフランクフルト学派第二世代の代表的論客として精力的に活動した。大学でのポストを退いた今もなお，数々の著作を刊行するとともに，雑誌や新聞などのマス・メディアを通じてさまざまな社会的発言を積極的に発信しつづけている。

　ハーバーマスの研究対象は，カント（→130頁）やヘーゲル（→147頁）といった伝統的なドイツ哲学はもちろん，社会科学の方法論，解釈学，システム論，分析哲学，法哲学など，きわめて多岐にわたっている。またH. アルバートやK. ポパーとの実証主義論争に始まり，N. ルーマンとのシステム論論争，H.-G. ガダマーとの解釈学論争，N. ノルテらとの歴史家論争など，数々の論争を繰り広げ，修正を施しながらその思想を磨きつづけてきた。ハーバーマスの思索の営みにおいて首尾一貫しているのは，合理性を批判的に受容することであり，理

性に対して信頼を寄せることである。

　アドルノやホルクハイマーといったハーバーマスの師匠にあたるフランクフルト学派第一世代は，近代の合理性やその合理性を担う理性に対して懐疑的である。ここで批判される合理性は，ある目的を実現するうえで効率的な方法を選択することに見いだされるもので，こうした目的合理性という見地からすると，理性は目的を実現するための道具と化していることになる。道具主義的な理性は致命的な欠陥をもっている。それは，目的そのものの合理性を問うことができないという点である。ある人々を絶滅させることを目的とした場合，道具的理性であれば，一人ひとり個別に殺害するよりもガス室に収容し同時に何人もの生命を一気に奪うことを，より効率的でより目的にかなった方法として選択するだろう。しかし，そもそもある人々を絶滅させることが理性的であるかどうかを，道具的理性は問うことができないのである。ナチスによる迫害を経験した第一世代が，近代の合理性の特徴を目的合理性に認め，啓蒙を実現する理性を道具主義的理性に切り詰めて断罪することは，ある程度やむをえないことであるかもしれないが，ハーバーマスはこうした近代の否定的な側面を視野に収めつつ，この種のペシミズムを全面的に受容することはしない。そうすることは，「何をしても無駄」という考えにつながり，結局は現状を肯定するだけの保守主義に陥ることになるからであって，ハーバーマスは同じ理由で，やはり近代に対して否定的なフランスのポスト・モダンの思想家たちをも批判する。

　ハーバーマスは，近代の肯定的な側面をコミュニケーション合理性に見いだしている。人々がそれぞれの目的の実現をまず第一に考えて言葉のやり取りをする場合には，コミュニケーションが道具として用いられており，このような行為は**戦略的行為**とよばれる。たとえば，目的実現のために言葉巧みに相手を騙す場合や強盗が「手を上げろ」と命じる場合などを考えてみれば，「戦略的」の意味はわかりやすいだろう。それに対して，このような戦略的行為がそもそも行為として成立するための前提となる言葉のやり取りが，コミュニケーション的行為である。**コミュニケーション的行為**において，人々はまず第一に，相互に同意し合うことをめざして言葉を用いており，人と人とを結びつけるメデ

III 現代

ィア（人と人とを媒介するもの）として言語が用いられる以上，コミュニケーション的行為がもっとも基本的な行為として位置づけられる。戦略的行為はコミュニケーション的行為に「寄生的」であり，先の例を使って言えば，発せられた言葉に関して同意が達成されないのであれば人を騙すこともできないし，また手を上げることに関して同意がえられないのであれば強盗は当初の目的を果たすことができないのである。したがって，人々の利害が対立した場合，それぞれが騙し合って自己の目的を実現しようとするのではなく，双方が自由に主張を行い，それぞれの主張を裏づける説得力のある理由を挙げ，質疑応答を重ね，最終的には言葉の力によって納得し合うことが，本来あるべき姿である。コミュニケーション合理性は，こうしたプロセスを通じて利害の調整が行われるところに見て取ることができるだろう。

　一見当たり前のことのように思えるコミュニケーション合理性だが，現代社会はシステム合理性が社会全体を覆いつつあり，ハーバーマスはこのような傾向に対して，「システムによる**生活世界の植民地化**」という名称を与え警鐘を鳴らしている。こうした批判的な社会診断が下されるのも，世界はよりよくなるべきであり，またその可能性があると考えられているからであり，この診断そのものが，すべての事柄を批判にさらし意見を異にする他者との合意をめざすコミュニケーションの実践に他ならない。歴史家論争における，他者を排除した閉じられた共同体の言い分に対する異議申し立ても同様の実践として捉えることができる一方で，NATO軍によるコソヴォ空爆の支持（1995）やフェミニズムからの批判に対する返答ならざる返答（1990）については，まさしくコミュニケーション合理性に基づいてハーバーマスを批判的に検討することが必要であるだろう。

ハーバーマスとの対話

Q 「コミュニケーションは，たんなる意思疎通とどこが違うのでしょうか？」

A 「妥当要求は，話し手と聞き手とによる間主観的な承認をめざしている。

それは理由を挙げることによってのみ，それゆえ討議によってのみ認証されうるものであり，聞き手のほうはその要求に合理的に動機づけられた態度決定で反応する。」

(『ポスト形而上学の思想』藤澤賢一郎・忽那敬三訳, 未來社, 1990年, 153頁)

▶「意思疎通」を，たんに思っている事柄（意図）を相互に伝達し合うこととして理解するのであれば，ハーバーマスの言うコミュニケーションを「意思疎通」と等置することはできない。ハーバーマスによれば，コミュニケーションにおいて話し手は，発言とともに**妥当要求**を行い，自己の発言が「真理であること」，「正当であること」，「誠実であること」を聞き手に認めてもらい，発言内容に関して相互に同意に至ることをめざしている。発言は真理性，正当性，誠実性のいずれの側面からも批判にさらされる可能性をもっており，聞き手によってひとたび異議が申し立てられると（「発言は真理／正当／誠実ではない」），話し手は討議において発言の妥当性を裏づける理由を挙げなければならない（「発言は○○だから真理／正当／誠実である」）。話し手によって提出される理由に聞き手が納得できない場合，討議はさらに続けられ，話し手はより説得力のある理由を挙げる必要がある。聞き手が挙げられる理由に納得するとき，言葉以外の何らかの暴力によってではなく，言葉のもつ力によってのみ，妥当要求は認証され，聞き手は話し手の発言に同意するよう合理的に動機づけられることになる。このように，ハーバーマスの言うコミュニケーションは，思っている事柄（意図）のたんなる相互伝達よりも，ある意味ではるかに困難な道のりを含んでいる。

Q「なぜコミュニケーションに注目することが重要なのでしょうか？」

A「そしてついには，合意にもとづく行為調整が他のものと取り換えられず，それゆえ生活世界のシンボル的再生産が賭けられているような領域においても，システム機制が社会的統合の形式を駆逐することになる。すると生活世界の隷属化は，植民地化という形態をとることになる。」

(『コミュニケイション的行為の理論（下）』丸山高司・丸山徳次訳, 未來社, 1986年, 125頁)

▶われわれが生きる生活世界において，人々が思いのままに振舞っていたのでは衝突が起きてしまう場合，それぞれの行為を相互に調整し合うことが必要になるが，本来であれば，この調整は言語を用いたコミュニケーションを通じ合意を達成することによって行われてきた。生活世界において人々を結びつける媒体は言語だからである。他方，われわれは生きていくうえでさまざまなシステムとも関係をもたなければなら

III 現代

ない。現代社会においてはとりわけ，経済システムがわれわれの生活にとって非常に大きな影響力をもっている。ところで，経済システムにおいて人々を結びつける媒体は貨幣であって言語ではない。したがって，このシステムにおいて行為調整が図られる場合には，言語によるコミュニケーションではなく，貨幣のもつ力が決め手となる。言うまでもなく，貨幣による行為調整を全面的に否定することは合理的でないし，そもそもそれは不可能ですらあるだろう。問題なのは，こうした行為調整が全面的に肯定されてしまい，言語的なコミュニケーションによって行為調整が図られるべき次元においてさえも，貨幣が幅を利かせる状況ができあがってしまっていることである。ハーバーマスは，こうした危機的な状況を「システムへの生活世界の隷属化」，「システムによる生活世界の植民地化」とよび，生活世界における本来的な行為調整の仕方である言語を用いたコミュニケーションによる合意形成の重要性を喚起するのである。

Q「歴史家論争とはどのような主張だったのでしょうか？」

A「我々を西側から離反させない唯一の愛国主義は，**憲法愛国主義**（Verfassungspatriotismus）である。諸々の普遍主義的な憲法原理への信念にもとづく忠誠は，ドイツ人の文化国家のなかでは，残念ながらアウシュヴィッツの後になって——そしてそれを通じて——初めて形成され得たのである。」

(『過ぎ去ろうとしない過去』徳永恂他訳，人文書院，1995年，68頁)

▶いわゆる「歴史家論争」は，まだ東西ドイツの統一が行われていなかった1986年夏に，旧西ドイツにおいて始まった一大論争のことである。この間に書かれた論文を編集した『歴史家論争』(ピーパー社，1987年)のサブタイトル「ナチスによるユダヤ人抹殺の唯一性をめぐる論争の記録」が示すように，論争の主題はナチスによるユダヤ人抹殺の歴史をどう捉えるか，ということにあった。歴史修正主義者とよばれる保守的な歴史家たちは，ナチス問題の責任をすべてヒトラーに帰しつつドイツ国防軍の勇敢さを賞賛したり，あるいはナチスの行為を語る際にスターリンやポル・ポトの残虐さに言及したりして，何らかの形でナチスの犯罪を相対化しドイツ国民の誇りを維持しようと目論んだ。それに対してハーバーマスは，ドイツ人にはドイツ人によって虐殺された人々のことを覚えておく義務があり，自分たちにとって気持ちのよい歴史や伝統にあぐらをかくのではなく，これらを反省し検討し吟味する必要があるという。こうした作業を行ったうえで，ドイツ人がそのアイデンティティの根拠とすることを許されるのは，普遍的な正義の理念が書き込まれている憲法をおいて他にない。こうした憲法に忠誠を誓うことこそが，ドイツ人をドイツ人たらしめるのであり，このこ

とが憲法愛国主義の名でよばれるわけである。「愛国主義」という言葉を使用する点において，もちろんハーバーマスは批判されるべきであるが，しかしこの立場が歴史や伝統を素朴に肯定する潮流とは明確に一線を画することを見逃してはならない。

用語説明

(1) **妥当要求** コミュニケーションにおいて，話し手は自己の発言が「真理性」「正当性」「誠実性」という三つの点に関して妥当性をもつものであることを聞き手に認めてもらおうと要求するのであり，両者はこの妥当要求をめぐり，場合によっては質問（「なぜ発言は真理／正当／誠実と言えるのか？」）および回答（「…だから」）を繰り返すことによって合意をめざす。

(2) **コミュニケーション的行為／戦略的行為** 話し手，聞き手が相互にコミュニケーションのパートナーとして対等の関係にあることを承認し合い，話し手の妥当要求をめぐり言葉の力によって合意をめざす行為がコミュニケーション的行為である。これと対置される戦略的行為は，コミュニケーション的行為に寄生し，物理的な暴力や嘘を用いて見せかけの合意を達成しようとする行為であり批判の対象である。

(3) **生活世界の植民地化** 生活世界における諸問題は，言語を用いたコミュニケーションを通じて合意を形成することによって解決がめざされ，そこに生活世界の合理性を見いだすことができる。しかし資本主義が生活の隅々まで浸透するにつれて，特に貨幣を媒体とする経済システムの合理性が生活世界の次元をも支配するようになっている。これが，システムによる生活世界の植民地化である。

(4) **憲法愛国主義** いわゆる歴史家論争（1986年）において，保守派の歴史家たちは第二次大戦時のナチスの犯罪を何らかの仕方で相対化し，そうすることによってドイツ国民に誇りをもたらそうとした。これに対してハーバーマスは，ドイツの歴史や伝統がもつ負の遺産を真摯に受け止めるとともに，普遍的な理念の書き込まれた憲法こそが忠誠を誓うべき対象であると主張した。

より深く学ぶために

〈基本文献〉

『コミュニケイション的行為の理論（上）（中）（下）』藤沢，三島，丸山ら訳，未來社，1986年

『ポスト形而上学の思想』藤澤賢一郎・忽那敬三訳，未來社，1990年

『公共性の構造転換』細谷貞雄・山田正行訳，未來社，1994年

『過ぎ去ろうとしない過去』徳永恂他訳，人文書院，1995年

III 現代

〈入門・解説書〉

『ハーバーマス：コミュニケーション行為』（現代思想の冒険者たち27）中岡成文，講談社，2003年
『ハーバーマスと現代』藤原保信編纂，新評論，1987年
『フランクフルト学派再考』徳永恂編，弘文堂，1989年
『ハーバーマスとアメリカ・フランクフルト学派』M・ジェイ，青木書店，1997年
『ハーバーマスの社会理論』豊泉周治，世界思想社，2000年

（舟場保之）

> COLUMN

マッキンタイア（Alasdair MacIntyre: 1929–）

　アラスデア・マッキンタイアは1929年にスコットランドに生まれ，ロンドン大学卒業後，オックスフォード大学，エセックス大学などで教鞭をとった。1970年にアメリカへ移住し幾つかの大学に勤め，1989年からはノートル・デイム大学で哲学・倫理学の研究・教育に携わっている。彼の主著のひとつは，徳について論じた『美徳なき時代』（篠崎榮訳，みすず書房，1993年）である。

　一口に「徳」と言っても，戦争や人工妊娠中絶や正義や自由などについて，今日さまざまな道徳理論がお互いにぶつかり合い，ある種の無秩序状態にある。だがこれらのさまざまな理論は，もともとはアリストテレス（→13頁）においてしっくりと調和して収まっていた。私たち人間の「善い生き方」とは，人間に特徴的な理性的能力を働かせることであり，その能力は，私たちの最終目的である幸福という善を追求する時に，徳ある行為という形で発現される，という人間の本来の目的を見据えた考えである。そして「善き生」は社会環境によって変化するので，ただの「個人」という見方からは実現できない。社会と歴史と伝統のなかでの役割を担うことで，他の人々ときちんと向かい合って生きることが不可欠だ。私たちが求めるべきは，財産や権力や名声などの，誰かが多くをもてばそれだけ他の人の持ち分が少なくなる「外的な善」ではなく，共同体の全体にとっての善となる「内的な善」である。そのような社会や伝統を視野に入れた善や徳によってこそ，人生は関連のない挿話の連続ではなく，一つの物語のような全体として把握される統一性のあるものとなる。

　しかしアリストテレス以降の哲学者達は「個人」にのみ目を向け，社会や共同体と連動した人間本来の目的を考えず，各々がさまざまに理解している人間本性についての前提から道徳規則を導こうとしてきたため，すべての道徳的な企てが失敗してきた。「思慮」「勇気」「正義」「愛」という言葉を述べても，それは本来の意味が解体され変質したものになってしまっている。つまり私たちは「美徳なき時代」に生きていることになる。徳ある生活は個人主義的な近代社会ではなく，自己がその伝統の担い手である地域的な道徳共同体によってこそ営まれうるとマッキンタイアは考えている。「私の人生の物語は常に，私の同一性の源である諸共同体の物語のなかに埋め込まれているからである」（同書271頁）。　　　　　　　　　　（長友敬一）

キーワード索引

	用語	思想家	
あ	アウラ	ベンヤミン	224
	あらゆる価値の価値転換	ニーチェ	177
	アンシャン・レジーム(旧体制)	モンテスキュー	97
	一般意思	ルソー	117
	イデア	プラトン	7
	イドラ	ベイコン	61
	因果関係	ヒューム	106
	イングランド	ホッブズ	69
	ヴィルトゥ	マキャヴェッリ	46
	永遠真理創造説	デカルト	79
	永遠の相の下に	スピノザ	87
	永遠回帰	ニーチェ	179
	エディプス・コンプレックス	フロイト	188
	遠近法	ニーチェ	177
	穏健的懐疑論	ヒューム	109
か	科学革命	クーン	252
	科学的社会主義	マルクス	171
	確定記述	ラッセル	208
	重なり合う合意	ロールズ	249
	家族的類似	ウィトゲンシュタイン	220
	神の存在証明	トマス・アクィナス	38
	神への知的愛	スピノザ	86
	環境説	ミル	159
	間主観性	フッサール	194
	観念連合	ミル	157
	寛容	ヴォルテール	103
	帰納法	ベイコン	61
	享受と使用	アウグスティヌス	29
	共同体	マッキンタイア	269
	教父	アウグスティヌス	27
	共和政	モンテスキュー	96
	キリスト教	ニーチェ	177
	禁欲	ヴェーバー	200
	功徳	カルヴァン	58
	経験論	ベイコン	60
	経験論	ロック	89
	形而上学	カント	132
	契約	ホッブズ	71
	原因	アリストテレス	14
	言語ゲーム	ウィトゲンシュタイン	220
	現実	ヘーゲル	149

	用語	思想家	
	現象学的還元	フッサール	194
	原初状態	ロールズ	249
	現存在	ハイデガー	211
	現在性	フーコー	257
	憲法愛国主義	ハーバーマス	266
	権力	フーコー	256
	構造言語学	レヴィ=ストロース	243
	構造主義	レヴィ=ストロース	243
	高等師範学校	メルロ=ポンティ	236
	幸福	アリストテレス	16
	国家	ホッブズ	71
	コナトゥス	スピノザ	86
	コミュニケーション合理性	ハーバーマス	263
	コミュニケーション的行為/戦略的行為	ハーバーマス	263
さ	最大多数の最大幸福	ベンサム	138
	搾取	マルクス	172
	サン=シモン主義	ミル	158
	時間性	ハイデガー	212
	時間論	アウグスティヌス	29
	自己愛	ルソー	115
	自己意識	フィヒテ	145
	事行	フィヒテ	144
	時効	バーク	127
	志向性	フッサール	193
	事実性	ハイデガー	211
	市場秩序	ハイエク	227
	自然	キケロー	23
	自然	アリストテレス	15
	自然権	ホッブズ	71
	自然状態	ホッブズ	71
	自然法	ベンサム	137
	自然法	ロック	89
	自然法	キケロー	23
	実存	サルトル	233
	実存在（実存）	キェルケゴール	168
	自動機械	デカルト	81
	シニフィアンとシニフィエ	ソシュール	191
	資本主義	マルクス	172
	市民	ルソー	114
	市民的不服従	ロールズ	250
	自由	カント	134

宿命	ヴェーバー	202	
主権	ホッブズ	71	
主体性	キェルケゴール	168	
消極的自由	バーリン	246	
所有権	ロック	90	
進化	ダーウィン	165	
『神学大全』	トマス・アクィナス	35	
心身平行論	スピノザ	86	
神即自然	スピノザ	85	
人文主義	トマス・モア	51	
人文主義	カルヴァン	57	
臣民	ホッブズ	71	
スコラ学	トマス・アクィナス	34	
スタート	マキァヴェッリ	45	
西欧マルクス主義	メルロ=ポンティ	237	
生活行政	アダム・スミス	120	
生活世界	フッサール	195	
生活世界の植民地化	ハーバーマス	264	
正義	プラトン	10	
正義（原理）	ロールズ	249	
制限政体	モンテスキュー	100	
生存闘争（生存競争）	ダーウィン	166	
世界	プラトン	9	
責任倫理	ヴェーバー	201	
積極的自由	バーリン	246	
絶対者	フィヒテ	144	
善	プラトン	11	
専制	モンテスキュー	96	
先入見	バーク	128	
創造説	ダーウィン	164	
疎外	マルクス	171	
外	フーコー	258	
存在の真理	ハイデガー	212	
た 代表理論	オッカム	41	
タクシスとコスモス	ハイエク	227	
多数者の専制	ミル	158	
闘い（批判・批判的精神）	ニーチェ	177	
脱魔術化	ヴェーバー	204	
妥当要求	ハーバーマス	265	
魂（心）	アリストテレス	16	
知識	アリストテレス	14	
知識学	フィヒテ	144	
中間的・従属的・依存的権力	モンテスキュー	98	
長老派	ヒューム	105	
直観の形式	カント	133	
罪	キェルケゴール	167	
定言命法	カルヴァン	59	
定言命法	カント	134	
適宜性	アダム・スミス	122	
テシスとノモス	ハイエク	227	
哲学的急進派	ベンサム	139	
鉄の檻	ヴェーバー	203	
天職	ヴェーバー	203	
同感	アダム・スミス	120	
道徳	ニーチェ	178	
道徳法則	カント	134	
徳	プラトン	7	
徳	キケロー	25	
徳（徳倫理）	アリストテレス	16	
ドレイ権（奴隷制）	ルソー	115	
な 二項対立	レヴィ=ストロース	243	
ニヒリズム	ニーチェ	177	
は パサージュ論	ベンヤミン	224	
パノプティコン	ベンサム	138	
パラダイム	クーン	252	
反省的判断力	カント	135	
非我	フィヒテ	144	
悲劇（的英雄倫理）	ヴェーバー	205	
美的実存・倫理的実存・宗教的実存	キェルケゴール	169	
美徳なき時代	マッキンタイア	269	
批評	ベンヤミン	224	
ヒューマニズム	サルトル	232	
ファナチズム（狂信）	ヴォルテール	104	
不知の自覚	ソクラテス	4	
普遍数学	デカルト	78	
文化	カント	135	
平和	ホッブズ	71	
弁証法	ヘーゲル	149	
弁証法	メルロ=ポンティ	239	
弁論術	キケロー	20	
法実証主義	ハイエク	227	
方法的懐疑	デカルト	80	
ま マキァヴェリズム	マキァヴェッリ	44	
無意識	フロイト	188	
無限性	ヘーゲル	149	
無知のヴェール	ロールズ	249	
命題関数	ラッセル	208	
恵み	カルヴァン	58	
や 野生の思考	レヴィ=ストロース	243	
唯名論	オッカム	42	
ユートピア	トマス・モア	51	
夢	フロイト	189	

	抑圧	フロイト	187
	よく生きる	ソクラテス	4
ら	ラング	ソシュール	191
	理解社会学	ヴェーバー	202
	「利己心」問題	アダム・スミス	120
	理神論	ヴォルテール	104

	リビドー	フロイト	189
	両義性	メルロ=ポンティ	238
	歴史家論争	ハーバーマス	266
	憐憫の情	ルソー	115
	論理形式	ラッセル	209
わ	私は考える，それ故に私は有る	デカルト	78

執筆者紹介（＊は編者）

＊村松 茂美（むらまつ・しげみ）
1950年生
一橋大学大学院経済学研究科博士課程単位取得退学
現　在　熊本学園大学経済学部教授
担当章　ハリントン（コラム），アダム・スミス，マルサス（コラム）

＊小泉 尚樹（こいずみ・なおき）
1953年生
大阪大学大学院文学研究科博士課程単位修得満期退学
現　在　熊本学園大学社会福祉学部教授
担当章　パスカル（コラム），カント，キェルケゴール

＊長友 敬一（ながとも・けいいち）
1960年生
九州大学大学院文学研究科博士課程単位取得退学
現　在　熊本学園大学経済学部教授
担当章　ソクラテス，プラトン，クーン，マッキンタイア（コラム）

＊嵯峨 一郎（さが・いちろう）
1943年生
東京大学大学院経済学研究科博士課程中退
現　在　熊本学園大学商学部名誉教授
担当章　オウエン，バーク，バーリン

国越 道貴（くにこし・みちたか）
1961年生
九州大学大学院博士課程修了（文学博士）
現　在　佐賀大学非常勤講師
担当章　アリストテレス，ダーウィン，ラッセル

永嶋 哲也（ながしま・てつや）
1968年生
九州大学大学院文学研究科博士課程単位取得退学
現　在　福岡歯科大学教授
担当章　キケロー，オッカム

東谷 孝一（ひがしたに・こういち）
1961年生
九州大学大学院文学研究科博士課程単位取得退学
現　在　熊本保健科学大学准教授
担当章　アウグスティヌス，トマス・アクィナス

鹿子生 浩輝（かこお・ひろき）
1971年生
九州大学大学院法学研究科博士課程修了，博士（法学）
現　在　九州女子大学非常勤講師
担当章　マキャヴェッリ

木村 俊道（きむら・としみち）
1970年生
東京都立大学大学院社会科学研究科政治学専攻博士課程単位取得退学
現　在　九州大学大学院法学研究院教授
担当章　モア，ベイコン

片山 寛（かたやま・ひろし）
1951年生
九州大学大学院文学研究科博士課程中退
現　在　西南学院大学神学部教授
担当章　ルター，カルヴァン

久野 真大（くの・まひろ）
1970年生
九州大学大学院法学研究科博士後期課程単位取得退学
現　在　福岡大学非常勤講師
担当章　ホッブズ

堀江　剛（ほりえ・つよし）
1961年生
大阪大学大学院文学研究科博士課程修了
現　在　大阪大学文学部教授
担当章　デカルト

河村　厚（かわむら・こう）
1968年生
大阪大学大学院文学研究科博士課程単位取得退学，博士（文学）
現　在　関西大学法学部教授
担当章　スピノザ

朝倉 拓郎（あさくら・たくお）
1967年生
九州大学大学院法学研究科博士後期課程，博士（法学）
現　在　西南学院大学非常勤講師
担当章　ロック

田中 節男（たなか・せつお）
1943年生
九州大学大学院法学研究科博士課程単位取得退学
現　在　熊本学園大学名誉教授
担当章　モンテスキュー，ヴォルテール，ルソー

近野　登（ちかの・のぼる）
1947年生
一橋大学大学院経済学研究科博士課程単位取得退学

元　鹿児島国際大学経済学部准教授
担当章　ヒューム

諸泉 俊介（もろいずみ・しゅんすけ）
1951年生
九州大学大学院経済学研究科博士後期課程修了
現　在　佐賀大学文化教育学部教授
担当章　ベンサム，ミル，マルクス

中村 修一（なかむら・しゅういち）
1976年生
大阪大学大学院文学研究科博士前期課程修了
現　在　大阪大学大学院文学研究科博士後期課程
担当章　フィヒテ

末吉 康幸（すえよし・やすゆき）
1953年生
九州大学大学院文学研究科博士課程単位取得退学
現　在　福岡大学非常勤講師
担当章　ヘーゲル

阪本 恭子（さかもと・きょうこ）
1967年生
大阪大学大学院文学研究科博士後期課程
現　在　大阪薬科大学環境医療学グループ准教授
担当章　ニーチェ

甲田 純生（こうだ・すみお）
1965年生
大阪大学大学院文学研究科博士後期課程単位取得退学
現　在　広島国際大学心理科学部准教授
担当章　フロイト，ベンヤミン

江本待子（えもと・まちこ）
1968年生
九州大学大学院文学研究科博士課程単位取得退学
現　在　筑紫女学園大学非常勤講師
担当章　ソシュール

紀平知樹（きひら・ともき）
1969年生
大阪大学大学院文学研究科博士後期課程
現　在　兵庫医療大学共通教育センター教授
担当章　フッサール

古川順一（ふるかわ・じゅんいち）
1957年生
早稲田大学大学院商学研究科博士後期課程単位取得退学
現　在　日本文理大学経営経済学部准教授
担当章　ヴェーバー

佐々木正寿（ささき・まさとし）
1964年生
大阪大学大学院文学研究科博士後期課程単位修得満期退学，博士（文学・大阪大学）
現　在　高知工業高等専門学校総合科学科准教授
担当章　ハイデガー

酒巻政章（さかまき・まさあき）
1950年生
神戸大学大学院経営学研究科博士課程単位取得退学
現　在　熊本学園大学商学部教授
担当章　ウィトゲンシュタイン

貞松　茂（さだまつ・しげる）
1949年生
西南学院大学大学院経営学研究科博士課程修了
現　在　熊本学園大学商学部名誉教授，博士（経営学・明治大学）
担当章　ハイエク

安居　誠（やすい・まこと）
1957年生
九州大学大学院文学研究科博士後期課程単位取得退学
現　在　近畿大学非常勤講師
担当章　サルトル，メルロ＝ポンティ，ボーヴォワール（コラム）

萩原修子（はぎはら・しゅうこ）
1967年生
九州大学大学院文学研究科博士課程単位取得退学
現　在　熊本学園大学商学部教授
担当章　レヴィ＝ストロース

舟場保之（ふなば・やすゆき）
1962年
大阪大学大学院文学研究科博士後期課程単位取得退学
現　在　大阪大学大学院文学研究科准教授
担当章　ロールズ，ハーバーマス

堀田義太郎（ほった・よしたろう）
1974年生
大阪大学大学院医学系研究科博士課程
現　在　東京理科大学理工学部講師
担当章　フーコー

はじめて学ぶ西洋思想
──思想家たちとの対話──

| 2005年3月10日 | 初版第1刷発行 | 検印省略 |
| 2019年2月10日 | 初版第11刷発行 | 定価はカバーに表示しています |

編 者	村松 茂美
	小泉 尚樹
	長友 敬一
	嵯峨 一郎
発行者	杉田 啓三
印刷者	田中 雅博

発行所　株式会社　ミネルヴァ書房
607-8494 京都市山科区日ノ岡堤谷町1
電話 (075) 581-5191番
振替口座 01020-0-8076番

©村松・小泉・長友・嵯峨, 2005　創栄図書印刷・清水製本

ISBN978-4-623-04152-7
Printed in Japan

概説　西洋哲学史
──峰島旭雄 編著　A5判　400頁　本体3000円

ヴィンデルバントの名著『哲学史教本』の精神を生かし，哲学史を問題史的にたどることによって，「哲学すること」を目指すユニークな概説書。各部に通史的「概観」，巻末には哲学史年表と索引を付している。

西洋哲学史〔古代・中世編〕
──内山勝利／中川純男 編著　A5判　344頁　本体3000円

●フィロソフィアの源流と伝統　古代ギリシアからキリスト教的中世世界までの哲学思想の全体を網羅的に考究。哲学の伝統と本質を明確に描出するとともに，今日的課題の解明にも寄与しうる新たな哲学的示唆を提示。

西洋哲学史〔近代編〕
──宗像　恵／中岡成文 編著　A5判　324頁　本体3000円

●科学の形成と近代思想の展開　近代の系譜の思想的探究─哲学史・科学史・社会思想史・キリスト教史を統合する真の思想史を目指し，科学革命から市民革命を経て産業革命にいたるヨーロッパの精神史を構築する。

概説　西洋政治思想史
──中谷　猛／足立幸男 編著　A5判　404頁　本体3000円

西洋政治理論の歴史を彩る思想家の知的遺産の発見・継承・展開を辿り，現代的意義について考察するとともに，人生にとっての政治の意味を探究する。類書にみられないユニークな構成と内容の概説書である。

概説　西洋法制史
──勝田有恒／森　征一／山内　進 編著
A5判　384頁　本体3200円

最新の研究成果をふんだんに織り込みながらも，豊富な史料・コラム・図版の収録によって初学者にも分かりやすい工夫を凝らし，ヨーロッパ法の歴史的発展過程を叙述した，待望久しい本邦初の概説書。

───── ミネルヴァ書房 ─────
http://www.minervashobo.co.jp